N1合格！

日本語能力試験問題集

The Workbook for the Japanese Language Proficiency Test

N1 漢字 スピードマスター

Quick Mastery of N1 Kanji

Nắm Vững Nhanh Từ Kanji N1

倉品さやか 著

Jリサーチ出版

はじめに

Foreword
Lời tựa

みなさん、N2 までよく頑張りました。次はいよいよ N1 ですね。
N1 になると漢字の量も増え、似た形や似た音の漢字が出てきますし、その漢字を使った単語も難しくなります。本書では、ユニット 1～9 でこれまでのシリーズに登場してきたマリオとリサに引き続き案内役をお願いし、二人を中心にした会話と一緒に N1 レベルの漢字を紹介します。会話の場面と漢字を結び付けてどんどん覚えましょう。練習問題もドリル A~C、まとめドリル A・B があります。

そのほかに N2 レベルまでに学習した漢字の新しい音読みや訓読みも学習できます。もっと頑張りたい人は「難易度の高い漢字」にもチャレンジしましょう。最後にある「N2 の漢字チェックリスト」で既に学習した漢字を復習することもできます。

思い立ったが吉日です。今から学習を始めましょう。

倉品さやか

●会話に出てくる主な人●

Main Characters／Nhân vật chính xuất hiện trong đoạn hội thoại

マリオ

男性留学生
male foreign exchange student
nam lưu học sinh

リサ

女性会社員。研修のために来日。
female company employee. Came to Japan for training.
nữ nhân viên công ty, tới Nhật Bản thực tập.

二人は友だちで、同じ日本語学校を卒業した。
Two friends who graduated from the same Japanese language school.
Hai người là bạn, tốt nghiệp cùng trường tiếng Nhật

You've done a great job making it all the way to N2. Next up is N1 at last.

Not only are there more kanji you need to learn for the N1 level, those with similar appearances or sounds will appear, and the vocabulary using these kanji becomes more difficult as well. In units 1-9 of this volume, we've had Mario and Lisa, two characters who have appeared in this series so far, return once more to act as guides. N1-level kanji will be introduced together with conversations focused around the two. Try growing your kanji knowledge by tying together the scenes and situations of these conversations with the kanji that appear there. Practice questions also appear in the form of drills A-C, as well as summary drills A and B.

This volume will also allow you to learn new on-yomi and kun-yomi for kanji you have learned up to the N2 level. Those who want to put in additional work should try out the "High-Difficulty Kanji" section as well. The "N2 Kanji Checklist" at the end of the volume can also be used to review kanji that you have already learned.

There's no time like the present. Start studying today.

Sayaka Kurashina

Chúc mừng các bạn đã vượt qua được cấp độ N2. Tiếp theo là đến cấp độ N1 rồi đấy.

Khi học đến N1 thì lượng chữ Hán cũng nhiều hơn, xuất hiện những chữ Hán có hình thức và âm đọc giống nhau, từ vựng chứa chữ Hán đó cũng khó hơn. Trong cuốn sách này, từ bài 1 đến bài 9, tôi tiếp tục nhờ Mario và Risa, hai nhân vật đã từng xuất hiện trong các series từ trước tới nay, làm nhiệm vụ hướng dẫn để giới thiệu tới các bạn nhưng bài hội thoại cùng những chữ Hán cấp độ N1. Các bạn hãy cố gắng ghi nhớ bằng các liên kết giữa bối cảnh bài hội thoại và chữ Hán nhé. Các bài luyện tập bao gồm phần A ~ C và luyện tập tổng hợp A/B.

Ngoài ra, các bạn cũng có thể học được các đọc âm Hán (on-yomi) và các đọc âm Nhật (kun-yomi) mới của những chữ Hán đã học ở cấp độ N2. Còn bạn nào muốn thử sức mình hơn nữa thì cũng có thể tham khảo phần "Chữ Hán có độ khó cao". Các bạn cũng có thể ôn tập lại những chữ Hán đã học ở phần "Danh sách chữ Hán N2" nằm cuối cuốn sách này.

Học không bao giờ là sớm cả. Nào, hay cùng bắt đầu ngay bây giờ thôi!

Sayaka Kurashina

目次
Table of Contents
Mục lục

この本の使い方

How to Use This Book
Cách sử dụng sách

場面やテーマに関係する短い会話

▶ここで学習する漢字をいくつか含み、太くしています。

There are short conversations related to these situations and themes.
Target kanji are present in bold.

Đoạn hội thoại ngắn liên quan tới bối cảnh và chủ đề
Những chữ Hán học ở đây cũng được bôi đậm

場面やテーマ

▶一つのユニットに3～6つあります。

Situations and Themes
Each Unit contains 3-6 everyday situations.

Bối cảnh và chủ đề
Trong một bài có 3-6 bối cảnh hoặc chủ đề.

読み

▶ひらがなは訓読み、カタカナは音読みです。

Kanji Readings
Japanese "kun'yomi" readings are in Hiragana, Chinese "on'yomi" readings are in Katakana.

Cách đọc chữ Hán
Chữ Hiragana là âm Nhật, chữ Katakana là âm Hán

画数

Stroke count
Số nét

漢字の漢越音

kanji reading in Vietnamese
Âm Hán Việt của chữ Hán

漢字の中心的な意味

Core Meaning
Ý nghĩa chính của chữ Hán

その漢字を含む熟語などの例

Sample Vocabulary
Ví dụ từ ghép chứa chữ Hán

UNIT 1
1

食事①

Food① ／Bữa ăn ①

／20

昨日行ったお店、おいしくて食べすぎちゃった。特に野菜とか魚とかを**揚**げた料理。あ、天ぷらだ。そして今日は中華料理店で懇親会。

へー、いいなあ。私は最近、**脂肪**が気になるから、ずっと自**炊**。

"he restaurant I went to yesterday was so good that I ate too much. The dishes of fried foods like vegetables and fish in particular. Oh, that's called tempura. Now I have a get-together at a Chinese restaurant today."
"Wow, that's nice. I've been concerned about my body fate lately, so I've always been cooking for myself."

"Quán hôm qua đi ăn ngon nên tớ ăn hơi nhiều. Đặc biệt đồ rán từ rau và cá. À, là món Tempura. Còn hôm nay thì có tiệc gặp mặt ở cửa tiệm đồ ăn Trung Hoa."
"Ồ, thích thế. Dạo này tớ chú ý đồ ăn có dầu mỡ nên toàn tự nấu."

1	脂	あぶら シ	脂っこい(あぶら)	fatty; greasy nhiều mỡ
10画	CHI		fat	
2	肪	ボウ	脂肪(しぼう)	fat mỡ, chất béo
8画	PHƯƠNG		fat	
3	揚	あ-がる あ-げる ヨウ	揚げる(あ)［野菜(やさい)を］	fry (vegetables) rán (rau củ)
			抑揚(よくよう)	inflection trầm bổng
12画	DƯƠNG		raise	
4	穀	コク	穀物(こくもつ)	grain ngũ cốc
14画	CỐC		shell	
5	豆	まめ トウ ズ	豆(まめ)	bean đậu
			大豆(だいず)	soy đậu nành
			納豆(なっとう)	natto đậu tương lên men natto
7画	ĐẬU		bean	
6	炊	た-く スイ	炊事(すいじ)	cooking nấu nướng
			自炊(じすい)	cooking for oneself tự nấu
			炊飯器(すいはんき)	rice cooker nồi cơm điện
			炊く(た)	cook (rice) nấu cơm
8画	XUY		cook	
7	旬	シュン ジュン	旬(しゅん)	season đúng vụ, đúng mùa
			上旬(じょうじゅん)	beginning (of a month) thượng tuần
			中旬(ちゅうじゅん)	middle (of a month) trung tuần
			下旬(げじゅん)	end (of a month) hạ tuần
6画	QUÂN/TUẦN		period	
8	鮮	あざ-やか セン	新鮮(しんせん)(な)	fresh tươi ngon
			鮮度(せんど)	freshness độ tươi
			鮮明(せんめい)(な)	clear rõ ràng
			朝鮮(ちょうせん)	Korea Triều tiên
			鮮やか(あざ)(な)	brilliant tươi tắn, rực rỡ
17画	TIÊN		fresh	
9	熟	う-れる ジュク	熟す(じゅく)	ripen chín, chín muồi
			成熟(せいじゅく)(する)	(to) ripen chín
			未熟(みじゅく)(な)	immature non nớt
			熟練(じゅくれん)	expertise thành thục
			熟考(じゅっこう)(する)	(to) ponder suy nghĩ kĩ lưỡng
			熟れる(う)	digest; mature chín
15画	THỤC		mature	
10	腐	くさ-る くさ-らす くさ-れる フ	腐る(くさ)	rot thối
			豆腐(とうふ)	tofu đậu phụ
			腐敗(ふはい)(する)	(to) decompose hụ bại
			陳腐(ちんぷ)(な)	hackneyed cụ, sáo mòn
14画	HỦ/PHỤ		rot	

10

記号などの使い方 usage of symbols／Cách dùng các kí hiệu

→ …「→9-3」＝「ユニット 9-3 を見てください」

日本製…うすい字は一つの例 example vocab shown in thin type／Chữ in nhạt là một ví dụ

★ …特別な読み方の言葉 example of unique reading／Từ có cách đọc đặc biệt

ドリル A 正しい読みをえらんでください。 1点×5

UNIT 1 衣食住

❶ お腹の脂肪が気になって運動しています。 a. しほう b. しぼう

❷ 穀物の自給率が低下しています。 a. こくもつ b. こもの

❸ これは大豆から作られた肉です。 a. だいず b. だまめ

❹ ご飯を炊くのにあと 15 分ぐらいかかるかな。 a. やく b. たく

❺ ここの魚はいつも新鮮で安いんです。 a. しんせん b. しんせ

漢字の正しい読みを答えるドリル
Drill: Identify the proper reading
Bài luyện tập trả lời cách đọc đúng của chữ Hán

ドリル B 正しい漢字をえらんでください。 1点×5

❶ お腹の調子が悪いときは___っこいものは食べないほうがいい。(あぶら) a. 揚 b. 肪 c. 脂

❷ 納___はだいずから作られ、健康にとてもいい食べ物です。(とう) a. 頭 b. 豆 c. 糖

❸ この店では___の食材を生かした料理が味わえます。(しゅん) a. 旬 b. 句 c. 包

❹ 5 歳の誕生日のことは___明に覚えています。(せん) a. 宣 b. 腺 c. 鮮

❺ ___すと実が濃い赤になります。(じゅく) a. 熟 b. 充 c. 炊

正しい漢字を答えるドリル
Drill: Identify the correct kanji
Bài luyện tập trả lời chữ Hán đúng

ドリル C 正しいほうをえらんで、全部ひらがなで___に書いてください。 1点×10

れい 天気がいいから、（ⓐ公園 b. 道路）に行きましょう。 こうえん

❶ 声の（a. 抑揚 b. 鮮明）をつけて話したほうがいいよ。 ______

❷（a. 穀 b. 豆）のサラダが好きで、よく食べます。 ______

❸ 魚の（a. 鮮度 b. 鮮明）の良さをどう見分けるか、教えましょう。

❹ 私は経験も少なく、まだ（a. 成熟 b. 未熟）です。

❺ 今、政治の（a. 腐敗 b. 陳腐）が問題になっている。

正しい語を選び、自分で読みを書くドリル
Drill: Select the correct word and provide its reading
Bài luyện tập chọn từ đúng, tự viết cách đọc

11

学習の流れ

Study Flow／Trình tự học

メインのパート：N1 漢字の学習

Main Focus: N1 Kanji

Phần chính: Học chữ Hán N1

▶10 のユニット × 3 ～ 6 つの場面

10 Units, each containing 3-6 everyday situations

10 bài x 3-6 bối cảnh

▶1 つの場面ごとに 10 ～ 16 字の漢字と約 30 の単語を紹介

Each situation introduces 10-16 Kanji and about 30 vocabulary words

Mỗi bối cảnh giới thiệu 10 ~16 chữ Hán và khoảng 30 từ

① 左ページのリストで漢字 1 字ずつの基本を学習

Learn the basics of each kanji listed on the left-hand page

Học cơ bản từng chữ Hán bằng bảng ở trang bên trái

↓

② 3つのドリルで、漢字の読み書き、意味や使い方を確認

Practice kanji reading, writing and usage with 3 provided drills

Xem lại cách đọc viết chữ Haasnm ý nghĩa và cách dùng bằng 3 bài luyện tập

↓

↓

③ ユニット最後の「まとめ問題 A」「まとめ問題 B」で復習

「Review Questions A」「Review Questions B」 tests all information contained in a Unit

Ôn tập lại bằng「Bài tập tổng hợp A」「Bài tập tổng hợp B」ở cuối mỗi bài

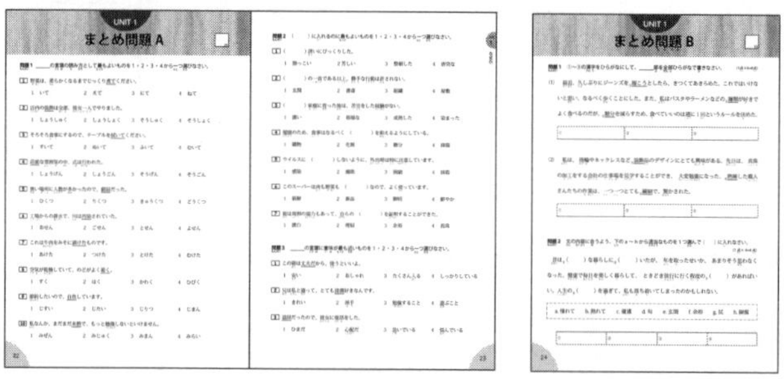

↓

実力テスト

Practice Exam

Bài kiểm tra thực lực

④日本語能力試験と同じ形式の問題で実力チェック

※2回チャレンジします。

Check your ability with questions styled after the actual JLPT ※ Two tests included

Kiểm tra thực lực bằng bài có hình thức giống bài thi năng lực tiếng Nhật. ※ Thử sức 2 lần

↓

N2 漢字チェックリスト

N2 Kanji Checklist

Bảng chữ Hán N4N5

N2 レベルの漢字を復習チェック

※最初でも途中でも、いつでもかまいません。

N2 Level Kanji Review ※ Feel free to reference at any time

Ôn tập chữ Hán cấp độ N3 ※ Có thể làm từ đầu hoặc giữa chừng đều được

UNIT 1

衣食住（いしょくじゅう）

Housing, Food, and Clothes

Mặc, Ăn, Ở

食事(しょくじ)①

／20

Food① ／Bữa ăn ①

昨日(きのう)行(い)ったお店(みせ)、おいしくて食(た)べすぎちゃった。特(とく)に野菜(やさい)とか魚(さかな)とかを**揚**(あ)げた料理(りょうり)。あ、天(てん)ぷらだ。そして今日(きょう)は中華料理店(ちゅうかりょうりてん)で懇親会(こんしんかい)。

へー、いいなあ。私(わたし)は最近(さいきん)、**脂肪**(しぼう)が気(き)になるから、ずっと自**炊**(じすい)。

"The restaurant I went to yesterday was so good that I ate too much. The dishes of fried foods like vegetables and fish in particular. Oh, that's called tempura. Now I have a get-together at a Chinese restaurant today."
"Wow, that's nice. I've been concerned about my body fate lately, so I've always been cooking for myself."

"Quán hôm qua đi ăn ngon nên tớ ăn hơi nhiều. Đặc biệt đồ rán từ rau và cá. À, là món Tempura. Còn hôm nay thì có tiệc gặp mặt ở cửa tiệm đồ ăn Trung Hoa."
"Ồ, thích thế. Dạo này tớ chú ý đồ ăn có dầu mỡ nên toàn tự nấu."

No.	Kanji	Readings	Word (reading)	English	Vietnamese
1	脂	あぶら / シ	脂っこい (あぶら)	fatty; greasy	nhiều mỡ
10画	CHI		fat		
2	肪	ボウ	脂肪 (しぼう)	fat	mỡ, chất béo
8画	PHƯƠNG		fat		
3	揚	あ-がる / あ-げる / ヨウ	揚げる (あ) [野菜(やさい)を]	fry (vegetables)	rán (rau củ)
			抑揚 (よくよう)	inflection	trầm bổng
12画	DƯƠNG		raise		
4	穀	コク	穀物 (こくもつ)	grain	ngũ cốc
14画	CỐC		shell		
5	豆	まめ / トウ / ズ	豆 (まめ)	bean	đậu
			大豆 (だいず)	soy	đậu nành
			納豆 (なっとう)	natto	đậu tương lên men natto
7画	ĐẬU		bean		
6	炊	た-く / スイ	炊事 (すいじ)	cooking	nấu nướng
			自炊 (じすい)	cooking for oneself	tự nấu
			炊飯器 (すいはんき)	rice cooker	nồi cơm điện
			炊く (た)	cook (rice)	nấu cơm
8画	XUY		cook		
7	旬	シュン / ジュン	旬 (しゅん)	season	đúng vụ, đúng mùa
			上旬 (じょうじゅん)	beginning (of a month)	thượng tuần
			中旬 (ちゅうじゅん)	middle (of a month)	trung tuần
			下旬 (げじゅん)	end (of a month)	hạ tuần
6画	QUÂN/TUẦN		period		
8	鮮	あざ-やか / セン	新鮮(な) (しんせん)	fresh	tươi ngon
			鮮度 (せんど)	freshness	độ tươi
			鮮明(な) (せんめい)	clear	rõ ràng
			朝鮮 (ちょうせん)	Korea	Triều tiên
			鮮やか(な) (あざ)	brilliant	tươi tắn, rực rỡ
17画	TIÊN		fresh		
9	熟	う-れる / ジュク	熟す (じゅく)	ripen	chín, chín muồi
			成熟(する) (せいじゅく)	(to) ripen	chín
			未熟(な) (みじゅく)	immature	non nớt
			熟練 (じゅくれん)	expertise	thành thục
			熟考(する) (じゅっこう)	(to) ponder	suy nghĩ kĩ lưỡng
			熟れる (う)	digest; mature	chín
15画	THỤC		mature		
10	腐	くさ-る / くさ-らす / くさ-れる / フ	腐る (くさ)	rot	thối
			豆腐 (とうふ)	tofu	đậu phụ
			腐敗(する) (ふはい)	(to) decompose	hụ bại
			陳腐(な) (ちんぷ)	hackneyed	cụ, sáo mòn
14画	HỦ/PHỤ		rot		

ドリル A 正しい読みをえらんでください。 1点×5

❶ お腹の脂肪が気になって運動しています。　a. しほう　b. しぼう

❷ 穀物の自給率が低下しています。　a. こくもつ　b. こもの

❸ これは大豆から作られた肉です。　a. だいず　b. だまめ

❹ ご飯を炊くのにあと15分ぐらいかかるかな。　a. やく　b. たく

❺ ここの魚はいつも新鮮で安いんです。　a. しんせん　b. しんせ

ドリル B 正しい漢字をえらんでください。 1点×5

❶ お腹の調子が悪いときは＿＿っこいものは食べないほうがいい。（あぶら）　a. 揚　b. 肪　c. 脂

❷ 納＿＿はだいずから作られ、健康にとてもいい食べ物です。（とう）　a. 頭　b. 豆　c. 糖

❸ この店では＿＿の食材を生かした料理が味わえます。（しゅん）　a. 旬　b. 句　c. 包

❹ 5歳の誕生日のことは＿＿明に覚えています。（せん）　a. 宣　b. 腺　c. 鮮

❺ ＿＿すと実が濃い赤になります。（じゅく）　a. 熟　b. 充　c. 炊

ドリル C 正しいほうをえらんで、全部ひらがなで＿＿に書いてください。 1点×10

れい 天気がいいから、（ⓐ 公園　b. 道路）に行きましょう。　こうえん

❶ 声の（a. 抑揚　b. 鮮明）をつけて話したほうがいいよ。　＿＿＿＿

❷（a. 穀　b. 豆）のサラダが好きで、よく食べます。　＿＿＿＿

❸ 魚の（a. 鮮度　b. 鮮明）の良さをどう見分けるか、教えましょう。　＿＿＿＿

❹ 私は経験も少なく、まだ（a. 成熟　b. 未熟）です。　＿＿＿＿

❺ 今、政治の（a. 腐敗　b. 陳腐）が問題になっている。　＿＿＿＿

UNIT 1
2

食事(しょくじ)②

Food ② ／Bữa ăn ②

□ ／20

〈鍋(なべ)の蓋(ふた)を開(あ)けて〉うん、いい**匂**(にお)い。あとは麺(めん)を入(い)れて完了(かんりょう)。…あ、飲(の)み物(もの)は大丈夫(だいじょうぶ)？私(わたし)はいらないけど。

ぼくは喉(のど)が**渇**(かわ)いたから、何(なに)か買(か)ってくる。

(Opening the lid on a nabe) "Yes, that smells great. All that's left is to add the noodles. ...Oh, do you need something to drink? I'm fine."
"I'm thirsty, so I'll go buy something."

(mở nắp nồi) "Ừm, thơm quá. Cho mỳ vào nữa là xong. À, cậu uống gì không? Tớ thì không uống gì cả."
"Tớ thấy khát nên đi mua gì về nhé."

No.	Kanji	Readings	Word	Meaning
1	鍋	なべ	鍋料理(なべりょうり)	pot-based dish / món lẩu
17画	OA		pot	
2	煮	に-える, に-る, に-やす, シャ	煮(に)る	simmer / ninh
12画	CHỬ		simmer	
3	匂	にお-う	匂(にお)う	smell / ngửi
			匂(にお)い	odor / mùi
4画	CÁI		odor	
4	麺	メン	麺類(めんるい)	noodles / các món mì
16画	MIẾN		noodle	
5	丼	どんぶり, どん	牛丼(ぎゅうどん)	beef bowl / cơm thịt bò
5画	TỈNH/ĐẢM		bowl	
6	糖	トウ	砂糖(さとう)	sugar / đường
			糖分(とうぶん)	sugar content / thành phần đường
16画	ĐƯỜNG		sugar	
7	蜜	ミツ	蜂蜜(はちみつ)	honey / mật ong
14画	MẬT		honey	
8	酢	す, サク	酢(す)	vinegar / dấm
12画	THỐ/TẠC		vinegar	
9	漬	つ-かる, つ-ける	漬物(つけもの)	pickles / đồ muối chua
			漬(つ)ける	to pickle / muối
			漬(つ)かる	to soak / ngâm
14画	TÍ		soak	
10	唐	から, トウ	唐辛子(とうがらし)	red pepper / ớt
			唐突(とうとつ)(な)	sudden / đường đột
			唐(とう)	China / đời Đường
10画	ĐƯỜNG		large; China	
11	渇	かわ-く, カツ	渇(かわ)く	thirst for / khô
			枯渇(こかつ)	run dry / hạn hán
11画	KHÁT		dry	
12	抹	マツ	抹茶(まっちゃ)	powdered green tea / bột trà (matcha)
			抹殺(まっさつ)(する)	eliminate / phủ nhận hoàn toàn
			抹消(まっしょう)(する)	erase / xóa
8画	MẠT		pulverize	

ドリル A　正しい読みをえらんでください。　1点×5

❶ 冬は温かい鍋料理が食べたくなる。　a. めん　b. なべ

❷ これはきゅうりの漬物です。　a. つけもの　b. つかもの

❸ 料理の匂いが服についちゃったかもしれない。　a. くさい　b. におい

❹ 唐突に話し出すから、びっくりしたよ。　a. とうとつ　b. からとつ

❺ これまでと同じように使い続ければ、いずれ資源は枯渇してしまう。　a. こうかつ　b. こかつ

ドリル B　正しい漢字をえらんでください。　1点×5

❶ 少し____（す）を入れると、さらにおいしくなります。　a. 酢　b. 唐　c. 辛

❷ ヨーグルトに蜂____（みつ）を入れて食べるのが好きです。　a. 密　b. 蜜　c. 満

❸ レモンを砂糖に____（つ）けたものをお湯に入れて飲みます。　a. 付　b. 就　c. 漬

❹ 喉が____（かわ）いたでしょう？　これを飲んでください。　a. 乾　b. 空　c. 渇

❺ あそこで____（まっ）茶が飲めるらしいよ。　a. 抹　b. 末　c. 松

ドリル C　正しいほうをえらんで、全部ひらがなで____に書いてください。　1点×10

れい　天気がいいから、（ⓐ公園　b. 道路）に行きましょう。　こうえん

❶ 野菜と肉を約1時間（a. 煮ます　b. 煮えます）。　____

❷ コーヒーにミルクと（a. 砂糖　b. 糖分）は入れますか。　____

❸ 一定の期間、使用がないと、登録が（a. 抹殺　b. 抹消）されます。　____

❹ 今日の昼ご飯は（a. 牛丼　b. 唐突）にしよう。　____

❺ 何か（a. 漬かり　b. 匂い）ませんか。焦げ臭いですよね。　____

服（ふく）

Clothes ／Cuần áo

失敗したよ。ズボン買ったんだけど、**丈**がちょっと長くなっちゃった。靴を**履**いてから確認すればよかった。

そのズボンね。なるほど。じゃ、私が**縫**って詰めてあげるよ。

"I messed up. I bought pants, but they're a little too long. I should have checked them after putting my shoes on."
"Those pants? I see. Well, then I'll sew them to be shorter myself."

"Thôi xong. Tớ mua cái quần mà chiều dài lại hơi dài. Đáng lẽ phải đi giày vào để thử."
"Cái quần này ấy hả. Ừm rồi. Thế để tớ khâu lên cho."

／20

No.	Kanji	Readings	Word	Reading	English	Vietnamese
1	襟	えり / キン	開襟	かいきん	open-necked	áo cổ mwor
			襟元	えりもと	neck; collar	cổ áo
18画	KHÂM	collar				
2	袖	そで / シュウ	袖	そで	sleeve	tay áo
			半袖	はんそで	short sleeves	áo ngắn tay
10画	TỤ	sleeve				
3	丈	たけ / ジョウ	丈	たけ	length; hemline	chiều dài quần áo
			大丈夫	だいじょうぶ	alright	ổn, không vấn đề gì
			丈夫(な)	じょうぶ	tough	chắc chắn, khỏe khắn
3画	TRƯỢNG	length				
4	縫	ぬ-う / ホウ	裁縫	さいほう	needlework	khâu vá
			縫う	ぬ	sew	khâu
16画	PHÙNG/PHÚNG	sew				
5	織	お-る / シキ / ショク	組織	そしき	organization	tổ chức
			織物	おりもの	textile	sản phẩm đan
18画	CHỨC	weave				
6	染	そ-まる / そ-める / し-みる / し-み / セン	感染(する)	かんせん	(to catch an) infection	lây nhiễm
			汚染(する)	おせん	(to) contaminate	ô nhiễm
			伝染病	でんせんびょう	communicable disease	bệnh truyền nhiễm
			染色	せんしょく	dye	nhuộm màu
			染める	そ	to dye	nhuộm
			染み	し	stain	vết ố
9画	NHIỄM	dye				
7	飾	かざ-る / ショク	装飾	そうしょく	ornament	việc trang trí
			修飾語	しゅうしょくご	modifier	từ bổ nghĩa
			飾る	かざ	decorate	trang trí
13画	SỨC	decorate				
8	珠	シュ	真珠	しんじゅ	pearl	trân châu
10画	CHAAU	sphere				
9	粧	ショウ	化粧	けしょう	makeup	trang điểm
12画	TRANG	cosmetics				
10	絹	きぬ / ケン	絹	きぬ	silk	tơ tằm
7画	QUYÊN	silk				
11	麻	あさ / マ	麻酔	ますい	anesthetic	thuốc tê
			麻薬	まやく	drug	thuốc phiện
11画	MA	hemp				
12	繊	セン	繊維	せんい	fiber	sợi, chất sơ
			繊細(な)	せんさい	delicate	tinh tế
17画	TIÊM	fiber				
13	紫	むらさき / シ	紫外線	しがいせん	ultraviolet ray	tia tử ngoại
			紫色	むらさきいろ	purple	màu tím
12画	TỬ	purple				
14	紺	コン	紺色	こんいろ	dark/navy blue	màu xanh tím than
11画	TÍM	dark blue				
15	履	は-く / リ	履く［くつ］	は	wear (shoes)	đi (giày)
			履く［ズボン］	は	wear (pants)	mặc (quần)
			履修(する)	りしゅう	register (for a class)	đăng kí môn học
			履歴［データ］	りれき	history (data)	lí lịch
			履歴書	りれきしょ	curriculum vitae	sơ yếu lí lịch
15画	LÍ	wear				

ドリル A　正しい読みをえらんでください。　1点×5

❶ 洗濯したら、セーターの袖が伸びてしまった。　a. うで　b. そで

❷ これ、丈夫で、何度落としても壊れないんだ。　a. だいじょうぶ　b. じょうぶ

❸ 美容院で髪を染めてきたんだ。どう？　a. そめて　b. とめて

❹ 真珠のネックレスを買いました。　a. しんじゅ　b. しんしゅ

❺ 履修科目をもう決めた？　a. ふくしゅう　b. りしゅう

ドリル B　正しい漢字をえらんでください。　1点×5

❶ 母は裁___（ほう）が得意だった。　a. 遭　b. 逢　c. 縫

❷ 組___（しき）のマネジメントするのは大変だ。　a. 識　b. 織　c. 職

❸ 近年、この地域の大気汚___（せん）が問題になっている。　a. 染　b. 洗　c. 宣

❹ 寝坊して、化___（しょう）する時間がなかった。　a. 症　b. 省　c. 粧

❺ ___（きぬ）のスカーフをお土産にもらった。　a. 麻　b. 絹　c. 袖

ドリル C　正しいほうをえらんで、全部ひらがなで___に書いてください。　1点×10

（れい）天気がいいから、（ⓐ 公園　b. 道路）に行きましょう。　こうえん

❶（a. 襟元　b. 開襟）の汚れがなかなか落ちない。　___

❷ インフルエンザに（a. 汚染　b. 感染）しないように気を付けている。　___

❸ 博物館に昔の人が使っていた（a. 修飾　b. 装飾）品が展示されていた。　___

❹ 大学卒業後、（a. 繊維　b. 繊細）メーカーで働いていました。　___

❺ 家族の写真を棚に（a. 飾って　b. 履いて）います。　___

大掃除（おおそうじ）

Major Cleanings／Tổng vệ sinh

／20

明日は大掃除だ～。お風呂とトイレを掃除したり、窓拭いたり……。大変。マリオさんは？

僕もやりますよ。まず分担して、寮の玄関や廊下などを掃除します。それから、自分の部屋。棚の整理整頓をするつもりです。

"I'm doing my big cleaning tomorrow! I'll be cleaning the bath and the toilet, wiping the windows... It's so much work. What about you, Mario-san?"
"I'll be doing the same. We'll be splitting up the work first to clean the entrance, halls, and more in the dormitory. After that, I'll clean my own room. I plan on tidying up my shelves."

"Ngày mai phải tổng vệ sinh đây... Lau chùi nhà tắm, nhà vệ sinh này, lau cửa sổ này. Mệt phết. Mario thì sao?"
"Tớ cũng làm. Trước tiên là chia việc ra, dọn hành lang và sảnh kí túc xá. Sau đó sẽ dọn phòng mình. Tớ định dọn dẹp lại giá sách."

1	寮	リョウ	15画	LIÊU	dormitory	学生寮（がくせいりょう）	student dormitory	kí túc xá học sinh
2	玄	ゲン	5画	HUYỀN	dark; deep	玄関（げんかん）	front entrance	sảnh
3	扉	とびら ヒ	12画	PHI	door	扉（とびら）	door	cửa
4	廊	ロウ	12画	LANG	hall	廊下（ろうか）	corridor	hành lang
5	斎	サイ	11画	TRAI	room; prudence	書斎（しょさい）	study; library	thư phòng
6	棚	たな	12画	BẰNG/BÀNH	shelf	本棚（ほんだな）	bookshelf	giá sách
7	頓	トン	13画	ĐỐN	singleminded	整頓(する)（せいとん） 頓挫(する)（とんざ）	(to) organize (to be) frustrated	dọn dẹp gọn gàng suy thoái, sụt giá
8	呂	ロ	7画	LÃ	backbone	風呂（ふろ）	bath	bồn tắm, nhà tắm
9	枠	わく	8画	KHUNG	frame	窓枠（まどわく） 枠組み（わくぐ） 推薦枠（すいせんわく）	window frame framework recommendation slot	khung cửa sổ khung sườn chỉ tiêu
10	拭	ふ-く ぬぐ-う ショク	9画	THỨC	wipe	払拭(する)（ふっしょく） 拭く（ふ） 拭う（ぬぐ）	(to) wipe away wipe mop up	quét sạch lau lau khô
11	潔	いさぎよ-い ケツ	15画	KHIẾT	clean	清潔(な)（せいけつ） 潔白（けっぱく） 潔い（いさぎよ）	clean innocent upright	sạch sẽ sự trong sạch đẹp, thanh khiết
12	芳	かんば-しい ホウ	7画	PHƯƠNG	fragrant	芳香剤（ほうこうざい） 芳しい（かんば）	air freshener fragrant	sáp thơm thơm
13	瓶	ビン	11画	BÌNH	bottle	空き瓶（あ びん） ビール瓶（びん）	empty bottle beer bottle	bình rỗng chai bia
14	缶	カン	6画	PHŨ	can	缶詰（かんづめ） 空き缶（あ かん） アルミ缶（かん）	canned goods empty can aluminum can	đồ đóng hộp lon rỗng can nhôm

ドリル A　正しい読みをえらんでください。　1点×5

❶ お客様が帰ったらテーブルを拭いてきれいにします。　a. ぬぐいて　b. ふいて

❷ 扉が重くて開かない。　a. まど　b. とびら

❸ 買った本を本棚に並べた。　a. ほんだな　b. ほんたな

❹ 新しい家には書斎を作りたい。　a. しょせい　b. しょさい

❺ 悪いイメージを払拭する方法がないだろうか。　a. ふっしき　b. ふっしょく

ドリル B　正しい漢字をえらんでください。　1点×5

❶ 1年生の時から学生＿＿（りょう）に住んでいます。　a. 家　b. 寮　c. 療

❷ お客さんが来るから、＿＿（げん）関をきれいにしておこう。　a. 源　b. 弦　c. 玄

❸ ＿＿（ろう）下は寒いので、教室に入って待っていてください。　a. 廊　b. 郎　c. 朗

❹ 空き＿＿（びん）は月に1回捨てる日が決まっています。　a. 便　b. 品　b. 瓶

❺ 早くお風＿＿（ろ）に入って温まりたい。　a. 侶　b. 炉　c. 呂

ドリル C　正しいほうをえらんで、全部ひらがなで＿＿に書いてください。　1点×10

（れい）天気がいいから、（ⓐ 公園　b. 道路）に行きましょう。　こうえん

❶ 私は彼の身の（a. 潔白　b. 清潔）を信じている。　＿＿＿＿

❷ A大学への（a. 推薦枠　b. 枠組み）は3名です。　＿＿＿＿

❸ 予算がなくて、計画が（a. 整頓　b. 頓挫）してしまった。　＿＿＿＿

❹ 彼女のことは（a. 拭く　b. 潔く）あきらめることにしたよ。　＿＿＿＿

❺ 非常食用に買った（a. 缶詰　b. 窓枠）を食べた。　＿＿＿＿

UNIT 1
5

憧れの家
あこが　　いえ

An Ideal Home ／Ngôi nhà mơ ước

／20

天井が高くて、暖炉がある別荘に憧れるな。
（てんじょう　たか　だんろ　べっそう　あこが）

僕は日本の古い屋敷に住んでみたいな。
（ぼく　にほん　ふる　やしき　す）
瓦屋根で、倉や日本庭園のある。
（かわらやね　くら　にほんていえん）

"I'd love to have a vacation home with high ceilings and a fireplace."
"I'd like to live in an old Japanese manor. One made of tiles that has a storehouse and a Japanese garden."

" Tớ rất thích biệt thự có trần cao và lò sưởi."
" Tớ thì muốn sống ở nhà kiểu cũ của Nhật. Có mái ngói, sân vườn kiểu Nhật."

No.	漢字	読み	語彙	意味
1	瓦	かわら / ガ	瓦屋根（かわらやね）	tile roof / mái ngói
5画	NGÕA		tile	
2	敷	し-く / フ	屋敷（やしき）	residence / nhà
			敷く（し）	spread out / trải
15画	PHU		spread	
3	倉	くら / ソウ	倉（くら）	storehouse / kho
			倉庫（そうこ）	warehouse / nhà kho
10画	SẢNG/THƯƠNG		storehouse	
4	荘	ソウ	別荘（べっそう）	villa; vacation home / biệt thự
			荘厳(な)（そうごん）	majestic / trang nghiêm
9画	TRANG		austerity	
5	井	い / ショウ / セイ	井戸（いど）	well / giếng
			天井（てんじょう）	ceiling / trần nhà
4画	TỈNH		well	
6	炉	ロ	暖炉（だんろ）	fireplace / lò sưởi
			原子炉（げんしろ）	nuclear reactor / lò hạt nhân
8画	LÔ/LƯ		furnace	
7	憧	あこが-れる / ショウ	憧れる（あこが）	admire / ngưỡng mộ
			憧憬（しょうけい）	yearning / sự ngưỡng mộ
15画	SUNG/TRÁNG		longing	

No.	漢字	読み	語彙	意味
8	雅	ガ	優雅(な)（ゆうが）	elegant / thanh lịch, tao nhã
13画	NHÃ		elegance	
9	裕	ユウ	裕福(な)（ゆうふく）	wealthy / dư giả, sung túc
			余裕（よゆう）	surplus; margin / dư, thừa, dư giả
			富裕層（ふゆうそう）	the wealthy / tầng lớp thượng lưu
12画	DỤ		plenty	
10	窮	きわ-まる / きわ-める / キュウ	窮まる（きわ）	reach an extreme / rơi vào/lâm vào tình trạng
			困窮(する)（こんきゅう）	(to feel) want / khốn khó, khó khăn
15画	CÙNG		extreme	
11	屈	クツ	退屈(な)（たいくつ）	bored / buồn chán
			窮屈(な)（きゅうくつ）	cramped / bí bách
			理屈（りくつ）	reason / lí thuyết, đạo lí
			屈辱（くつじょく）	humiliation / hổ thẹn, ô nhục
			屈服(する)（くっぷく）	(to) surrender / khuất phục
			屈する（くっ）	to submit / đầu hàng, chịu thua
8画	KHUẤT/QUẬT		give up	

ドリル A 正しい読みをえらんでください。 1点×5

❶ 今年の夏休みは別荘で過ごす予定だ。 a. べっそう b. べつそう

❷ 背が伸びて天井に手が届くようになった。 a. てんい b. てんじょう

❸ あの木の下にシートを敷いて、座りましょう。 a. おいて b. しいて

❹ もう時間に余裕がないから、簡単に済ませましょう。 a. よゆう b. ようゆ

❺ 生活に困窮している人が気軽に相談できる窓口が必要だ。 a. こんわく b. こんきゅう

ドリル B 正しい漢字をえらんでください。 1点×5

❶ ＿＿(そう)庫の荷物の数を確認してください。 a. 荘 b. 倉 c. 層

❷ 暖＿＿(ろ)の近くに行って、温まろう。 a. 侶 b. 炉 c. 呂

❸ あのお寺に古い＿＿(い)戸があるそうだ。 a. 井 b. 丼 c. 囲

❹ 彼は権力に＿＿(くっ)することなく戦った。 a. 久 b. 掘 c. 屈

❺ 子どものころは父のビジネスが成功して＿＿(ゆう)福な生活をしていた。 a. 富 b. 貴 c. 裕

ドリル C 正しいほうをえらんで、全部ひらがなで＿＿に書いてください。 1点×10

れい 天気がいいから、(ⓐ公園 b. 道路) に行きましょう。 こうえん

❶ あの古い (a. 屋敷 b. 荘厳) は、有名人のものらしいよ。 ＿＿＿＿

❷ (a. 理屈 b. 屈服) ではわかるけど、行動に移すのは難しい。 ＿＿＿＿

❸ 海中で (a. 憧憬 b. 優雅) に泳ぐ魚の姿が見られます。 ＿＿＿＿

❹ 子どものころ、モデルに (a. 窮まって b. 憧れて) いました。 ＿＿＿＿

❺ うちのトイレ、(a. 窮屈 b. 退屈) でちょっと使いにくいんだ。 ＿＿＿＿

暮(く)らし

□ ／20

Living ／Cuộc sống

あ、お母(かあ)さん、**鍵**(かぎ)がないんだけど、ちょっと見(み)てくれる？　洗面所(せんめんじょ)の**鏡**(かがみ)の前(まえ)か、私(わたし)の部屋(へや)の**枕**(まくら)の上(うえ)にあると思(おも)うんだけど…。

リサの母(はは)：はいはい。ちょっと待(ま)って。

"Oh, Mom, I don't have my keys, but could you go look for them? I think they're either in front of the mirror in the bathroom or on top of the pillow in my room..."
Lisa's Mom "Okay, okay. Hold on a second."

"A, mẹ ạ. Con không thấy chìa khóa, mẹ tìm giúp con được không? Ở trước gương bồn rửa mặt hoặc ở trên bàn phòng con…"
Mẹ Risa "Rồi rồi. Đợi một chút."

1	釜	かま	釜	かま	pot; kettle / nồi
9画		pot; kettle			
2	卓	タク	食卓	しょくたく	dining table / bàn ăn
			卓球	たっきゅう	table tennis / bóng bàn
			電卓	でんたく	calculator / bóng điện
15画		table			
3	箋	セン	便箋	びんせん	letterhead / giấy viết thư
			処方箋	しょほうせん	prescription / đơn thuốc
9画		card			
4	椅	イ	椅子	いす	seat / ghế
7画		chair			
5	鏡	かがみ / キョウ	鏡	かがみ	mirror / gương
			眼鏡★	めがね	glasses / kính mắt
13画		mirror			
6	掛	か-かる / か-ける	掛け時計	かどけい	wall clock / đồng hồ treo trường
			掛け布団	かぶとん	top futon / chăn
11画		hang			
7	枕	まくら	枕	まくら	pillow / gối
5画		pillow			
8	浄	ジョウ	洗浄(する)	せんじょう	(to) cleanse / tẩy rửa
			浄化(する)	じょうか	(to) purify / lọc
			空気清浄機	くうきせいじょうき	air purifier / máy lọc không khí
13画		clean			

★ 特別(とくべつ)な読(よ)み方(かた)

9	扇	(あお-ぐ) / おうぎ / セン	扇風機	せんぷうき	electric fan / quạt điện
			扇子	せんす	folding fan / quạt giấy
			扇ぐ	あお	use a fan / quạt
7画		fan			
10	鈴	すず / リン / レイ	鈴	すず	bell / chuông
7画		bell			
11	鍵	かぎ	鍵	かぎ	key / chìa khóa
10画		key			
12	塀	ヘイ	塀	へい	wall / bức tường
13画		wall			
13	垣	かき	垣根	かきね	fence / hàng rào
13画		fence			
14	鉢	はち	植木鉢	うえきばち	flowerpot / bồn trồng cây
13画		bowl			
15	傘	かさ / サン	雨傘	あまがさ	umbrella / ô đi mưa
			日傘	ひがさ	parasol / ô đi nắng
			傘下	さんか	under an umbrella / sáp nhập vào dưới sự quản lí của 1 công ty
13画		umbrella			
16	倹	ケン	倹約(する)	けんやく	(to) economize / tiết kiệm
13画		frugal			
17	銭	ぜに / セン	金銭	きんせん	money / tiền bạc
			釣銭	つりせん	balance / tiền thối
			小銭	こぜに	loose change / tiền xu lẻ
13画		money			

ドリル A 正しい読みをえらんでください。 1点×5

❶ 財布に小銭がたまってしょうがない。　a. こせん　b. こぜに

❷ 我が社はA社の傘下に入ることになった。　a. かさもと　b. さんか

❸ 眼鏡をかけると印象が変わるね。　a. いす　b. めがね

❹ このトイレ、自動洗浄の機能があって便利！　a. せんじょう　b. せんしょう

❺ 処方箋がないと薬は出せません。　a. しょ　b. せん

ドリル B 正しい漢字をえらんでください。 1点×5

❶ 給料日まで___約しないと。（けん）　a. 倹　b. 検　c. 堅

❷ ___が高くて、中が全く見えない。（へい）　a. 壁　b. 塀　c. 門

❸ 台風が来るから植木___を部屋に入れるね。（ばち）　a. 鉢　b. 蜂　c. 鈴

❹ 時刻が見やすい___け時計を探しているんですが…。（か）　a. 架　b. 掛　c. 駆

❺ ___が高すぎて、よく眠れない。（まくら）　a. 鏡　b. 鈴　c. 枕

ドリル C 正しいほうをえらんで、全部ひらがなで___に書いてください。 1点×10

れい 天気がいいから、（ⓐ 公園　b. 道路）に行きましょう。　こうえん

❶ エアコンが壊れたので、今は（a. 扇風機　b. 清浄機）だけで過ごしている。　___

❷ 机と（a. 電卓　b. 椅子）の高さが合ってないんじゃない？　___

❸ あ、（a. 卓球　b. 扇子）台がある。ちょっとやらない？　___

❹ 今日は（a. 雨傘　b. 日傘）がないと暑くて大変だ。　___

❺ あの二人は（a. 金銭　b. 洗浄）感覚の違いが原因で別れたそうだ。　___

UNIT 1

まとめ問題 A

／20

問題 1 ＿＿＿の言葉の読み方として最もよいものを１・２・３・４から一つ選びなさい。

1 野菜は、柔らかくなるまでじっくり煮てください。

1　いて　　2　えて　　3　にて　　4　ねて

2 店内の装飾は全部、彼女一人でやりました。

1　しょうしゅく　　2　しょうしょく　　3　そうしゅく　　4　そうしょく

3 そろそろ食事にするので、テーブルを拭いてください。

1　すいて　　2　ぬいて　　3　ふいて　　4　むいて

4 荘厳な雰囲気の中、式は行われた。

1　しょうげん　　2　しょうごん　　3　そうげん　　4　そうごん

5 狭い場所に人数が多かったので、窮屈だった。

1　ひくつ　　2　りくつ　　3　きゅうくつ　　4　どうくつ

6 工場からの排水で、川は汚染されていた。

1　おせん　　2　ごせん　　3　とせん　　4　よせん

7 これは牛肉をみそに漬けたものです。

1　あけた　　2　つけた　　3　とけた　　4　むけた

8 空気が乾燥していて、のどがよく渇く。

1　すく　　2　はく　　3　かわく　　4　ひびく

9 節約したいので、自炊しています。

1　じすい　　2　じたい　　3　じりつ　　4　じまん

10 私なんか、まだまだ未熟で、もっと勉強しないといけません。

1　みぜん　　2　みじゅく　　3　みまん　　4　みらい

問題2 （　　　）に入れるのに最もよいものを１・２・３・４から一つ選びなさい。

1 （　　　）誘いにびっくりした。

1 脂っこい　2 芳しい　3 整頓した　4 唐突な

2 （　　　）の一員である以上、勝手な行動は許されない。

1 玄関　2 書斎　3 組織　4 屋敷

3 （　　　）家庭に育った彼は、苦労をした経験がない。

1 潔い　2 裕福な　3 成熟した　4 染まった

4 健康のため、食事はなるべく（　　　）を抑えるようにしている。

1 織物　2 化粧　3 糖分　4 抑揚

5 ウイルスに（　　　）しないように、外出時は特に注意しています。

1 感染　2 腐敗　3 困窮　4 抹殺

6 このスーパーは肉も野菜も（　　　）なので、よく使っています。

1 新鮮　2 新品　3 鮮明　4 鮮やか

7 彼は周囲の協力もあって、自らの（　　　）を証明することができた。

1 潔白　2 理屈　3 余裕　4 真珠

問題3 ＿＿＿の言葉に意味が最も近いものを１・２・３・４から一つ選びなさい。

1 この箱は丈夫だから、使うといいよ。

1 安い　2 おしゃれだ　3 たくさん入る　4 しっかりしている

2 兄は私と違って、とても清潔好きなんです。

1 きれい　2 派手　3 勉強すること　4 遊ぶこと

3 退屈だったので、彼女に電話をした。

1 ひまだった　2 心配だった　3 急いでいた　4 悩んでいた

まとめ問題B

／10

問題1　①～③の漢字をひらがなにして、＿＿＿部を全部ひらがなで書きなさい。　（1点×6=6点）

（1）　最近、久しぶりにジーンズを①履こうとしたら、きつくてあきらめた。これではいけないと思い、なるべく歩くことにした。また、私はパスタやラーメンなどの②麺類が好きでよく食べるのだが、③糖分を減らすため、食べていいのは週に１回というルールを決めた。

①	②	③

（2）　私は、指輪やネックレスなど①装飾品のデザインにとても興味がある。先日は、真珠の加工をする会社の仕事場を見学することができ、大変勉強になった。②熟練した職人さんたちの作業は、一つ一つとても③繊細で、驚かされた。

①	②	③

問題2　文の内容に合うよう、下のa～hから適当なものを１つ選んで（　　）に入れなさい。（1点×4=4点）

昔は①（　　　）な暮らしに②（　　　）いたが、年を取ったせいか、あまりそう思わなくなった。健康で毎日を楽しく暮らして、ときどき旅行に行く程度の③（　　　）があればいい。人生の④（　　　）を過ぎて、私も落ち着いてしまったのかもしれない。

a. 憧れて　b. 熟れて　c. 優雅　d. 旬　e. 玄関　f. 余裕　g. 拭　h. 陳腐

①	②	③	④

UNIT 2 仕事(しごと)

Work

Công việc

1 就職活動(しゅうしょくかつどう)・職場(しょくば) Job-Hunting and the Workplace ／Tìm việc, công sở

2 ビジネス会話(かいわ) Business Conversation ／ Hội thoại thương mại

3 プレゼン Presentations ／ Thuyết trình

4 手続(てつづ)き・書類(しょるい) Procedures and Documents ／ Thủ tục, giấy tờ

5 仕事(しごと)・ストレス Work and Stress ／Công việc, căng thẳng

6 人材(じんざい)・タイプ Human Resources and Types ／ Nhân lực, Kiểu

就職活動・職場

しゅうしょくかつどう　しょくば

Job-Hunting and the Workplace／Tìm việc, công sở

／20

この店(みせ)、料理(りょうり)も**雰**囲気(ふんいき)もいいんだけど、**圏**外(けんがい)になっちゃうね。

うん…。**携**帯(けいたい)が使(つか)えないのはちょっと不便(ふべん)だね。でも、ほかに選択**肢**(せんたくし)がないから、ここにしない？

そうだね。

"This store has good food and a good atmosphere, but you can't get signal here, I guess."
"Hmm... Not being able to use a cell phone is a little inconvenience. But there isn't any other choice, so why don't we go with this place?"
"You're right."

"Quán này đồ ăn lẫn không gian đều ổn nhưng điện thoại thì lại không bắt được sóng."
"Ừm… Không dùng được di động thì hơi bất tiện nhỉ. Nhưng cũng không còn lựa chọn nào khác nên chọn chỗ này nhỉ?"
"Ừ."

1	雰	フン	雰囲気(ふんいき)	atmosphere; feeling / bầu không khí
12画	PHÂN	fog		
2	圏	ケン	首都圏(しゅとけん)	capital area / khu vụ thủ đô
			大気圏(たいきけん)	atmosphere / tầng khí quyển
			圏外(けんがい)	out of area / ngoài vùng phủ sóng
12画	QUYỂN	sphere		
3	契	ちぎ-る ケイ	契約(けいやく)	contract / hợp đồng , khế ước
			契機(けいき)	opportunity / nguyên nhân, cơ duyên
9画	KHẾ	vow		
4	継	つ-ぐ ケイ	継続(けいぞく)(する)	(to) continue / tiếp tục
			後継者(こうけいしゃ)	successor / người thừa kế
			継(つ)ぐ	succeed; inherit / kế tục, thừa kế
			中継(ちゅうけい)(する)	(to) relay / truyền hình
13画	KẾ	succeed		
5	遇	グウ	待遇(たいぐう)	treatment / đãi ngộ, đối xử
			遭遇(そうぐう)(する)	(to) encounter / bắt gặp
12画	NGẪU	meet		
6	肢	シ	選択肢(せんたくし)	choice / sự lựa chọn
8画	CHI	limb		
7	臨	リン	臨時(りんじ)	temporary / tạm thời, lâm thời
			君臨(くんりん)(する)	(to) reign over / thống trị, trị vì
			臨(のぞ)む	face / đối mặt
18画	LÂM	oversee		
8	姿	すがた シ	姿勢(しせい)	posture / tác phong, tư thế, thái độ
			容姿(ようし)	appearance / ngoại hình
9画	TƯ	appearance		
9	託	タク	託(たく)す	to entrust / giao phó
			託児所(たくじしょ)	nursery / nơi trông trẻ
			委託(いたく)	consignment / ủy thác
10画	THÁC	entrust		
10	遣	つか-う つか-わす ケン	気遣(きづか)い	consideration / quan tâm, lo lắng
			言葉遣(ことばづか)い	choice of words / cách dùng từ
13画	KHIỂN	dispatch		
11	派	ハ	派遣(はけん)(する)	(to) dispatch / phái cử
			立派(りっぱ)(な)	admirable / tuyệt vời
			派手(はで)(な)	flashy / lòe loẹt, màu mè, sặc sỡ
			～派(は)	~ faction; ~ school / trường phái ~,
			派生語(はせいご)	derived word / từ phái sinh
9画	PHÁI	group; faction		
12	携	たずさ-わる たずさ-える ケイ	携(たずさ)わる	participate in / có liên quan tới
			提携(ていけい)(する)	(to) affiliate with / mang theo người
			携(たずさ)える	(to) carry / mang theo
			携帯電話(けいたいでんわ)	cellular phone / điện thoại di động
			必携(ひっけい)	indispensable / phải mang theo
13画	HUỀ	carry		

ドリル A　正しい読みをえらんでください。　1点×5

❶ 職場の雰囲気が明るくていい。　a. ぶんいき　b. ふんいき

❷ 後継者がいなくて、店を閉めることになった。　a. ごけいしゃ　b. こうけいしゃ

❸ 容姿で判断されたくない。　a. ようし　b. ようす

❹ キャンプに行ったら電波が圏外で困った。　a. けんがい　b. かんがい

❺ お気遣い、ありがとうございます。　a. きつがい　b. きづかい

ドリル B　正しい漢字をえらんでください。　1点×5

❶ 待___（ぐう）がよかったことも、その会社にした理由の一つです。　a. 偶　b. 遇　c. 隅

❷ 選択___（し）が多すぎて、選べない。　a. 肢　b. 枝　c. 祉

❸ イベントに合わせて___（りん）時バスが出るそうだ。　a. 契　b. 緊　c. 臨

❹ 首都___（けん）へのアクセスが便利だ。　a. 権　b. 県　c. 圏

❺ 委___（たく）販売することにした。　a. 宅　b. 託　c. 拓

ドリル C　正しいほうをえらんで、全部ひらがなで___に書いてください。　1点×10

れい　天気がいいから、（ⓐ 公園　b. 道路）に行きましょう。　こうえん

❶ 卒業後は1年ぐらい（a. 派遣　b. 派手）社員をしていました。　___

❷ A社と（a. 必携　b. 提携）することが決まった。　___

❸ 明日、（a. 契約　b. 契機）書にサインをする。　___

❹ （a. 君臨　b. 姿勢）が悪いと第一印象も良くないよ。　___

❺ 何事も（a. 中継　b. 継続）が大切だと思う。　___

UNIT 2
2

ビジネス会話（かいわ）

□ ／20

Business Conversation ／Hội thoại thương mại

女性（じょせい）：先日（せんじつ）は**貴**重（きちょう）なお時間（じかん）をいただき、ありがとうございました。検**討**（けんとう）の結果（けっか）、**弊**社（へいしゃ）の店舗（てんぽ）では取（と）り**扱**（あつか）いが難（むずか）しいという結論（けつろん）に**至**（いた）りました。**宜**（よろ）しくご理解（りかい）のほどお願（ねが）いいたします。

男性（だんせい）：わかりました。ご**丁寧**（ていねい）にありがとうございます。

Woman "Thank you for your valuable time the other day. After consideration, we have come to the decision that stocking your product would be difficult. We hope you understand."
Man "I understand. Thank you for your polite notice."

Nữ "Cám ơn anh bữa trước đã bớt chút thời gian quý báu. Sau khi cân nhắc, chúng tôi đi đến kết luận rằng khó có thể bán tại cửa hàng của công ty chúng tôi ạ. Rất mong anh thông cảm."
Nam "Tôi hiểu rồi. Cám ơn cô đã chu đáo."

1	貴	たっと-ぶ とうと-ぶ たっと-い とうと-い キ	貴社（きしゃ）	your company / quý công ty
			貴重（きちょう）(な)	valuable / quý giá
			貴重品（きちょうひん）	valuables / đồ có giá trị
			高貴（こうき）(な)	exalted / cao quý
			貴族（きぞく）	aristocrat(s) / quý tộc
12画	QUÝ	noble		
2	弊	ヘイ	弊社（へいしゃ）	our company / công ty tôi (cách nói khiêm nhường)
			弊害（へいがい）	harmful effects / tác hại
			疲弊（ひへい）(する)	(to become) exhausted / mệt mỏi, đình trệ (kinh tế)
15画	TỆ	evil		
3	丁	テイ チョウ	丁重（ていちょう）に	politely / lễ phép, chu đáo
			丁度（ちょうど）	precisely / cỡ, chừng
			～丁目（ちょうめ）	block ~ / phường ~
2画	ĐINH	even		
4	寧	ネイ	丁寧（ていねい）(な)	polite / lễ phép
14画	NINH	peaceful		
5	扱	あつか-う	扱（あつか）う	handle / sử dụng
			取（と）り扱（あつか）い	handling / sự sử dụng
6画	TRÁP	handle		
6	慮	リョ	考慮（こうりょ）(する)	(to) consider / suy xét
			遠慮（えんりょ）(する)	(to) hold back / không làm ~
			配慮（はいりょ）(する)	(to) accommodate / quan tâm
15画	LƯ	though		
7	討	う-つ トウ	検討（けんとう）(する)	(to) examine / cân nhắc, suy nghĩ
			討論（とうろん）(する)	(to) debate / thảo luận
			討（う）つ	attack / bắn hạ
10画	THẢO	attack		
8	至	いた-る シ	至急（しきゅう）	urgent / gấp
			至（いた）る	reach / đến ~
			必至（ひっし）	inevitable / chắc chắn, hết sức
6画	CHÍ	reach		
9	宜	(よろ-しく) ギ	宜（よろ）しく	as fit ; regards / mong được giúp đỡ
			便宜（べんぎ）	convenience / nâng đỡ
			適宜（てきぎ）	suitable / kịp thời, đúng lúc
8画	NGHI	good		
10	致	いた-す チ	致（いた）す	to do / làm (từ khiêm nhường)
			一致（いっち）(する)	(to) match / đồng nhất
			合致（がっち）(する)	(to) agree / hợp nhất
			誘致（ゆうち）(する)	(to) attract / mời gọi
			致命的（ちめいてき）(な)	fatal / vô cùng nghiêm trọng (trí mạng)
10画	TRÍ	do		
11	諾	ダク	承諾（しょうだく）(する)	(to) consent / đồng ý, chấp thuận
15画	NẶC	recognize		

ドリル A　正しい読みをえらんでください。　1点×5

❶ 丁度お昼の時間だし、休もう。　a. ていど　b. ちょうど

❷ この写真の商品をこちらで扱っていますか。　a. あつかって　b. あって

❸ 留学中に貴重な経験がたくさんできた。　a. きんちょう　b. きちょう

❹ こんなに安くしたら、売れても赤字は必至だ。　a. ひっす　b. ひっし

❺ 有休を取るときは、上司の承諾をもらう必要がある。　a. しょうだく　b. しょうち

ドリル B　正しい漢字をえらんでください。　1点×5

❶ ＿＿(へい)社に応募した理由を教えてください。　a. 丙　b. 平　c. 弊

❷ 本社に戻って＿＿(けん)討させてください。　a. 見　b. 検　c. 賢

❸ お客様には丁＿＿(ねい)な話し方で接してください。　a. 寧　b. 貴　c. 宜

❹ 会議の最後には全員の意見が一＿＿(ち)した。　a. 智　b. 慮　c. 致

❺ このメールを見たら、＿＿(し)急、お電話ください。　a. 至　b. 到　c. 致

ドリル C　正しいほうをえらんで、全部ひらがなで＿＿に書いてください。　1点×10

(れい) 天気がいいから、（ⓐ公園　b. 道路）に行きましょう。　こうえん

❶（a. 遠慮　b. 配慮）しないで、どんどん食べて。　＿＿＿＿

❷ トイレ休憩で席を離れるときは、（a. 高貴　b. 貴重）品を持っていってください。　＿＿＿＿

❸ 市に企業を（a. 誘致　b. 合致）する計画が進んでいる。　＿＿＿＿

❹ 熱中症にならないよう、（a. 便宜　b. 適宜）、水分を補給してください。　＿＿＿＿

❺ 高齢化で地方の経済が（a. 疲弊　b. 弊害）している。　＿＿＿＿

UNIT 2
3
プレゼン

／20

Presentations ／Thuyết trình

リサの先輩（せんぱい）：じゃ、簡単（かんたん）な**企**画書（きかくしょ）をお願（ねが）い。商品（しょうひん）の特（とく）**徴**（ちょう）を**箇**条書（かじょうが）きして、**詳**細（しょうさい）は口頭（こうとう）で説明（せつめい）してくれる？質問（しつもん）にはわかる**範**囲（はんい）で答（こた）えればいいから。

わかりました。**頑**張（がんば）ります。

Lisa's senior "Could you give me a simple proposal, then? Can you write down what makes the product special in bullet points and explain the details verbally? You just need to be able to answer any questions to the degree that you can."
"I understand. I'll do my best."

Đàn anh của Risa "Vậy cố viết bản kế hoạch đơn giản nhé. Viết gạch đầu dòng những đặc trưng của sản phẩm còn chi tiết thì giải thích bằng miệng được không? Chỉ cần trả lời câu hỏi trong phạm vi mình biết thôi."
"Vâng, tôi sẽ cố gắng ạ."

No.	Kanji	Readings	Word	Meaning
1	企	くわだ-てる キ	企画（きかく）(する)	(to) plan / lên kế hoạch
			企業（きぎょう）	company; corporation / công ty, doanh nghiệp
			企てる（くわだ）	plan / lập kế hoạch
6画	XÍ…		plan	

No.	Kanji	Readings	Word	Meaning
2	徴	チョウ	特徴（とくちょう）	feature / đặc trưng
			象徴（しょうちょう）	symbol / tượng trưng
			徴収（ちょうしゅう）(する)	(to) collect / trưng thu
			徴候（ちょうこう）	symptom; sign / dấu hiệu
14画	CHƯNG		mark	

No.	Kanji	Readings	Word	Meaning
3	箇	カ	箇条書き（かじょうが）	itemization / viết gạch đầu dòng
14画	CÁ		number of items	

No.	Kanji	Readings	Word	Meaning
4	詳	くわ-しい ショウ	詳細（しょうさい）	details / chi tiết
			詳しい（くわ）	detailed / rõ ràng, cụ thể
			不詳（ふしょう）	unknown / không rõ ràng
13画	TƯỜNG		detail	

No.	Kanji	Readings	Word	Meaning
5	範	ハン	範囲（はんい）	range / phạm vi
			模範（もはん）	model; example / quy mô
			規範（きはん）	standard; norm / quy tắc, tiêu chuẩn
15画	PHẠM		model	

No.	Kanji	Readings	Word	Meaning
6	施	ほどこ-す シ セ	実施（じっし）(する)	(to) carry out / thực hiện
			施行（しこう）(する)	(to) enforce / thi hành (pháp luật)
			施設（しせつ）	facility / cơ sở
			施す（ほどこ）	to give / thực hiện
9画	DI/THÍ・		execute	

No.	Kanji	Readings	Word	Meaning
7	即	ソク	即座に（そくざ）	immediately / ngay lập tức
			～に即して（そく）	in agreeance with ~ / theo đúng như ~, dựa vào ~
			即興（そっきょう）	improvisation / ngay tại chỗ
7画	TỨC		immediately	

No.	Kanji	Readings	Word	Meaning
8	渉	ショウ	交渉（こうしょう）(する)	(to) negotiate / thương lượng
			干渉（かんしょう）(する)	(to) get involved / tham gia vào, xía vào
11画	THIỆP		involvement	

No.	Kanji	Readings	Word	Meaning
9	我	われ わ ガ	我が社（わしゃ）	our company / công ty chúng tôi
			我々（われわれ）	we; ourselves / chúng ta
			我慢（がまん）(する)	(to) bear / chịu đựng
			自我（じが）	ego; self / bản thân, tự mình
7画	NGÃ		I	

No.	Kanji	Readings	Word	Meaning
10	促	うなが-す ソク	促進（そくしん）(する)	(to) promote / xúc tiến, thúc đẩy
			催促（さいそく）(する)	(to) urge / thúc giục, giục dã
			促す（うなが）	urge / thúc giục
9画	XÚC		urge	

No.	Kanji	Readings	Word	Meaning
11	頑	ガン	頑張る（がんば）	be persistent / cố gắng
			頑固（がんこ）(な)	obstinate / cứng đầu, khó bảo
13画	NGOAN		hard	

ドリル A　正しい読みをえらんでください。　1点×5

❶ 詳細は以下の通りです。　a. しょさい　b. しょうさい

❷ 試験範囲は、1課から3課までです。　a. はんい　b. はい

❸ 会費は私が後で徴収します。　a. ちょうしゅう　b. びしゅう

❹ 父は頑固な人だけど、話せばわかってくれる。　a. げんこ　b. がんこ

❺ 我が社でも新しい制度を導入しようと思う。　a. われ　b. わ

ドリル B　正しい漢字をえらんでください。　1点×5

❶ 友達に＿＿（うなが）されて、彼女はみんなの前に出ました。　a. 促　b. 託　c. 施

❷ ＿＿（か）条書きにして、要点を上手に伝えよう。　a. 過　b. 禍　c. 箇

❸ 時代の変化に＿＿（そく）した商品が求められている。　a. 依　b. 沿　c. 即

❹ 彼は年齢不＿＿（しょう）だよね。　a. 照　b. 詳　c. 証

❺ この町は福祉＿＿（し）設が充実していて暮らしやすい。　a. 施　b. 備　c. 整

ドリル C　正しいほうをえらんで、全部ひらがなで＿＿に書いてください。　1点×10

れい　天気がいいから、（ⓐ 公園　b. 道路）に行きましょう。　こうえん

❶（a. 即興　b. 即座）で作った歌がヒットした。　＿＿＿＿

❷ トイレに行くのを（a. 自我　b. 我慢）してたら、お腹が痛くなった。　＿＿＿＿

❸ 返事を（a. 催促　b. 促進）されているが、まだ決めていない。　＿＿＿＿

❹ A社と粘り強く（a. 干渉　b. 交渉）して、やっと契約が取れた。　＿＿＿＿

❺ 会議で新入社員が提案した（a. 企画　b. 象徴）に注目が集まった。　＿＿＿＿

手続き・書類
てつづき・しょるい

Procedures and Documents ／Thủ tục, giấy tờ

□ ／20

リサの友(とも)だち：このバスのツアーはどう？ **往**復(おうふく)の交通費(こうつうひ)が**抑**(おさ)えられるよ。**但**(ただ)し、朝(あさ)が結構早(けっこうはや)い。

ほんとだ、安(やす)い！ 申込**締**切(もうしこみしめきり)は…明日(あした)か。うん、ここでいいんじゃない？

Lisa's friend "How about this bus tour? We can save on round-trip transportation costs. It's pretty early in the morning, though."
"It really is cheap! The application deadline is...tomorrow, huh. Okay, don't you think this is good?"

Bạn của Risa "Cậu thấy tour xe buýt này thế nào? Bớt được tiền đi lại khứ hồi đó. Tuy nhiên sáng hơi sớm nhỉ."
" Ừ nhỉ, rẻ quá! Hạn đăng kí là… ngày mai à. Ừm, chỗ này được đấy nhỉ?"

1	締	し-まる し-める テイ	締切(しめきり)	deadline / kì hạn
			締(し)める	tighten / đóng
			取(と)り締(し)まる	clamp down / truy quét, quản lí
			締結(ていけつ)(する)	(to) conclude / kí kết
15画	ĐẾ	tighten		

2	項	コウ	項目(こうもく)	item / mục
			事項(じこう)	manners / khoản
12画	HẠNG	item		

3	削	けず-る サク	削除(さくじょ)(する)	(to) delete / xóa
			削減(さくげん)(する)	(to) reduce / cắt giảm
			削(けず)る	erase / cắt giảm
9画	SẢO/TƯỚC	erase		

4	訂	テイ	訂正(ていせい)(する)	(to) correct / chỉnh sửa
			改訂(かいてい)(する)	(to) revise / cải biên
9画	ĐÍNH	correct		

5	但	ただ-し	但(ただ)し	however / tuy nhiên
			但(ただ)し書(が)き	proviso / để mục (mua hàng)
7画	ĐÁN	however		

6	簿	ボ	名簿(めいぼ)	roster / danh sách tên
			帳簿(ちょうぼ)	ledger / sổ kế toán
19画	BẠ	book		

7	欄	ラン	記入欄(きにゅうらん)	entry field / ô để viết vào
			空欄(くうらん)	blank space / ô trống
			欄外(らんがい)	margins / ngoài ô, khung
20画	LAN	column		

8	添	そ-える そ-う テン	添付(てんぷ)(する)	(to) attach / đính kèm
			添(そ)える	accompany / kèm theo
			添加物(てんかぶつ)	additive / chất phụ gia
			添乗員(てんじょういん)	tour guide / nhân viên đi theo xe
			付(つ)き添(そ)う	accompany / đi kèm
11画	THIÊM	accompany		

9	往	オウ	往復(おうふく)(する)	(to make a) round trip / khứ hồi
			往来(おうらい)(する)	(to) come and go / đi và đến
8画	VÃNG	go		

No.	Kanji	Readings	Word	Meaning
10	抑	おさ-える ヨク	抑(おさ)える	suppress / đè, giữ dưới mức
			抑制(よくせい)(する)	(to) restrain / khống chế, kìm chế
			抑揚(よくよう)	rising and falling / lên xuống trầm bổng
7画	ỨC	suppress		

9	迅	ジン	迅速(じんそく)(な)	rapid / nhanh, kịp thời
6画	TẤN	swift		

ドリル A　正しい読みをえらんでください。　1点×5

❶ 参加者の名簿を受付に持っていってください。　a. なぼ　b. めいぼ

❷ 大好きな歌手に会い、興奮して気持ちが抑えられなかった。　a. おさえ　b. そえ

❸ 車に乗ったら、シートベルトを締めてください。　a. とめて　b. しめて

❹ 病院に行くのに友だちに付き添ってもらった。　a. つきそって　b. つきあって

❺ 領収書の但し書きに飲食代と書いてください。　a. たし　b. ただし

ドリル B　正しい漢字をえらんでください。　1点×5

❶ 不景気で予算が＿＿(けず)られてしまった。　a. 除　b. 減　c. 削

❷ 検査のチェック＿＿(こう)目は以下の通りです。　a. 頃　b. 項　c. 並

❸ お客様には丁＿＿(ねい)な話し方で接してください。　a. 寧　b. 貴　c. 宜

❹ 書類の＿＿(てい)正は赤ペンで書き入れてください。　a. 訂　b. 締　c. 丁

❺ ページ番号は＿＿(らん)外に入れてください。　a. 覧　b. 欄　c. 乱

ドリル C　正しいほうをえらんで、全部ひらがなで＿＿に書いてください。　1点×10

れい　天気がいいから、（ⓐ公園　b. 道路）に行きましょう。　こうえん

❶ 不要なデータは（a. 削減　b. 削除）してください。　＿＿＿＿

❷ 写真をメールに（a. 添付　b. 添加）しました。　＿＿＿＿

❸ （a. 締切　b. 迅速）に対応したことで相手に納得してもらえた。　＿＿＿＿

❹ 東京から大阪までの（a. 往復　b. 往来）切符を1枚ください。　＿＿＿＿

❺ データに（a. 帳簿　b. 空欄）があると、エラーが出ます。　＿＿＿＿

UNIT 2
5

仕事(しごと)・ストレス

Work and Stress／Công việc, căng thẳng

／20

リサの同僚(どうりょう)：担当(たんとう)が増(ふ)えて、仕事(しごと)がどんどん多岐(たき)にわたるようになって大変(たいへん)。おかげで最近(さいきん)、睡眠不足(すいみんぶそく)。部長(ぶちょう)にも愚痴(ぐち)を言(い)ったんだけど、コメントないし…。

全然状況(ぜんぜんじょうきょう)を把握(はあく)してないんだと思(おも)う。

Lisa's coworker "Now that I have more responsibilities, I'm so busy because my work is covering more and more. I've been sleep deprived lately because of it. I even complained to the general manager, but he didn't say anything..."
"I doubt he understands the situation at all."

Đồng nghiệp của Risa "Thay đổi người quản lí nên công việc chia theo nhiều hướng mệt quá. Vì thế mà gần đây còn mất ngủ nữa. Kêu ca với trưởng phòng rồi mà chẳng thấy nói gì cả..."
" Chắc trưởng phòng cũng không nắm được tình hình đâu. "

1	僚	リョウ	同僚	どうりょう	colleague	đồng nghiệp
			官僚	かんりょう	government official; bureaucrat	quan chức nhà nước
14画	LIÊU	director; colleague				
2	益	エキ ヤク	利益	りえき	profit	lợi ích, lãi
			収益	しゅうえき	revenue	thu lãi
			有益(な)	ゆうえき	beneficial	có ích
10画	ÍCH	profit				
3	稼	かせ-ぐ カ	稼働率	かどうりつ	utilization rate	tỉ lệ vận hành
			稼ぐ	かせ	earn	kiếm (tiền, thời gian)
15画	GIÁ	earn				
4	維	イ	維持(する)	いじ	maintain	duy trì
			繊維	せんい	fiber	sợi vải, chất sơ
14画	DUY	connect				
5	握	にぎ-る アク	把握	はあく	grasp	nắm bắt
12画	ÁC	clasp				
6	岐	キ	多岐	たき	many branches	nhiều lựa chọn
			分岐点	ぶんきてん	turning point	điểm phân nhánh
			岐路	きろ	crossroads	đường rẽ nhánh
			岐阜★	ぎふ	Gifu	tỉnh Gifu
7画	KÌ	branch				
7	兼	か-ねる ケン	兼ねる	か	combine	kết hợp
			兼任(する)	けんにん	(to) hold concurrent posts	kiêm nhiệm
			兼業	けんぎょう	side job	làm nhiều nghề
10画	KIÊM	combine				
8	煩	わずら-う わずら-わす ハン ボン	煩わしい	わずら	annoying	phiền toái, phiền hà
			煩わす	わずら	to bother	gây phiền
			煩雑(な)	はんざつ	troublesome	phiền toái
			煩悩	ぼんのう	carnal desire	mê mẩn
13画	PHIỀN	trouble				
9	痴	チ	愚痴	ぐち	complaint	than phiền
13画	SI	foolish				
10	憤	いきどお-る フン	憤慨(する)	ふんがい	(to) resent	nổi giận, phẫn nộ
			憤る	いきどお	to be furious	phẫn nộ
15画	PHẪN	anger				
11	睡	スイ	睡眠	すいみん	sleep	giấc ngủ
			熟睡(する)	じゅくすい	(to) sleep deeply	ngủ say sưa
13画	THỤY	sleep				

ドリル A　正しい読みをえらんでください。　1点×5

❶ お手を煩わせて申し訳ありません。　a. わずらわせて　b. わずわせて

❷ 日本語の勉強も兼ねて、SNS を使っている。　a. けねて　b. かねて

❸ 社員のおかげで利益が上がっている。　a. りえき　b. りそく

❹ ちょうどいい体重ですね。これを維持するようにしてください。　a. いじ　b. しじ

❺ 彼はいつも政治や世間に憤っている。　a. いきど　b. いきどお

ドリル B　正しい漢字をえらんでください。　1点×5

❶ 仕事で困ったら同＿＿(りょう)に相談している。　a. 寮　b. 僚　c. 療

❷ 趣味を収＿＿(えき)化できないか、考えている。　a. 益　b. 易　c. 幣

❸ 歌手に作家にと、彼は多＿＿(き)にわたって活躍している。　a. 帰　b. 岐　c. 規

❹ 彼女は、会うといつも仕事の愚＿＿(ち)を言う。　a. 憤　b. 煩　c. 痴

❺ アルバイトで＿＿(かせ)いだお金を落としてしまった。　a. 稼　b. 益　c. 働

ドリル C　正しいほうをえらんで、全部ひらがなで＿＿に書いてください。　1点×10

(れい) 天気がいいから、(ⓐ公園　b. 道路）に行きましょう。　こうえん

❶ 手続きが（a. 煩雑　b. 煩悩）で、何度も役所に行っている。　＿＿＿＿

❷ 古い友人から（a. 収益　b. 有益）な情報を得た。　＿＿＿＿

❸ 運動をした日は（a. 熟睡　b. 多岐）できる。　＿＿＿＿

❹ そのホテルでは、客室の（a. 稼働　b. 兼業）率を上げるための新サービスを始めた。　＿＿＿＿

❺ 状況を（a. 兼任　b. 把握）するためにいろいろ情報を集めている。　＿＿＿＿

UNIT 2

6

人材・タイプ

じんざい

／20

Human Resources and Types／Nhân lực, Kiểu

〈部長(ぶちょう)について〉

リサの同僚(どうりょう)：最初(さいしょ)は、**冗**談(じょうだん)とか言(い)わない**堅**(かた)い人(ひと)って印象(いんしょう)だったけど、全然違(ぜんぜんちが)った。

：うん。厳(きび)しい人(ひと)だろうと覚**悟**(かくご)してた。でも、優(やさ)しい人(ひと)でよかったよ。部下(ぶか)のミスにも**寛**大(かんだい)だし。

(About the general manager)
Lisa's coworker "I had the impression that he was a stiff guy who doesn't tell jokes, but that wasn't the case at all."
"Yes. I had prepared for him to be a strict person. Fortunately, he's kind. He's even understanding when the employees under him make mistakes."

(Về trưởng phòng)
Đồng nghiệp của Risa "Mới đầu ấn tượng là người cứng nhắc không biết đùa nhưng hóa ra lại không phải thế. "
"Ừ. Tớ cũng chuẩn bị tinh thần trưởng phòng là người nghiêm khắc rồi. Nhưng may quá lại là người dễ chịu. Còn bao dung với lỗi của cấp dưới nữa."

1	秀	ひい-でる シュウ	優秀(な)	ゆうしゅう	excellent / ưu tú
			秀才	しゅうさい	talented / tài năng, thiên tài
			秀でる	ひい	surpass; excel / tài giỏi
7画	TÚ		excellent		
2	該	ガイ	該当(する)	がいとう	(to be) applicable / tương ứng
13画	CAI		apply; this		
3	悟	さと-る ゴ	覚悟(する)	かくご	(to be) prepared / sẵn sàng, chuẩn bị tinh thần
			悟る	さと	enlighten / nhận biết
			悟り	さと	enlightenment / ngộ ra
10画	NGỘ		enlightenment		
4	尽	つ-きる つ-くす つ-かす ジン	尽力(する)	じんりょく	(to) make an effort / tận lực,dốc sức
			尽きる	つ	run out; exhaust / cạn kiệt
6画	TẬN		exhaust		
5	堅	かた-い ケン	堅い	かた	stiff / cứng
			堅苦しい	かたくる	awkward / cứng nhắc
			堅実(な)	けんじつ	steadfast / chắc chắn
			中堅	ちゅうけん	mainstay / (người) trung tâm, cốt lõi
12画	KIÊN		hard		
6	威	イ	威圧的(な)	いあつてき	intimidating / lấn át
			威力	いりょく	power / uy lực
			権威	けんい	authority / quyền uy
9画	UY		frighten		
7	脅	キョウ	脅威	きょうい	threat / mối đe dọa
9画	UY		frighten		
8	寛	カン (くつろ-ぐ)	寛容(な)	かんよう	tolerant / bao dung
			寛大(な)	かんだい	generous / quảng đại
			寛ぐ	くつろ	unwind / nghỉ ngơi, thư giãn
13画	KHOAN		broad; relaxed		
9	冗	ジョウ	冗談	じょうだん	joke / bông đùa
			冗長(な)	じょうちょう	lengthy; verbose / lan man, dài dòng
4画	NHŨNG		unneeded		
10	怠	おこた-る なま-ける タイ	怠慢	たいまん	negligence / lười biếng
			怠ける	なま	to laze / lười
			怠慢(な)	たいまん	lazy / lười biếng
			怠る	おこた	neglect / lơi là
9画	ĐÃI		neglect		
11	陰	かげ-る かげ イン	陰気(な)	いんき	gloomy / u uất, u ám
			日陰	ひかげ	shade / bóng râm
11画	ÂM/UẤN		negative		
12	挫	(くじ-ける) くじ-く ザ	挫折(する)	ざせつ	(to feel a) setback / thất bại, chán nản
			挫ける	くじ	lose heart / suy sụp, thất bại
10画	TỎA		twist; bend		

ドリル A 正しい読みをえらんでください。 1点×5

❶ 一つのことに秀でているだけで素晴らしいことだ。 a. しゅう b. ひい

❷ 彼女はその一言で全てを悟ったようだった。 a. かたった b. さとった

❸ 堅苦しい話は後にしましょう。 a. かたくるしい b. けんくしい

❹ 面接官は威圧的な態度で質問してきた。 a. いあつ b. いんあつ

❺ 何度も挫けそうになったが、あきらめなかった。 a. ざけ b. くじけ

ドリル B 正しい漢字をえらんでください。 1点×5

❶ 今年は優＿＿な人材が多く入社した。（しゅう） a. 勝 b. 秀 c. 劣

❷ 中＿＿の社員たちが頑張っています。（けん） a. 間 b. 堅 c. 威

❸ 失敗を繰り返しても、部長は若い私に＿＿容だった。（かん） a. 寛 b. 簡 c. 勘

❹ ＿＿談ばかり言ってないで、本題に入りましょう。（じょう） a. 情 b. 状 c. 冗

❺ 決して仕事を＿＿けているわけじゃない。（なま） a. 挫 b. 怠 c. 尽

ドリル C 正しいほうをえらんで、全部ひらがなで＿＿に書いてください。 1点×10

れい 天気がいいから、（ⓐ公園 b. 道路）に行きましょう。 こうえん

❶ （a. 該当 b. 寛大）するものを全て丸で囲んでください。 ＿＿＿＿

❷ 力が（a. 尽きて b. 尽かして）、少しも動けなくなった。 ＿＿＿＿

❸ この商品は悪天候の中でこそ（a. 権威 b. 威力）を発揮します。 ＿＿＿＿

❹ あまりの厳しさに（a. 怠慢 b. 挫折）する人が多かった。 ＿＿＿＿

❺ （a. 日陰 b. 陰気）に入って少し休みましょう。 ＿＿＿＿

UNIT 2

まとめ問題A

／20

問題1 ＿＿＿の言葉の読み方として最もよいものを１・２・３・４から一つ選びなさい。

1 国の基本計画に即して道路が建設された。

1 かくして　2 そくして　3 はずして　4 ゆるして

2 不誠実な対応に憤りを感じる。

1 あせり　2 いかり　3 かたより　4 いきどおり

3 官僚になって国を動かしたいという学生もいる。

1 かんりょう　2 きゅうりょう　3 ぐうりょう　4 こうりょう

4 予算があまりないので、費用を抑える必要がある。

1 すえる　2 たえる　3 おさえる　4 くわえる

5 10年以上、広告関係の仕事に携わってきました。

1 そなわって　2 たずさわって　3 にぎわって　4 わずらわって

6 富士山は日本の象徴として世界的にも知られる。

1 しょうちょう　2 しょうび　3 ぞうちょう　4 ぞうび

7 司会に促されて、先生が舞台に上がった。

1 おされて　2 たされて　3 まかされて　4 うながされて

8 しっかり準備をして大会に臨みたい。

1 いどみたい　2 おがみたい　3 のぞみたい　4 ふくみたい

9 店を継ぐかどうか、兄はまだ迷っている。

1 つぐ　2 とぐ　3 かせぐ　4 ふせぐ

10 再び自然災害に襲われ、住民はかなり疲弊している。

1 ひしょう　2 ひたん　3 ひろう　4 ひへい

問題2 （　　　）に入れるのに最もよいものを１・２・３・４から一つ選びなさい。

1 （　　　）はまだ決まっていない。

1　弊害　　2　即座　　3　詳細　　4　臨時

2 このリスト、名前と住所が（　　　）しない。

1　一致　　2　待遇　　3　中継　　4　把握

3 パーティーに誘われたが、（　　　）にお断りした。

1　親切　　2　丁重　　3　有益　　4　派手

4 資料を（　　　）してメールを送った。

1　合致　　2　添付　　3　締結　　4　維持

5 今回の研修で（　　　）な経験をすることができた。

1　貴重　　2　丁寧　　3　深刻　　4　頑固

6 A社との（　　　）は、あれからあまり進んでいない。

1　模範　　2　適宜　　3　必携　　4　交渉

7 十分（　　　）した上で決めたことです。

1　添付　　2　承諾　　3　考慮　　4　派遣

問題3 ＿＿＿の言葉に意味が最も近いものを１・２・３・４から一つ選びなさい。

1 会場の担当者が<u>便宜</u>を図ってくれた。

1　割引をすること　　2　宣伝をすること
3　都合がいいこと　　4　荷物を預かること

2 最近、なかなか<u>熟睡できなくて</u>、困っている。

1　よく眠れなくて　　2　元気が出なくて
3　物事がうまくいかなくて　　4　自由な時間が持てなくて

3 それを聞いて<u>憤慨しました</u>。

1　とても驚いた　　2　とても腹が立った
3　とてもうれしかった　　4　とても悲しかった

まとめ問題 B

／10

問題 1　①～③の漢字をひらがなにして、＿＿＿部を全部ひらがなで書きなさい。　(1点×6=6点)

(1)　200 年以上続く古い店だが、主人はアイデアマンで、新しいことにチャレンジするのが大好き。他社との①提携にも積極的で、店の経営自体はうまくいっているが、②後継者問題は未解決。店の看板を誰に③託すか、なかなか良いアイデアが浮かばないと言う。

①	②	③

(2)　彼はとても頭が良く優秀だが、 態度や行動はまるで①幼児だ。いつも②姿勢が悪く、③言葉遣いも乱暴だ。

①	②	③

問題 2　文の内容に合うよう、下の a～h から適当なものを 1 つ選んで (　　) に入れなさい。
(1 点× 4=4 点)

スマホについては、このまま現在のプランを①(　　　) するか、サービスの内容を下げた安いプランに変えるか、②(　　　) する会社を変えるか、 3 つの③(　　　) で④(　　　) しています。

a. 選択肢　b. 継続　c. 欄　d. 検討　e. 承諾　f. 配慮　g. 契約　h. 収益

①	②	③	④

UNIT 3 趣味(しゅみ)・活動(かつどう)

Hobbies and Activities

Sở thích, hoạt động

趣味（しゅみ）・活動（かつどう）①

Hobbies and Activities ①／Sở thích, hoạt động ①

／20

映画鑑賞（えいがかんしょう）は僕（ぼく）の一番（いちばん）の**趣**味（しゅみ）で、語彙力（ごいりょく）がつくと思（おも）って、日本（にほん）の映画（えいが）をよく見（み）ます。何（なに）かお**勧**（すす）めはありますか。

じゃ、これをぜひ。**監督**（かんとく）は若（わか）いし、**俳**優（はいゆう）も有名（ゆうめい）じゃないけど、**傑**作（けっさく）だよ。

"Watching films is my biggest hobby, and I often watch Japanese films thinking it will help my vocabulary. Do you have any suggestions?"
"Then please try watching this one. The director is young and the actors are not well known, but it's a masterpiece."

"Sở thích đầu tiên của mình là xem phim, mình hay xem phim Nhật vì nghĩ sẽ tích lũy được khả năng từ vựng. Cậu có phim gì hay giới thiệu cho tớ không?"
"Thế thì cậu xem cái này đi. Đạo diễn trẻ, diễn viên cũng không nổi tiếng nhưng là một kiệt tác đấy."

1	趣	おもむき / シュ	趣味（しゅみ）	hobby / sở thích
			趣向（しゅこう）	idea / suy nghĩ, công phu
			趣旨（しゅし）	intent / ý chính
			趣き（おもむ）	taste / phong thái, dáng vẻ
15画	THÚ		taste	
2	勧	すす-める / カン	勧める（すす）	recommend / khuyến khích
			勧誘（する）（かんゆう）	(to) persuade / mời chào, lôi kéo
			勧告（する）（かんこく）	(to) recommend / khuyến cáo
13画	CẦN		encourage	
3	鑑	かんが-みる / カン	鑑賞（する）（かんしょう）	(to) appreciate / thưởng thức (xem)
			図鑑（ずかん）	picture book / từ điển
23画	GIÁM		mirror	
4	監	カン	監視（する）（かんし）	(to) observe / giám sát
15画	GIÁM		watch	
5	督	トク	監督（する）（かんとく）	(to) direct / đạo diễn
13画	ĐỐC		encourage	
6	俳	ハイ	俳優（はいゆう）	actor / diễn viên
			俳句（はいく）	haiku / thơ Haiku
10画	BÀI/BỐI		play	
7	撮	と-る / サツ	撮影（する）（さつえい）	(to) photograph / chụp, quay
			撮る（と）	take (a photograph) / chụp
15画	TOÁT		take	
8	邦	ホウ	邦画（ほうが）	Japanese film / phim Nhật
			連邦制（れんぽうせい）	federalism / thể chế liên bang
			邦人（ほうじん）	Japanese person / người Nhật
7画	BANG		country	
9	傑	ケツ	傑作（けっさく）	masterpiece / kiệt tác
13画	KIỆT		excellent	
10	挑	いど-む / チョウ	挑戦（する）（ちょうせん）	(to) take on / thử sức
			挑む（いど）	challenge / đối mặt
9画	KHIÊU		challenge	
11	稽	ケイ	稽古（する）（けいこ）	(to) rehearse / tập luyện
			滑稽（な）（こっけい）	comical / buồn cười, kì cục
15画	KÊ. KHỂ		consider	
12	剣	つるぎ / ケン	剣道（けんどう）	kendo / kiếm đạo
10画	KIẾM		sword	
13	弓	ゆみ / キュウ	弓道（きゅうどう）	kyudo / cung đạo
3画	CUNG		bow	
14	矢	や / シ	矢（や）	arrow / mũi tên
			矢印（やじるし）	(directional) arrow / dấu mũi tên
5画	THI		arrow	
15	禅	ゼン	座禅（ざぜん）	Zen meditation / thiền zazen
			禅（ぜん）	Zen / thiền
13画	THIỀN		Zen	
16	飽	あ-きる / あ-かす / ホウ	飽きる（あ）	get bored of / chán
			飽和（する）（ほうわ）	(to) saturate / bão hòa
13画	BÃO		tire	

ドリル A　正しい読みをえらんでください。　1点×5

❶ 趣味は読書です。　a. しょみ　b. しゅみ

❷ 好きな俳優が出ている映画は必ず見ます。　a. ひゆう　b. はいゆう

❸ 試験監督に静かにするよう注意された。　a. かんとく　b. かんとん

❹ 矢印に従って進んでください。　a. やいん　b. やじるし

❺ 写真撮影にいい場所を探そう。　a. さつえい　b. さっえい

ドリル B　正しい漢字をえらんでください。　1点×5

❶ 最初の話とは＿＿旨が変わっていませんか。（しゅ）　a. 趣　b. 衆　c. 殊

❷ 友だちに＿＿められて参加しました。（すす）　a. 提　b. 勧　c. 挙

❸ 趣味は音楽＿＿賞です。（かん）　a. 味　b. 監　c. 鑑

❹ ここで写真を＿＿ってもいいですか。（と）　a. 映　b. 写　c. 撮

❺ 毎日同じメニューで＿＿きてきた。（あ）　a. 握　b. 飽　c. 満

ドリル C　正しいほうをえらんで、全部ひらがなで＿＿に書いてください。　1点×10

れい　天気がいいから、（ⓐ公園　b. 道路）に行きましょう。　こうえん

❶ 今年はいつもとは（a. 趣向　b. 勧告）を変えて、屋外でやろう。　＿＿＿＿

❷ 魚の（a. 傑作　b. 図鑑）を見て名前を覚えた。　＿＿＿＿

❸ いたずらが多いので、（a. 連邦　b. 監視）カメラを付けることにした。　＿＿＿＿

❹ 今年は新しいことに（a. 挑戦　b. 剣道）したい。　＿＿＿＿

❺ （a. 滑稽　b. 稽古）を重ねてきた結果が出せた。　＿＿＿＿

趣味・活動②
しゅみ　かつどう

Hobbies and Activities ②／Sở thích, hoạt động ②

／20

近所の人：最近、娘が音楽に**興**味を持って、ピアノを**弾**きたいと言い出して…。だから今、毎日、基**礎**練習をしてるんですよ。

リサ：いいですね。じゃ、今度、友だちと演**奏**会をやりますので、よければ**聴**きに来てください。

近所の人：そうですか。ぜひ。

Neighbor "My daughter has had an interest in music lately and has started to say she wants to play the piano... That's why she's practicing the basics every day now."
Lisa "That's great. In that case, I will be holding a concert with my friends, so please come and listen if you're interested."
Neighbor "Is that so. I'd love to."

Hàng xóm "Dạo này con gái tôi lại quan tâm tới âm nhạc rồi bảo muốn đánh piano… Nên giờ ngày nào nó cũng luyện đánh cơ bản."
Risa "Tốt quá ạ. Thế sắp tới cháu có buổi biểu diễn với bạn. Nếu có thời gian bác hãy đến nghe ạ."
Hàng xóm "Thế hả. Tôi sẽ đến."

No.	Kanji	Readings	Word	Reading	Meaning
1	興	おこ-る / おこ-す / キョウ / コウ	興味	きょうみ	interest / quan tâm, hứng thú
			余興	よきょう	entertainment / tiết mục góp vui
			振興	しんこう	promotion / chấn hưng
			復興(する)	ふっこう	(to) reconstruct / phục hồi
16画	HƯNG	interest			
2	弾	ひ-く / はず-む / たま / ダン	弾く	ひ	play / kéo, đánh (đàn)
			弾む	はず	bounce / nảy
			爆弾	ばくだん	bomb / mìn
			弾力性	だんりょくせい	elasticity / tính co giãn
12画	ĐÀN/ĐẠN	ball			
3	礎	いしずえ / ソ	基礎	きそ	foundation / cơ bản, cơ sở
18画	SỞ	foundation			
4	奏	かな-でる / ソウ	演奏(する)	えんそう	(to) play / diễn tấu
			伴奏(する)	ばんそう	(to) accompany / hòa tấu
			奏でる	かな	play (an instrument) / đánh, kéo
9画	TẤU	play			
5	聴	き-く / チョウ	聴く	き	listen / nghe
			聴衆	ちょうしゅう	audience / khán giả, người nghe
			視聴者	しちょうしゃ	viewer / khán thính giả
			聴覚	ちょうかく	sense of hearing / thính giác
17画	THÍNH	listen			
6	揮	キ	指揮(する)	しき	(to) conduct / chỉ huy
			発揮(する)	はっき	(to) manifest / phát huy
12画	HUY	direct			
7	唱	ショウ / (とな-える)	合唱(する)	がっしょう	(to) sing as a chorus / hợp xướng
			提唱(する)	ていしょう	(to) propose / đề xướng
			唱える	とな	recite / tuyên bố, đọc to
11画	XƯỚNG	recite			
8	響	ひび-く / キョウ	影響(する)	えいきょう	(to) influence / ảnh hưởng
			響く	ひび	resonate / âm vang
			反響(する)	はんきょう	(to) reverberate / hồi âm, phản ứng
20画	HƯỞNG	reverberate			
9	拍	ハク / ヒョウ	拍手(する)	はくしゅ	(to) clap / vỗ tay
			拍子	ひょうし	time signature / nhịp
8画	PHÁCH	hit			
10	催	もよお-す / サイ	開催(する)	かいさい	(to) hold (an event) / tổ chức
			主催(する)	しゅさい	(to) host (an event) / tổ chức chính
			催す	もよお	hold (a meeting) / tổ chức
			催し物	もよおもの	amusement / sự kiện
13画	THÔI	suggest			
11	謡	うた-う / うたい / ヨウ	民謡	みんよう	folk song / dân ca
			童謡	どうよう	nursery song / truyện đồng giao
			歌謡曲	かようきょく	popular song / ca khúc
16画	DAO	sing			

ドリル A　正しい読みをえらんでください。　1点×5

❶ ピアノの伴奏が付いたら一層よくなった。　a. はんそう　b. ばんそう

❷ 興味がある人は連絡をください。　a. しゅみ　b. きょうみ

❸ イベントが開催される場所を教えてください。　a. かいさい　b. かいせい

❹ このホールは音がよく響きます。　a. ひび　b. ひ

❺ ギターを弾くのが好きです。　a. たたく　b. ひく

ドリル B　正しい漢字をえらんでください。　1点×5

❶ まずは基＿＿（そ）練習から始めましょう。　a. 素　b. 礎　c. 曽

❷ 番組に対する視＿＿（ちょう）者からの意見をご紹介します。　a. 聴　b. 徴　c. 超

❸ この理論は誰によって提＿＿（しょう）されたんですか。　a. 晶　b. 唱　c. 冒

❹ 現場を指＿＿（き）する人がいなかったので、混乱があった。　a. 導　b. 記　c. 揮

❺ この曲は元々、アメリカの民＿＿（よう）です。　a. 洋　b. 邦　c. 謡

ドリル C　正しいほうをえらんで、全部ひらがなで＿＿に書いてください。　1点×10

れい　天気がいいから、（ⓐ 公園　b. 道路）に行きましょう。　こうえん

❶ パーティーの（a. 余興　b. 振興）としてダンスをすることになった。　＿＿＿＿

❷ 久しぶりに同級生に会って、話が（a. 弾んだ　b. 奏でた）。　＿＿＿＿

❸ お客の数は天候の（a. 主催　b. 影響）を受けやすい。　＿＿＿＿

❹ 緊張して、力を十分に（a. 発揮　b. 合唱）できなかった。　＿＿＿＿

❺ すばらしい演奏で思わず（a. 拍手　b. 拍子）をした。　＿＿＿＿

趣味・活動③
しゅみ・かつどう

／20

Hobbies and Activities ③／Sở thích, hoạt động ③

この漫画家(まんがか)、知(し)ってる？ 独創的(どくそうてき)な絵(え)を描(か)くんだよね。
知(し)ってる。私(わたし)が購読(こうどく)している雑誌(ざっし)にも連載(れんさい)してるよ。

"Do you know this manga artist? She has such original drawings."
"I do. She is serialized in one of the magazines I'm subscribed to, too."

"Cậu có biết tác giả truyện tranh này không? Cô ấy có nét vẽ rất độc đáo."
"Tớ có biết. Truyện của cô ấy hay đăng trên tạp chí tớ mua lắm."

1	漫	マン	漫画	まんが	comic; manga / truyện tranh
			散漫(な)	さんまん	vague; distracted / nghĩ miên man, bâng quơ
14画	MẠN		fullness		
2	描	えが-く か-く ビョウ	描く	えが	draw; depict / vẽ
			描写(する)	びょうしゃ	(to) draw / miêu tả
11画	MIÊU		draw		
3	架	か-かる か-ける カ	架空	かくう	fictional / không, giả
9画	GIÁ		shelf		
4	創	つく-る ソウ	創作(する)	そうさく	(to) create / sáng tác
			創造(する)	そうぞう	(to) make / sáng tạo
			独創的(な)	どくそうてき	original / độc đáo
12画	SÁNG		creation		
5	彩	サイ	色彩	しきさい	color / màu sắc
			多彩(な)	たさい	colorful / nhiều màu sắc
11画	THÁI		vibrancy		
6	載	の-る の-せる サイ	載る	の	appear in / đăng
			掲載(する)	けいさい	(to) publish / đăng bài
			記載(する)	きさい	(to) record / viết
			連載(する)	れんさい	(to) serialize / đăng bài định kì
13画	TÁI/TẢI		place		
7	隔	へだ-たる へだ-てる カク	隔週	かくしゅう	every second week / cách tuần
			間隔	かんかく	interval / khoảng cách
			隔離(する)	かくり	(to) isolate / cách li
			隔てる	へだ	separate / khoảng cách
13画	CÁCH		separate		
8	挿	さ-す ソウ	挿入(する)	そうにゅう	(to) insert / đưa vào
			挿絵	さしえ	illustration in text / tranh minh họa
10画	SÁP		insert		
9	肖	ショウ	肖像画	しょうぞうが	portrait / hình chân dung
7画	TIÊU		imitation		
10	詩	シ	詩人	しじん	poet / nhà thơ
13画	THI		poem		
11	朗	ほが-らか ロウ	朗読	ろうどく	recitation / đọc to
			朗らか(な)	ほが	clear / tươi sáng, tươi tỉnh
10画	LÃNG		bright		
12	翻	ひるがえ-る ひるがえ-す ホン	翻訳(する)	ほんやく	(to) translate / phiên dịch
18画	PHIÊN		upturn		
13	匠	ショウ	師匠	ししょう	master / sư phụ
6画	TƯỢNG		artisan		
14	薦	すす-める セン	推薦(する)	すいせん	(to) recommend / tiến cử
			薦める	すす	recommend / khuyến khích
16画	TIẾN		recommend		
15	購	コウ	購入(する)	こうにゅう	(to) purchase / mua
			購読(する)	こうどく	(to) subscribe / mua đọc
			購買力	こうばいりょく	purchasing power / sức mua bán
17画	CẤU		purchase		

ドリル A　正(ただ)しい読(よ)みをえらんでください。　1点×5

❶ この小説(しょうせつ)は多(おお)くの言語(げんご)に翻訳されている。　a. つうやく　b. ほんやく

❷ 朗読することで、物語(ものがたり)の世界(せかい)をより感(かん)じることができた。　a. ろうどく　b. ろどく

❸ 道(みち)を隔てて 隣(となり)に店(みせ)があった。　a. へて　b. へだてて

❹ 見(み)て！　社長(しゃちょう)が雑誌(ざっし)に載っているよ。　a. のって　b. でって

❺ 主人公(しゅじんこう)の気持(きも)ちが細(こま)かく描写されている小説(しょうせつ)だ。　a. かしゃ　b. びょうしゃ

ドリル B　正(ただ)しい漢字(かんじ)をえらんでください。　1点×5

❶ ドアを開(あ)けて、まず見(み)えたのが＿＿(しょう)像画(ぞうが)だった。　a. 創　b. 肖　c. 匠

❷ 裏(うら)に注意事項(ちゅういじこう)が記(き)＿＿(さい)されています。　a. 載　b. 裁　c. 債

❸ あの人(ひと)は多(た)＿＿(さい)な才能(さいのう)の持(も)ち主(ぬし)だ。　a. 彩　b. 創　c. 挿

❹ 仕事中(しごとちゅう)に注意(ちゅうい)が散(さん)＿＿(まん)になり、怒(おこ)られた。　a. 慢　b. 漫　c. 満

❺ 先生(せんせい)からの推(すい)＿＿(せん)状(じょう)が欲(ほ)しいのですが…。　a. 選　b. 潜　c. 薦

ドリル C　正(ただ)しいほうをえらんで、全部(ぜんぶ)ひらがなで＿＿に書(か)いてください。　1点×10

（れい）天気(てんき)がいいから、（ⓐ公園　b. 道路）に行(い)きましょう。　こうえん

❶ 高齢者(こうれいしゃ)の（a. 購買　b. 記載）力(りょく)が高(たか)くなっている。　＿＿＿＿

❷ ここに1行(ぎょう)（a. 間隔　b. 挿入）したほうが見(み)やすいです。　＿＿＿＿

❸ ここに（a. 描かれて　b. 架けて）いる人物(じんぶつ)は誰(だれ)ですか。　＿＿＿＿

❹ （a. 架空　b. 創造）請求(せいきゅう)に気(き)を付(つ)けてください。　＿＿＿＿

❺ （a. 隔週　b. 隔離）で土曜日(どようび)もアルバイトに入(はい)れますか。　＿＿＿＿

スポーツ観戦(かんせん)

Viewing Sports／ Xem thể thao

□ ／20

今日(きょう)は惜(お)しかったなあ。応援(おうえん)している選手(せんしゅ)は活躍(かつやく)したんだけどなあ。

でも、いい試合(しあい)だったよ。私(わたし)は生(なま)で見(み)て興奮(こうふん)した。歓声(かんせい)もすごかったし。また誘(さそ)ってよ。

"That was a close one today. The player I support contributed a lot, though."
"It was still a good match. I got excited watching it live. The cheers were amazing, too. Please invite me again."

"Hôm nay hơi tiếc nhỉ. Vận động viên mình cổ vũ cũng đã rất cố gắng rồi…"
"Nhưng trận đấy hay đấy chứ. Tớ được xem trực tiếp nên thấy hưng phấn lắm. Tiếng cổ vũ cũng rất ấn tượng. Lần sau lại rủ tớ nhé."

1	誘	さそ-う / ユウ	誘う(さそう)	invite / mời
14画	DỤ		invite	
2	援	エン	応援(する)(おうえん)	(to) support / ủng hộ
			援助(する)(えんじょ)	(to) aid / viện trợ
			支援(する)(しえん)	(to) support / hỗ trợ
			救援(きゅうえん)	relief / cứu trợ
12画	VIỆN		help	
3	旗	はた / キ	旗(はた)	flag / lá cờ
			国旗(こっき)	national flag / quốc kì
14画	KÌ		flag	
4	奮	ふる-う / フン	興奮(する)(こうふん)	(to become) excited / hưng phấn
			奮闘(する)(ふんとう)	(to) struggle / đấu tranh
16画	PHẤN		invigoration	
5	歓	カン	歓声(かんせい)	cheer / tiếng cổ vũ
			歓喜(かんき)	delight / hoan hỉ
			歓迎(する)(かんげい)	(to) welcome / chào đón
15画	HOAN		joy	
6	撃	う-つ / ゲキ	攻撃(する)(こうげき)	(to) attack / công kích
			反撃(する)(はんげき)	(to) counterattack / phản công
			打撃(だげき)	strike / đả kích
			撃つ(うつ)	hit / bắn
15画	KÍCH		hit	
7	惜	お-しむ / お-しい / セキ	惜しい(おしい)	regrettable / đáng tiếc
			惜しむ(おしむ)	begrudge / tiếc rẻ
11画	TÍCH		regret	
8	躍	おど-る / ヤク	活躍(する)(かつやく)	(to) work energetically / hoạt động
21画	DƯỢC		leap	
9	跳	と-ぶ / は-ねる / チョウ	跳ぶ(とぶ)	jump / nhảy
13画	KHIÊU/ ĐÀO		jump	
10	蹴	け-る / シュウ	蹴る(ける)	kick / đá
19画	THÚ		kick	
11	滑	すべ-る / なめ-らか / カツ / コツ	滑る(すべる)	slip / tượt
			円滑(な)(えんかつ)	smooth / suôn sẻ
			滑らか(な)(なめらか)	smooth / mềm mại
13画	CỐT		slip	
12	潜	もぐ-る / ひそ-む / セン	潜る(もぐる)	pass through; elude / lặn
			潜水(せんすい)	diving / chìm trong nước
15画	TIỀM		dive; elude	
13	鍛	きた-える / タン	鍛える(きたえる)	forge / tôi luyện, mài dũa
17画	ĐOÁN/ ĐOẠN		forge	
14	衝	ショウ	衝撃(しょうげき)	shock / chấn động, va đập
15画	XUNG		collide	

ドリル A 正しい読みをえらんでください。 1点×5

❶ 緊張が解けたのか、彼の話し方が滑らかになった。 a. すべらか b. なめらか

❷ 卒業生が国で活躍している姿が目に浮かびます。 a. かつよく b. かつやく

❸ 惜しい！ あと1点で満点だったのに。 a. くやしい b. おしい

❹ 興奮して夜も眠れなかった。 a. こうふん b. こうだん

❺ 走るスピードが上がれば、もっと遠くまで跳べると思う。 a. とべる b. すべる

ドリル B 正しい漢字をえらんでください。 1点×5

❶ 子どもたちがボールを＿＿（け）って遊んでいる。 a. 蹴 b. 撃 c. 跳

❷ 試合会場には出場国の国＿＿（き）が並んでいる。 a. 旗 b. 希 c. 期

❸ 被災地に救＿＿（えん）物資が届いた。 a. 助 b. 済 c. 援

❹ 強い言い方で相手を攻＿＿（げき）するのはよくない。 a. 激 b. 劇 c. 撃

❺ 友だちを＿＿（さそ）って新しい店に行ってみました。 a. 誘 b. 奮 c. 招

ドリル C 正しいほうをえらんで、全部ひらがなで＿＿に書いてください。 1点×10

れい 天気がいいから、（ⓐ 公園 b. 道路）に行きましょう。 こうえん

❶ どのくらい深くまで（a. 潜る b. 滑る）ことができるんですか。 ＿＿＿＿

❷ 悪天候で農作物が大きな（a. 反撃 b. 打撃）を受けた。 ＿＿＿＿

❸ 今晩、新入社員の（a. 歓喜 b. 歓迎）会をすることになっている。 ＿＿＿＿

❹ 選手の（a. 奮闘 b. 歓喜）の結果、優勝できた。 ＿＿＿＿

❺（a. 応援 b. 援助）しているチームが勝つと一日中うれしい。 ＿＿＿＿

娯楽(ごらく)

Pleasure／Giải trí

□ ／20

隣(となり)の家(いえ)、また**芝刈**(しばか)りしてるね。花**壇**(かだん)の花(はな)も、いつもきれい。

リサの母(はは)：そうね。**盆栽**(ぼんさい)もやってるんだって。

"They're mowing the lawn again next door. The flowers in the bed are always pretty, too."
Lisa's Mom "You're right. I hear he does bonsai, too."

"Nhà bên cạnh lại đang cắt cỏ đấy mẹ. Hàng rào hoa lúc nào cũng đẹp."
Mẹ Risa "Ừ, nghe nói họ còn trồng cả bonsai."

1	娯	ゴ	娯楽	ごらく	pleasure / vui chơi giải trí
10画	NGU	enjoy			
2	隣	とな-る となり リン	隣人	りんじん	neighbor / hàng xóm
			近隣	きんりん	neighborhood / xung quanh
16画	LÂN	next to			
3	刈	か-る	刈る	か	cut; trim / cắt, gặt
4画	NGÃI	cut			
4	芝	しば	芝生	しばふ	lawn / thảm cỏ
			芝刈り	しばか	cut grass / cắt cỏ
			芝居	しばい	play / vở kịch
6画	CHI	lawn			
5	壇	ダン タン	花壇	かだん	flower bed / giàn hoa
			教壇	きょうだん	class podium / bục giảng
			土壇場	どたんば	the last minute / phút chót
16画	ĐÀN	platform			
6	盆	ボン	盆地	ぼんち	basin / vùng trũng
			お盆 [容器]	ぼん ようき	tray / cái khay
			お盆 [時期]	ぼん じき	Obon (season) / lễ Obon
9画	BỒN	tray			
7	栽	サイ	盆栽	ぼんさい	bonsai / bonsai
10画	TẢI	grow			
8	培	つちか-う バイ	栽培(する)	さいばい	(to) cultivate / trồng trọt
			培養(する)	ばいよう	(to) culture / nuôi cấy
11画	BỒI	foster			
9	暇	ひま カ	暇	ひま	spare time / rảnh rỗi
			休暇	きゅうか	holiday / nghỉ phép
			余暇	よか	leisure time / thời gian rảnh
13画	HẠ	leisure			
10	釣	つ-る	釣り	つ	fishing; change / câu cá
			釣銭	つりせん	balance; change / tiền trả lại, tiền thối
11画	ĐIẾU	fish; change			
11	狩	か-る シュ	狩り	か	hunting / bắt
			狩り [くだもの]	が	gathering [fruits/vegetables] / hái
			狩猟	しゅりょう	hunting / săn bắt
9画	THÚ	hunt			
12	苗	なえ なわ ビョウ	苗	なえ	seedling / cây giống
8画	MIÊU	seedling			
13	縦	たて ジュウ	縦断(する)	じゅうだん	(to) cut vertically / cắt dọc
			操縦(する)	そうじゅう	(to) manipulate / điều khiển (máy móc)
16画	TÚNG	length; height			

ドリル A　正しい読みをえらんでください。　1点×5

❶ あ！　釣銭をもらい忘れた。　a. つりせん　b. つせん

❷ お盆には実家に帰ろうと思う。　a. おばん　b. おぼん

❸ 週末、いちご狩りにいかない？　a. かり　b. がり

❹ 日が当たるところに野菜の苗を植えた。　a. なえ　b. だん

❺ 芝生の上で寝るのは気持ちいい。　a. しばい　b. しばふ

ドリル B　正しい漢字をえらんでください。　1点×5

❶ 都会には＿＿(ご)楽がたくさんあって飽きない。　a. 誤　b. 碁　c. 娯

❷ 床屋で髪を短く＿＿(か)ってもらった。　a. 切　b. 刈　c. 散

❸ 教＿＿(だん)に立ったら緊張して何も言えなくなった。　a. 壇　b. 段　c. 弾

❹ ＿＿(つ)った魚をその場で料理した。　a. 狩　b. 釣　c. 獲

❺ 料理をお＿＿(ぼん)にのせて運んでくれる？　a. 苗　b. 盤　c. 盆

ドリル C　正しいほうをえらんで、全部ひらがなで＿＿に書いてください。　1点×10

れい　天気がいいから、（ⓐ公園　b. 道路）に行きましょう。　こうえん

❶（a. 近隣　b. 隣人）諸国との関係がより重要になる。　＿＿＿＿

❷ ベランダでも野菜を（a. 培養　b. 栽培）できるよ。　＿＿＿＿

❸ 長期（a. 余暇　b. 休暇）を取って、旅行に行きたい。　＿＿＿＿

❹ パイロットの（a. 縦断　b. 操縦）に問題がなかったか、調査している。　＿＿＿＿

❺ この辺りは（a. 盆地　b. 芝居）なので、夏は暑い。　＿＿＿＿

UNIT 3

まとめ問題A

／20

問題1 ＿＿＿の言葉の読み方として最もよいものを１・２・３・４から一つ選びなさい。

1 寝る時間も惜しんで勉強した。

1 つつしんで　2 くやしんで　3 おしんで　4 しゃくしんで

2 被災地が早く復興することを祈ります。

1 ふくきょう　2 ふっきょう　3 ふくこう　4 ふっこう

3 子供の頃に母が歌ってくれた童謡は今でも覚えている。

1 わらしうた　2 わらしべ　3 どうよう　4 どうか

4 コンテストの入賞者には豪華賞品もご用意しています。奮ってご応募ください。

1 ふって　2 ふるって　3 ふんって　4 ふうって

5 これは私の創作であって、実話ではありません。

1 そうさく　2 そうさ　3 そっさく　4 そっさ

6 もう少し間隔を空けて立ってください。

1 かんかく　2 まかく　3 かんへだ　4 まへだ

7 この企画を通して、音楽を奏でる喜びを伝えたいと思いました。

1 えんでる　2 かなでる　3 そうでる　4 なでる

8 人間関係を円滑にするためにユーモアも必要だ。

1 まるかつ　2 まるすべ　3 えんかつ　4 えんすべ

9 その旅館には趣きのある庭園があった。

1 おもむき　2 くつろき　3 おどろき　4 しゅき

10 久しぶりに会った彼は、明るく朗らかな話し方になっていた。

1 ろうらかな　2 ほがらかな　3 なめらかな　4 すべらかな

問題2 （　　　）に入れるのに最もよいものを１・２・３・４から一つ選びなさい。

1 お客様から予想外の（　　　）があり、生産が追いつかない状況です。

1　救援　　2　振興　　3　反響　　4　活躍

2 彼はいつも（　　　）的なアイデアを出してくる。

1　弾力　　2　独創　　3　歓喜　　4　打撃

3 親に（　　　）してもらいながら留学しています。

1　培養　　2　援助　　3　影響　　4　歓声

4 気を付けてください。床が濡れていて（　　　）やすくなっています。

1　滑り　　2　蹴り　　3　跳び　　4　踊り

5 大雨が続き、避難（　　　）が出された。

1　勧誘　　2　指揮　　3　推薦　　4　勧告

6 イベントの（　　　）者は、事故が起きないよう細心の注意を払っている。

1　趣旨　　2　娯楽　　3　教壇　　4　主催

7 難しいと聞いていたが、あまりに簡単で（　　　）抜けした。

1　禅　　2　拍子　　3　基礎　　4　暇

問題3 ＿＿＿の言葉に意味が最も近いものを１・２・３・４から一つ選びなさい。

1 年に１回、<u>芝居</u>を見に行くのが楽しみだ。

1　演劇　　2　ゴルフ　　3　ピクニック　　4　丘陵

2 <u>土壇場</u>で決定がひっくり返った。

1　ステージの上で　　2　会議で　　3　庭園で　　4　直前に

3 自分のしていることが<u>滑稽</u>に思えてきた。

1　わがままに　　2　おかしく　　3　無力に　　4　不安に

UNIT 3

まとめ問題 B

／10

問題1　①～③の漢字をひらがなにして、＿＿＿部を全部ひらがなで書きなさい。　(1点×6=6点)

(1)　来月公開予定の本作品は、まだ20代のフォックス監督が古い①邦画を見て②衝撃を受けて作られたと言われています。新たな撮影技術にも③挑み、話題作となっています。

①	②	③

(2)　先日、①お盆で実家に帰ったときに、子供たちを連れて②ぶどう狩りに行った。初めての体験に、子供たちは大興奮だった。また、ちょうどタイミングよく、ワインの試飲ができる③催し物をやっていたので、私も地元のおいしいワインを楽しむことができた。

①	②	③

問題2　文の内容に合うよう、下のa～hから適当なものを1つ選んで(　　)に入れなさい。
(1点×4=4点)

ダイエットにしても、体を①(　　　)にしても、②(　　　)程度でトレーニングジムに通っても効果は見られません。本気で結果を出したいなら、週に2～3回は来てください。③(　　　)なプログラムも用意していますから、④(　　　)ことはありませんよ。

a. 薦める　b. 飽きる　c. 奏でる　d. 鍛える　e. 隔週　f. 円滑　g. 多彩　h. 朗らか

①	②	③	④

UNIT 4

他者との関係

たしゃ　かんけい

Relationships with Others

Mối quan hệ với xung quanh

1 評価(ひょうか) Appraisal／Đánh giá

2 態度(たいど)・姿(すがた) Attitude and Form／Thái độ, Tác phong

3 結婚(けっこん) Marriage／Kết hôn

4 別れ(わかれ) Separation／Chia tay

5 その他(た) Other／Khác, ngoài ra

評価(ひょうか)

Appraisal ／Dánh giá

／20

友(とも)だちはよく先生(せんせい)に**褒**(ほ)められるけど、ぼくは全然(ぜんぜん)**駄**目(だめ)。

卑屈(ひくつ)にならないで。悪(わる)い癖(くせ)だよ。**焦**(あせ)らず努力(どりょく)を続(つづ)ければ大丈夫(だいじょうぶ)。

"Teachers often praise my friends, but I'm no good at all."
"Don't be so abject. That's a bad habit. You'll be fine if you stay calm and keep working hard."

"Bạn tớ lúc nào cũng được thầy giáo khen còn tớ thì dở ẹc."
"Đừng có tự ti thế. Tật xấu đó. Cứ tiếp tục nỗ lực không hấp tấp là được."

No.	Kanji	Readings	Word (reading)	Meaning
1	褒	ほ-める ホウ	褒める (ほ)	praise khen
			ご褒美 (ほうび)	reward; treat phần thưởng
15画	BAO/BÃO		praise	
2	魅	ミ	魅力 (みりょく)	charm sức hút
			魅せる (み)	fascinate thu hút
			魅了(する) (みりょう)	(to) fascinate thu hút, cuốn hút
15画	MỊ		fascinate	
3	妬	ねた-む ト	妬む (ねた)	to be jealous ghen tức, tị nạnh
8画	ĐỐ		jealousy	
4	嫉	シツ	嫉妬(する) (しっと)	(to be) jealous ghen
13画	TẬT		jealousy	
5	焦	こ-げる こ-がす こ-がれる あせ-る ショウ	焦る (あせ)	be hasty cuống, vội vàng
			焦げる (こ)	burn cháy
			焦点 (しょうてん)	focus tiêu điểm
12画	TIÊU		burn	
6	励	はげ-む はげ-ます レイ	励ます (はげ)	encourage động viên
			激励(する) (げきれい)	(to) urge khích lệ
7画	LỆ		encourage	
7	奨	ショウ	推奨(する) (すいしょう)	(to) recommend khuyến khích
			奨励(する) (しょうれい)	(to) encourage khích lệ
			奨学金 (しょうがくきん)	scholarship; student loan tiền thưởng khích lệ (học bổng)
13画	TƯỞNG		recommend	
8	凡	ボン ハン	平凡(な) (へいぼん)	mundane bình thường
3画	HOÀN/PHÀM		average	
9	駄	ダ	駄目(な) (だめ)	no good không được
			無駄(な) (むだ)	useless vô ích
14画	ĐÀ		place upon	
10	卑	いや-しむ いや-しめる いや-しい ヒ	卑屈(な) (ひくつ)	servile khom lưng, thấp hèn
			卑下(する) (ひげ)	(to) self-deprecate hạ thấp mình
			卑しい (いや)	humble; vulgar hèn kém
9画	TI/TỴ		vulgar	
11	蔑	さげす-む ベツ	軽蔑(する) (けいべつ)	(to) scorn khinh thường
			蔑む (さげす)	look down on khinh thường
			蔑視(する) (べっし)	(to) disdain coi thường
14画	MIỆT		look down on	
12	辱	はずかし-める ジョク	屈辱 (くつじょく)	humiliation điều xỉ nhục, nhục nhã
10画	NHỤC		humiliate	
13	侮	あなど-る ブ	侮辱(する) (ぶじょく)	(to) insult làm nhục, xỉ nhục
8画	HỐI		insult	

ドリル A　正しい読みをえらんでください。　1点×5

		a	b
❶	勉強がんばったね。はい、これ、ご褒美。	a. ほ	b. ほう
❷	どうしよう。魚が焦げちゃった。	a. あげ	b. こげ
❸	人を妬んでもしょうがないよ。	a. ねたんで	b. うらんで
❹	奨学金に応募するため、書類を準備しています。	a. しょ	b. しょう
❺	友達を侮辱する人は許せない。	a. ぶじょく	b. ぶしょく

ドリル B　正しい漢字をえらんでください。　1点×5

		a	b	c
❶	大会で最下位になり____(くつ)辱を味わった。	a. 屈	b. 侮	c. 駄
❷	平____(ぼん)なデザインかもしれないが、これでいいと思う。	a. 煩	b. 盆	c. 凡
❸	ボランティア活動が____(しょう)励されています。	a. 推	b. 薦	c. 奨
❹	この町の____(み)力をもっとアピールしよう。	a. 魅	b. 美	c. 麗
❺	どこに____(しょう)点を当てるのか、まず、それを決めないと。	a. 集	b. 焦	c. 照

ドリル C　正しいほうをえらんで、全部ひらがなで____に書いてください。　1点×10

(れい) 天気がいいから、(ⓐ 公園　b. 道路) に行きましょう。　こうえん

❶ ごめん。今週は (a. 無駄　b. 駄目) なんだ。来週はどう？　________

❷ そんなに自分を (a. 卑下　b. 卑屈) しないで。　________

❸ 誰もあなたのことを (a. 屈辱　b. 軽蔑) なんてしてないよ。　________

❹ みんなが (a. 魅せて　b. 励まして) くれたおかげで元気が出てきた。　________

❺ 彼女が男の人と話すだけで (a. 嫉妬　b. 推奨) してしまう。　________

態度・姿
たいど　すがた

Attitude and Form ／Thái độ, Tác phong

□ ／20

彼は高校の時からの友だち。何でも一番だったけど、自慢するようなことはなく、いつも謙虚だった。
（かれ こうこう とき とも なん いちばん じまん けんきょ）

なんか礼儀正しそう。
（れいぎただ）

"He's my friend since high school . He was #1 at everything, but he never bragged and was always humble."
"He seems well-mannered."

"Cậu ấy là bạn thời cấp 3 của tớ. Cái gì cũng đứng thứ nhất mà không bao giờ tự mãn, lúc nào cũng khiêm tốn."
"Trông có vẻ lễ phép nhỉ."

1	慢	マン	自慢(する)	じまん	(to) brag / tự mãn
			慢性	まんせい	chronic / mãn tính
14画	MẠN	slacken			
2	己	おのれ コ キ	自己	じこ	self / bản thân, tự mình
			利己的(な)	りこてき	selfish / có lợi cho bản thân
3画	KỈ	self			
3	謙	ケン	謙虚(な)	けんきょ	humble / khiêm tốn
17画	KHIÊM	humility			
4	遜	ソン	謙遜(する)	けんそん	(to be) modest / khiêm nhường
			不遜(な)	ふそん	conceited / vênh váo, ngạo mạn
14画	TỐN	modesty			
5	誠	まこと セイ	誠実(な)	せいじつ	honest / thành thực, thẳng thắn
			誠に	まことに	sincerely / thành thực ~
			誠意	せいい	sincerity / thành ý
13画	THÀNH	sincerity			
6	懸	か-かる か-ける ケン ケ	一生懸命	いっしょうけんめい	as hard as possible / hết sức mình
			懸案	けんあん	outstanding problem / vấn đề tồn đọng
20画	HUYỀN	hang			
7	儀	ギ	礼儀	れいぎ	courtesy / lễ nghi, phép tắc
			礼儀正しい	れいぎただしい	polite / lễ phép
			儀式	ぎしき	ceremony; ritual / nghi thức
			律儀(な)	りちぎ	honest / chính trực
15画	NGHI	ceremony			
8	厳	きび-しい おごそ-か ゲン ゴン	厳しい	きびしい	strict / nghiêm khắc
			厳格(な)	げんかく	stern / nghiêm túc
			厳重(な)	げんじゅう	strict / nghiêm khắc
			厳密(な)	げんみつ	scrupulous / chuẩn xác
			厳か(な)	おごそか	solemn / nghiêm trang
17画	NGHIÊM	strict			
9	孝	コウ	親孝行	おやこうこう	filial piety / có hiếu
			親不孝	おやふこう	disobedience to parents / bất hiếu
7画	HIẾU	piety			
10	傲	ゴウ	傲慢(な)	ごうまん	arrogant / ngạo mạn
13画	NGẠO	arrogance			
11	孤	コ	孤独(な)	こどく	isolated / cô độc
			孤立(する)	こりつ	(to) isolate / độc lập
			孤児	こじ	orphan / trẻ mồ côi, cô nhi
9画	CÔ	alone			
12	寂	さび-れる さび-しい さび ジャク セキ	寂しい	さびしい	lonely / buồn
			静寂	せいじゃく	stillness / vắng lặng
11画	TỊCH	solitary			

ドリル A　正しい読みをえらんでください。　1点×5

❶ 彼はチームで孤立している気がする。　a. こうりつ　b. こりつ

❷ 懸案事項について話し合うことになった。　a. けんあん　b. けあん

❸ 彼の傲慢な態度に周囲は離れていった。　a. ごうまん　b. こまん

❹ 厳かな雰囲気の中、式は行われた。　a. しず　b. おごそ

❺ 庭園に入ると静寂が広がっていた。　a. せいせき　b. せいじゃく

ドリル B　正しい漢字をえらんでください。　1点×5

❶ 彼は自___（まん）ばかりで嫌になる。　a. 漫　b. 慢　c. 満

❷ 誰もいなくて___（さび）しいなあ。　a. 寂　b. 厳　c. 惜

❸ 働くようになったら、親___（こう）行がしたい。　a. 考　b. 好　c. 孝

❹ 一生___（けん）命がんばります。　a. 懸　b. 賢　c. 謙

❺ 彼の___（せい）実なところが好きです。　a. 聖　b. 静　c. 誠

ドリル C　正しいほうをえらんで、全部ひらがなで___に書いてください。　1点×10

（れい）天気がいいから、（ⓐ公園　b. 道路）に行きましょう。　こうえん

❶ 大幅に遅刻し、上司から（a. 厳重　b. 厳密）注意を受けた。　___

❷ まずはお互いの（a. 自己　b. 利己）紹介をしましょう。　___

❸（a. 誠意　b. 孤独）を持って話せば、相手に伝わるはずだ。　___

❹ 大したことをしていないのにお礼なんて。（a. 礼儀　b. 律儀）な人ね。　___

❺（a. 謙虚　b. 謙遜）しないでください。本当にすごいんですから。　___

UNIT 4
3

結婚（けっこん）

Marriage ／Kết hôn

／20

彼女（かのじょ）の花嫁姿（はなよめすがた）、すごく綺麗（きれい）だったね。お父（とう）さんの挨拶（あいさつ）も感動的（かんどうてき）で。

リサの先輩（せんぱい）：うん、素敵（すてき）な披露宴（ひろうえん）だった。羨（うらや）ましいよ。私（わたし）にもいい縁（えん）がないかなあ。

"She made such a pretty bride. Her father's greeting was moving, too."
Lisa's senior "Yes, it was a wonderful reception. I'm jealous. I wonder if I'll find romance too."

"Cô ấy mặc váy cưới đẹp quá nhỉ. Lời chào của ông bố cũng cảm động."
Đàn chị của Risa "Ừ, tiệc cưới tuyệt thật. Tôi thấy ghen tị lắm. Hy vọng mình cũng có mối duyên tốt."

1	嫁	とつ-ぐ / よめ / カ	嫁（よめ）	wife; bride / vợ	13画	GIÁ	bride
			花嫁（はなよめ）	bride / cô dâu			
2	婿	むこ / セイ	婿（むこ）	groom; son-in-law / con rể	12画	TẾ	groom
			花婿（はなむこ）	groom / chú rể			
3	郎	ロウ	新郎（しんろう）	groom / chú rể	9画	LANG	man
4	麗	うるわ-しい / レイ	綺麗（きれい）(な)	beautiful / đẹp	19画	LỆ	beautiful
			華麗（かれい）(な)	brilliant / hào nhoáng, hoa lệ			
5	敵	かたき / テキ	素敵（すてき）(な)	wonderful / tuyệt vời	15画	ĐỊCH	enemy
			匹敵（ひってき）(する)	(to) rival; (to) equal / đối địch, ngang sức			
6	吉	キチ / キツ	吉日（きつじつ）	auspicious day / ngày tốt	6画	CÁT	fortune
			吉報（きっぽう）	good news / tin tốt			
			不吉（ふきつ）(な)	ominous / xui xẻo			
7	露	つゆ / ロ / ロウ	露（つゆ）	dew / sương	21画	LỘ	dew
			露天風呂（ろてんぶろ）	open-air bath / bể tắm lộ thiên			
			暴露（ばくろ）(する)	(to) expose / phơi bày, làm lộ ra			
8	宴	エン	宴会（えんかい）	banquet / tiệc tùng	10画	YẾN	banquet
9	披	ヒ	披露（ひろう）(する)	(to) show off / ra mắt	8画	PHI	display
			披露宴（ひろうえん）	wedding reception / lễ ra mắt, lễ cưới			
10	挨	アイ	挨拶（あいさつ）	greeting / chào hỏi	10画	AI	push
11	拶	サツ	(挨拶（あいさつ）)	(greeting) / chào hỏi	9画	TÁN/TẠT/TÁT	approach
12	戚	セキ	親戚（しんせき）	relatives / họ hàng	11画	THÍCH	relative
13	輩	ハイ	先輩（せんぱい）	senior / đàn anh	15画	BỐI	similar person
			後輩（こうはい）	junior / đàn em			
			輩出（はいしゅつ）(する)	(to) produce in numbers / đào tạo ra			
14	羨	うらや-む / うらや-ましい / セン	羨（うらや）ましい	envious / đáng ghen tị	13画	DIỄN	desire
			羨（うらや）む	envy / ghen tị			
			羨望（せんぼう）	envy / ghen tị			
15	縁	ふち / エン	縁（ふち）	edge / cạnh	15画	DUYÊN	fate
			縁（えん）	relation; tie / duyên			
16	穏	おだ-やか / オン	穏（おだ）やか(な)	placid / bình yên, lặng lẽ	16画	ỔN	quiet
			平穏（へいおん）(な)	peaceful / bình yên			
17	涯	ガイ	生涯（しょうがい）	lifetime / cuộc đời	11画	NHAI	end

ドリル A　正しい読みをえらんでください。　1点×5

❶ 花嫁との写真を撮りに行こう。　a. はなよめ　b. はなむこ

❷ 彼は穏やかな性格で、一緒にいて落ち着く。　a. ゆるやか　b. おだやか

❸ 露天風呂がある旅館に泊まりたい。　a. ろてん　b. ろうてん

❹ 眼鏡の縁が壊れてしまった。　a. えん　b. ふち

❺ 親戚が日本に来たら街を案内するつもりだ。　a. しんせき　b. しんせつ

ドリル B　正しい漢字をえらんでください。　1点×5

❶ 店頭に綺___（れい）な花が並んでいた。　a. 玲　b. 冷　c. 麗

❷ これもできるの？　何でもできて___（うらや）ましい。　a. 恨　b. 妬　c. 羨

❸ 素___（てき）な色ですね。　a. 敵　b. 適　c. 摘

❹ 新___（ろう）新婦が入場します。　a. 郎　b. 廊　c. 朗

❺ 練習の成果を___（ひ）露する日が来た。　a. 比　b. 被　c. 披

ドリル C　正しいほうをえらんで、全部ひらがなで___に書いてください。　1点×10

れい　天気がいいから、（ⓐ 公園　b. 道路）に行きましょう。　こうえん

❶（a. 平穏　b. 生涯）付き合いたいと思う友ができた。　___

❷ T大学は、長い歴史の中で多くの政治家を（a. 先輩　b. 輩出）してきた。　___

❸ 元気に（a. 挨拶　b. 匹敵）すると気持ちがいい。　___

❹ この時期は（a. 華麗　b. 宴会）が多いから、どの店も混んでいる。　___

❺ 大事なイベントはやはり（a. 吉報　b. 吉日）に行いたい。　___

UNIT 4

4 別れ（わかれ）

Separation／Chia tay

／20

恩師（おんし）が亡（な）くなったからお葬式（そうしき）に行（い）きたいんだけど、行（い）ってもいいのかなあ。長（なが）い間（あいだ）会（あ）ってないし、誰（だれ）もぼくのことを知（し）らないし。

行（い）って感謝（かんしゃ）の気持（きも）ちを伝（つた）えてきたら？　ご家族（かぞく）もきっと喜（よろこ）ぶよ。

"My mentor passed away and I'd like to go to his funeral, but I wonder if that's okay. I hadn't met him in a while, and no one is going to know me."
"Why not go and show your gratitude? I'm sure his family will be happy."

"Thầy giáo ân nhân của tớ mất tớ muốn đến dự đám tang nhưng có nên đi không nhỉ. Lâu rồi không gặp mà cũng không ai biết tớ."
"Cậu nên đi để bày tỏ lòng biết ơn chứ. Gia đình thấy chắc sẽ cảm động đấy."

No.	Kanji	Readings	Word	Meaning
1	恩	オン	恩師（おんし）	teacher / ân sư
			恩人（おんじん）	benefactor / ân nhân
10画	ÂN		favor	
2	謝	あやま-る シャ	感謝（かんしゃ）（する）	(to) thank / cảm tạ
			謝（あやま）る	apologize / xin lỗi
			陳謝（ちんしゃ）（する）	(to) apologize / trình bày
			謝罪（しゃざい）（する）	(to) apologize / xin lỗi
17画	TẠ		thank	
3	慕	した-う ボ	慕（した）う	yearn for / yêu quý
14画	MỘ		yearn	
4	懐	なつ-かしむ なつ-く なつ-ける ふところ カイ	懐（なつ）かしい	nostalgic / nhớ
16画	HOÀI		think of	
5	郷	キョウ ゴウ	故郷（こきょう）	home town / quê hương
			郷土（きょうど）	native land / quê huong
11画	HƯƠNG		home	
6	顧	かえり-みる コ	回顧（かいこ）（する）	(to) reminisce / hồi tưởng
			顧問（こもん）	adviser / cố vấn
			顧（かえり）みる	look back on / nhớ lại, nhớ về, nghĩ tới
21画	CỐ		think back	
7	疎	うと-い うと-ましい ソ	疎遠（そえん）	estrangement / xa cách
			過疎（かそ）	depopulation / (mật độ) thưa thớt
12画	SƠ		estrangement	
8	逝	ゆ-く い-く セイ	逝去（せいきょ）（する）	(to) pass away / mất (chết) , qua đời
			逝（い）く	to pass away / qua đời
10画	THỆ		die	
9	寿	ことぶき ジュ	寿命（じゅみょう）	lifespan / tuổi thọ
			長寿（ちょうじゅ）	longevity / trường thọ
			寿司（すし）★	sushi / sushi
7画	THỌ		congratulations	
10	葬	ほうむ-る ソウ	葬式（そうしき）	funeral / lễ tang
			葬儀（そうぎ）	funeral / tang lễ
			葬（ほうむ）る	(to) bury / chôn
12画	TÁNG		bury	
11	御	おん ゴ ギョ	御家族（ごかぞく）	one's family / gia đình (đối phương)
			御中（おんちゅう）	& Co.; messieurs / các vị (dùng khi gửi thư)
			制御（せいぎょ）（する）	(to) control / khống chế
12画	NGỰ		honorable	
12	弔	とむら-う チョウ	弔（とむら）う	mourn / viếng
			弔問（ちょうもん）	call of condolence / viếng
4画	ĐIẾU		mourn	
13	喪	も ソウ	喪中（もちゅう）	in mourning / đang có tang
			喪失（そうしつ）（する）	(to) lose / mất mát
12画	TANG		loss	
14	慰	なぐさ-める なぐさ-む イ	慰（なぐさ）める	comfort / an ủi
			慰労（いろう）（する）	(to) acknowledge / động viên đã làm việc vất vả
15画	ÚY/ỦY		comfort	

ドリル A　正しい読みをえらんでください。　1点×5

❶ 久しぶりに会った恩師は、相変わらず教育熱心だった。　a. おんし　b. いんし

❷ 大スターの逝去のニュースは、大きく報じられた。　a. せいきょ　b. せっきょ

❸ 御家族の皆さんはお元気ですか。　a. おかぞく　b. ごかぞく

❹ この掃除機、もう寿命かな。　a. じゅうみょ　b. じゅみょう

❺ 彼は危険を顧みず、助けに行った。　a. かんが　b. かえり

ドリル B　正しい漢字をえらんでください。　1点×5

❶ あの先生は多くの学生に＿＿（した）われていた。　a. 親　b. 懐　c. 慕

❷ ＿＿（なぐさ）めようとしたが、彼女は誰にも会おうとしなかった。　a. 疎　b. 慰　c. 謝

❸ 家族だけで＿＿（そう）儀を行うことにしました。　a. 送　b. 逝　c. 葬

❹ この曲、＿＿（なつ）かしい。昔、よく聴いた。　a. 懐　b. 郷　c. 顧

❺ 相手に直接会って、＿＿（しゃ）罪がしたい。　a. 捨　b. 謝　c. 射

ドリル C　正しいほうをえらんで、全部ひらがなで＿＿に書いてください。　1点×10

れい　天気がいいから、（ⓐ 公園　b. 道路）に行きましょう。　こうえん

❶ あの時は助かりました。（a. 感謝　b. 陳謝）しています。　＿＿＿＿

❷ テレビで各地の（a. 郷土　b. 故郷）料理を紹介していた。　＿＿＿＿

❸ 地方の（a. 疎遠　b. 過疎）化は大きな問題だ。　＿＿＿＿

❹ 多くの人が（a. 弔問　b. 御中）に訪れ、別れを惜しんだ。　＿＿＿＿

❺ 失敗して自信を（a. 喪中　b. 喪失）した。　＿＿＿＿

その他(た)

Other／Khác, ngoài ra

／20

子供(こども)の頃(ころ)、何(なに)か**飼**(か)ってた？

うん。近所(きんじょ)のお**婆**(ばあ)さんに子猫(こねこ)を**譲**(ゆず)ってもらって。**餌**(えさ)をやり忘(わす)れて、よくお母(かあ)さんに**叱**(しか)られたよ。

"Did you have any pets when you were little?"
"Yes. An old lady in the neighborhood gave me a kitten. I often forgot to feed it and was scolded by my mother."

"Hỏi bé cậu nuôi con gì không?"
"Ừ, có bác hàng xóm cho con mèo. Tớ lại quên cho ăn nên bị mẹ mắng suốt. "

No.	漢字	読み	語	意味
1	婆	バ	お婆(ばあ)さん	grandmother / bác gái, bà
			老婆(ろうば)	old woman / bà già
11画	BÀ		old woman	
2	叔	シュク	叔母(おば)★	aunt / bác gái
			叔父(おじ)★	uncle / bác trai
8画	THÚC		uncle	
3	伯	ハク	伯母(おば)★	aunt / bác gái
			伯父(おじ)★	uncle / bác trai
			伯爵(はくしゃく)	count / bá tước
7画	BÁ		uncle	
4	従	したが-う したが-える ジュウ ジュ ショウ	従(したが)う	follow / tuân theo
			服従(ふくじゅう)(する)	(to be) obedient / tuân phục, nghe lời
			従業員(じゅうぎょういん)	employee / nhân viên
			主従関係(しゅじゅうかんけい)	master-servant relationship / quan hệ chủ tớ
10画	TÒNG		follow	
5	献	ケン コン	貢献(こうけん)(する)	(to) contribute / cống hiến
			献上(けんじょう)(する)	(to) offer / biếu, tặng
			文献(ぶんけん)	literature / văn kiện
			献立(こんだて)	menu / thực đơn
13画	HIẾN		contribute	
6	譲	ゆず-る ジョウ	譲(ゆず)る	transfer / nhường
			譲歩(じょうほ)(する)	(to) compromise / nhượng bộ
			譲渡(じょうと)(する)	(to) transfer / cho
			謙譲語(けんじょうご)	humble language / từ khiêm nhường
20画	NHƯỢNG		transfer	
7	叱	しか-る シツ	叱(しか)る	scold / mắng
			叱責(しっせき)(する)	(to) reprimand / trách mắng
5画	CHÌ		scold	
8	飼	か-う シ	飼(か)う	raise; rear / nuôi
			飼育(しいく)(する)	(to) breed / nuôi
			飼(か)い主(ぬし)	owner; master / chủ nuôi
13画	TỰ		raise	
9	餌	えさ え ジ	餌(えさ)	food; bait / thức ăn cho động vật
15画	NHĨ		feed	

ドリル A 正(ただ)しい読(よ)みをえらんでください。 1点×5

❶ お婆さんが困(こま)っていたので、声(こえ)をかけた。　a. ば　b. ばあ

❷ 餌がもらえると思(おも)って、犬(いぬ)がうれしそうに近(ちか)づいてきた。　a. え　b. えさ

❸ 非常時(ひじょうじ)は先生(せんせい)の指示(しじ)に従って動(うご)いてください。　a. のって　b. したがって

❹ 見(み)て、元気(げんき)な犬(いぬ)。飼い主(ぬし)が引(ひ)っぱられているよ。　a. か　b. やと

❺ 毎日晩(まいにちばん)ご飯(はん)の献立を考(かんが)えるのは大変(たいへん)だ。　a. こんだて　b. けんたて

ドリル B 正(ただ)しい漢字(かんじ)をえらんでください。 1点×5

❶ 電車(でんしゃ)でお年寄(としよ)りに席(せき)を＿＿(ゆず)った。　a. 譲　b. 座　c. 渡

❷ 子供(こども)のころ、いたずらをしてよく先生(せんせい)に＿＿(しか)られた。　a. 怒　b. 叱　c. 従

❸ 図書館(としょかん)に古(ふる)い文(ぶん)＿＿(けん)を探(さが)しに行(い)った。　a. 献　b. 検　c. 監

❹ ここからは＿＿(じゅう)業員(ぎょういん)しか入(はい)れません。　a. 店　b. 主　c. 従

❺ 母(はは)と＿＿(お)母は、年(とし)が５つ離(はな)れている。　a. 御　b. 小　c. 叔

ドリル C 正(ただ)しいほうをえらんで、全部(ぜんぶ)ひらがなで＿＿に書(か)いてください。 1点×10

れい 天気(てんき)がいいから、（ⓐ 公園　b. 道路）に行(い)きましょう。　こうえん

❶ 何(なに)か社会(しゃかい)に（a. 貢献　b. 献上）できる仕事(しごと)がしたい。　＿＿＿＿

❷ ペットが（a. 飼える　b. 従える）部屋(へや)を探(さが)している。　＿＿＿＿

❸ お互(たが)いに（a. 謙譲　b. 譲歩）しなかったため、意見(いけん)はまとまらなかった。　＿＿＿＿

❹ 魚(さかな)の（a. 叱責　b. 飼育）は思(おも)ったより難(むずか)しい。　＿＿＿＿

❺（a. 伯父　b. 献上）と父(ちち)は仲(なか)が良(よ)くて、今(いま)でもよく一緒(いっしょ)にゴルフに行(い)く。　＿＿＿＿

まとめ問題 A

／20

問題 1 ＿＿＿の言葉の読み方として最もよいものを１・２・３・４から一つ選びなさい。

1 先輩には入学以来いろいろ教えてもらっている。

1　さきはい　　2　さきばい　　3　せんはい　　4　せんぱい

2 平穏に暮らすことができれば、それで十分だ。

1　へいおん　　2　へいいん　　3　びょうおん　　4　びょういん

3 本日はお越しくださり、誠にありがとうございます。

1　せいに　　2　しんに　　3　まことに　　4　まこに

4 自分勝手な行動で迷惑をかけるばかりで、私は親不孝者だと思う。

1　しんふこう　　2　しんふたか　　3　おやふこう　　4　おやふたか

5 この町には長寿の人が多い。

1　ちょじゅう　　2　ちょうじゅ　　3　ちょうじょ　　4　ちょじょう

6 この機械の運転は、すべてコンピューターで制御されています。

1　せいおん　　2　せいご　　3　せいぎょ　　4　せんみ

7 それからしばらくは、何事もなく、平凡な毎日が続きました。

1　へいはん　　2　へいぼん　　3　ひょうばん　　4　ひょうぼん

8 こんな屈辱を味わったことはない。

1　くつじょく　　2　くっじょく　　3　ぶじょく　　4　ぶんじょく

9 その発言には、他国の文化を蔑視するような表現が含まれていた。

1　べっし　　2　べつし　　3　べつみ　　4　べっけん

10 彼女たちは美しい歌声と華麗なダンスを披露した。

1　はなれい　　2　きれい　　3　かれい　　4　かんれい

問題2 （　　　）に入れるのに最もよいものを1・2・3・4から一つ選びなさい。

1 この絵は見る人すべてを（　　　）する。

1 魅了　2 素敵　3 慢性　4 回顧

2 （　　　）に言えば、この2つは同じではない。

1 誠意　2 不遜　3 厳密　4 卑下

3 それはあなたが悪い。早く（　　　）ほうがいいよ。

1 誤った　2 謝った　3 慕った　4 弔った

4 担当の森さんは（　　　）正しくて、感じのいい人だった。

1 律儀　2 自己　3 厳格　4 礼儀

5 世間からの批判は（　　　）に受け止めたいと思います。

1 服従　2 激励　3 謙虚　4 静寂

6 このところ、（　　　）な出来事が続いている。

1 謝罪　2 過疎　3 喪失　4 不吉

7 皆さん、お疲れさまでした！　ぜひ（　　　）会をやりましょう。

1 慰労　2 披露　3 奨励　4 郷土

問題3 ＿＿＿の言葉に意味が最も近いものを1・2・3・4から一つ選びなさい。

1 この車で地球一周に匹敵するくらいの距離を走った。

1 を目標とする　2 より多い　3 と同じぐらいの　4 より足りない

2 最終的には、相手もかなり譲歩してくれた。

1 道をあけて　2 妥協して　3 確認して　4 一緒にやって

3 工場の拡張は、ここ数年の最大の懸案事項です。

1 一生懸命がんばっていること　2 お金がかけられていること
3 待ちわびていること　4 解決されていない問題

まとめ問題 B

／10

問題 1　①～③の漢字をひらがなにして、＿＿＿部を全部ひらがなで書きなさい。（1点×6=6点）

(1)　人を①羨んだり②妬んだりしたこともあったが、陰で努力している友人の姿を見て、それでは③駄目だということに気付いた。これからは誰かと比べるのではなく、自分と向き合って努力していこうと思った。

①	②	③

(2)　①穏やかな暮らしがしたいと芸能界から引退した彼女だったが、10年振りに復帰した。新曲を②披露し、再び多くの人を③魅了した。

①	②	③

問題 2　文の内容に合うよう、下の a ～ h から適当なものを 1 つ選んで（　　）に入れなさい。（1 点× 4=4 点）

①（　　　）な父だったが、私がやりたいことは全面的に応援してくれた。私が怠けたりまじめに取り組んでいなかったりしたときは②（　　　）されたが、一生懸命やって失敗したときは③（　　　）くれた。いつか親④（　　　）をしたい。

a. 慕って　b. 励まして　c. 厳格　d. 誠意　e. 顧問　f. 叱責　g. 孝行　h. 慰労

①	②	③	④

UNIT 5

健康と自然
けんこう　しぜん

Health and Nature

Sức khỏe và tự nhiên

1 体 (からだ) Body／Cơ thể

2 健康 (けんこう) Health／Sức khỏe

3 自然 (しぜん) Nature／Tự nhiên, Thiên nhiên

4 動植物 (どうしょくぶつ) Animals and Plants／Động thực vật

体
からだ

Body／Cơ thể

／20

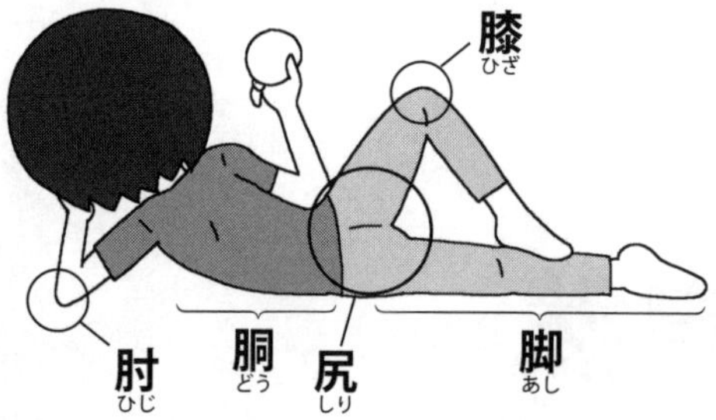

No.	Kanji	Readings	Vocabulary	Meaning
1	脚	あし キャク キャ	脚（あし）	leg / chân
			脚本（きゃくほん）	script / kịch bản
			失脚（する）（しっきゃく）	(to) fall (in position) / thất thế
11画	CƯỚC	leg		
2	尻	しり	お尻（しり）	buttocks / mông
5画	CỪU	buttocks		
3	唇	くちびる シン	唇（くちびる）	lips / môi
10画	CHẤN	lips		
4	舌	した ゼツ	舌（した）	tongue / lưỡi
6画	THIỆT	tongue		
5	爪	つめ	爪（つめ）	nails / móng tay
4画	TRẢO	nails		
6	胴	ドウ	胴（どう）	body / thân, mình
10画	ĐỖNG	body		
7	眉	まゆ ビ ミ	眉（まゆ）／眉毛（まゆげ）	brows; eyebrows / lông mày
9画	MI	brows		
8	膝	ひざ	膝（ひざ）	knee / đầu gối
15画	TẤT	knee		
9	肘	ひじ	肘（ひじ）	elbow / khuỷu tay
7画	CHỬU	elbow		
10	頬	ほお	頬（ほお）	cheek / má
16画	GIÁP	cheek		
11	脇	わき	脇（わき）	side / nách
10画	HIẾP	side		
12	肝	きも カン	肝臓（かんぞう）	liver / gan
7画	CAN	liver		
13	筋	すじ キン	筋肉（きんにく）	muscle / cơ bắp
			鉄筋（てっきん）	rebar / cốt sắt
			筋（すじ）	muscle / cơ
			大筋（おおすじ）	summary; outline / điểm chính
12画	CƠ	sinew		
14	肺	ハイ	肺（はい）	lung / phổi
			肺炎（はいえん）	pneumonia / viêm phổi
9画	PHẾ	lung		
15	眼	まなこ ガン ゲン	眼科（がんか）	ophthalmology / nhãn khoa
			眼球（がんきゅう）	eyeball / nhãn cầu
11画	NHÃN	eye		
16	脱	ぬ-げる ぬ-ぐ ダツ	脱ぐ（ぬぐ）	take off / cởi
			脱出（する）（だっしゅつ）	(to) escape / thoát
			脱退（する）（だったい）	(to) withdraw / ra khỏi (hội), sa ra ngoài
			脱線（する）（だっせん）	(to) digress / trật bánh, đi lệch đường
11画	THOÁT	remove		
17	裸	はだか ラ	裸（はだか）	nude / trần truồng
			裸足（はだし）	bare feet / chân đất
13画	KHỎA/LÕA	nude		

ドリル A 正しい読みをえらんでください。 1点×5

❶ 爪が伸びてきたな。 a. つめ b. つま

❷ 鉄筋コンクリートの建物だから、地震にも強いと思うよ。 a. てっきん b. てつすじ

❸ 裸足で歩くと危ないよ。 a. らそく b. はだし

❹ バンドのメンバーが1人脱退した。 a. だたい b. だったい

❺ 唇が乾燥して痛い。 a. ひじ b. くちびる

ドリル B 正しい漢字をえらんでください。 1点×5

❶ 長時間座りっぱなしだったから、お＿＿（しり）が痛くなった。 a. 尻 b. 尾 c. 眉

❷ 話の＿＿（すじ）が読めないなあ。彼は何がしたいの？ a. 肋 b. 節 c. 筋

❸ ここで靴を＿＿（ぬ）いで入ってください。 a. 脇 b. 胴 c. 脱

❹ この映画の＿＿（きゃく）本は、意外な人が書いてるんだね。 a. 客 b. 脚 c. 却

❺ ＿＿（わき）を見ないで前を向いて。 a. 脇 b. 肺 c. 肝

ドリル C 正しいほうをえらんで、全部ひらがなで＿＿に書いてください。 1点×10

れい 天気がいいから、（ⓐ公園 b. 道路）に行きましょう。 こうえん

❶ 急に運動したから（a. 筋肉 b. 大筋）痛になっちゃったよ。 ＿＿＿＿

❷ 話が（a. 脱退 b. 脱線）してしまいました。今日のテーマに戻ります。 ＿＿＿＿

❸ 不正が見つかり、大臣は（a. 脱出 b. 失脚）した。 ＿＿＿＿

❹ 風邪が悪化して（a. 肺炎 b. 肝臓）になってしまった。 ＿＿＿＿

❺ （a. 眼球 b. 眼科）で目の検査をしてもらった。 ＿＿＿＿

健康（けんこう）

Health／Sức khỏe

／20

早く治したいから看**護**師さんに注**射**をお願いしたら、必要ないって言われちゃった。

だって風**邪**でしょ。とにかく睡眠だよ。

"I asked the nurse for a shot because I want to get better soon, but she said there was no need."
"Well, you have a cold, right? You just need to get some sleep."

"Tớ muốn mau khỏi nên bảo cô y tá tiêm cho nhưng cô ấy lại bảo không cần thiết."
"Thì bị cảm thôi còn gì. Cứ phải ngủ đủ đã."

1	邪	ジャ	風邪★	かぜ	cold	cảm mạo
			邪魔(な)	じゃま	interfering	vướng víu
	8画	TÀ	wrong			
2	吐	は-く ト	吐く	は	vomit	nôn
			吐き気	はき	nausea	buồn nôn
	6画	THỔ	expel			
3	傷	いた-む いた-める きず ショウ	傷	きず	injury	vết thương
			火傷	やけど	burn	bỏng
			負傷(する)	ふしょう	(to become) injured	bị thương
	13画	THƯƠNG	wound			
4	腫	は-れる は-らす シュ	腫れる	は	swelling	sưng
	13画	THŨNG	swell			
5	菌	キン	病原菌	びょうげんきん	pathogen	vi khuẩn gây bệnh
			細菌	さいきん	bacteria	vi trùng
			ばい菌	きん	germs	vi khuẩn gây bệnh
			抗菌	こうきん	antibacterial	kháng khuẩn
			除菌	じょきん	disinfecting	khử khuẩn
	11画	KHUẨN	mold; fungus			
6	患	わずら-う カン	患者	かんじゃ	patient	bệnh nhân
			患う	わずら	to suffer from	mắc bệnh
	11画	HOẠN	worry; suffer			
7	護	ゴ	看護師	かんごし	nurse	y tá
			介護(する)	かいご	(to provide) nursing care	điều dưỡng
			保護(する)	ほご	(to) protect	bảo vệ
			救護(する)	きゅうご	(to) aid	cứu hộ
	20画	HỘ	protect			
8	射	い-る シャ	注射(する)	ちゅうしゃ	(to) inject	tiêm
			発射(する)	はっしゃ	(to) fire	bắn (tên lửa)
			反射(する)	はんしゃ	(to) reflect	phản xạ
			射る	い	shoot	bắn (tên lửa)
	10画	XẠ	shoot			
9	剤	ザイ	洗剤	せんざい	detergent	nước tẩy rửa
	10画	TỄ	medicine			
10	視	シ	視力	しりょく	eyesight	thị lực
			近視	きんし	myopia	cận thị
			視界	しかい	field of vision	tầm mắt
			視点	してん	point of view	cách nhìn
			視線	しせん	line of sight	ánh mắt
			重視(する)	じゅうし	(to) emphasize	chú trọng
	11画	THỊ	see			
11	妊	ニン	妊婦	にんぷ	pregnant woman	sản phụ, người mang thai
	7画	NHÂM	pregnancy			
12	娠	シン	妊娠(する)	にんしん	(to become) pregnant	mang thai
	10画	THẦN	pregnancy			
13	胎	タイ	胎児	たいじ	fetus	thai nhi
	9画	THAI	fetus			
14	錠	ジョウ	錠剤	じょうざい	tablet	thuốc viên
	16画	đĩnh	lock, tablet			

ドリル A 正しい読みをえらんでください。 1点×5

❶ 多くの選手が負傷して、チームはなかなか勢いに乗れない。 a. ふしょう b. ふじょう

❷ 病気を患ってから、外にあまり出なくなった。 a. わらずって b. わずらって

❸ 吐き気がする。車に酔ったみたい。 a. はきけ b. とききき

❹ 飲みやすいので錠剤がいいんですが…。 a. じょうざい b. じょうさい

❺ デザインより機能を重視しています。 a. じゅうけん b. じゅうし

ドリル B 正しい漢字をえらんでください。 1点×5

❶ 昨日の夜、泣きすぎて目が___(は)れてしまった。 a. 腫 b. 吐 c. 患

❷ 祖母は介___(ご)施設に入っている。 a. 護 b. 娯 c. 後

❸ ___(にん)婦さんに席を譲った。 a. 任 b. 娠 c. 妊

❹ 荷物は___(じゃ)魔にならない場所に置いてください。 a. 除 b. 邪 c. 謝

❺ 赤ちゃんが触る物は除___(きん)している。 a. 苗 b. 禁 c. 菌

ドリル C 正しいほうをえらんで、全部ひらがなで___に書いてください。 1点×10

(れい) 天気がいいから、(ⓐ公園 b. 道路)に行きましょう。 こうえん

❶ 大人になっても、(a. 注射 b. 発射)は痛いし、嫌だ。 ________

❷ (a. 洗剤 b. 風邪)はどのくらい入れますか。 ________

❸ 妻の(a. 妊娠 b. 胎児)がわかって、家族で祝った。 ________

❹ 雨が強くて(a. 近視 b. 視界)がよくないから、運転、気をつけて。 ________

❺ このマスクは、特に(a. 細菌 b. 抗菌)効果が高いです。 ________

自然（しぜん）

Nature／Tự nhiên, Thiên nhiên

／20

この山々（やまやま）には温泉（おんせん）の**湧**（わ）くところがたくさんあって、**麓**（ふもと）に温泉街（おんせんがい）ができたんだね。

そうだね。いいな、温泉（おんせん）。露天風呂（ろてんぶろ）に**浸**（つ）かって、**癒**（いや）されたい。

"There are many places for hot springs here in these mountains, so it seems a town for hot springs developed at its base."
"That's right. Hot springs sound so nice. I'd like to soak in an open-air bath and be soothed."

"Chỗ dãy núi này có nhiều suối nước nóng phun lên nên chân núi hình thành một phố suối nước nóng nhỉ."
"Ừ phải đấy. Suối nước nóng thích thật. Được ngâm mình vào bồn tắm lộ thiên thì thích biết bao."

1	脈	ミャク	山脈（さんみゃく）	mountain range / dãy núi
			脈拍（みゃくはく）	pulse / mạch đập (mạch máu)
10画	MẠCH		pulse; vein	
2	麓	ふもと ロク	麓（ふもと）	foothills / chân núi
19画	LỘC		foothills	
3	湧	わ-く ユウ	湧く（わ）	well up / phun
12画	DŨNG		reuption	
4	浸	ひた-す ひた-る シン	浸す（ひた）	soak / ngâm
			浸る（ひた）	soak in / ngập, thấm
			浸透（する）（しんとう）	(to) permeate / thẩm thấu
10画	THẤM		soak	
5	癒	い-える い-やす ユ	癒す（いや）	heal / an ủi
			治癒（する）（ちゆ）	(to) heal / chữa trị
18画	DŨ		heal	
6	丘	おか キュウ	丘（おか）	hill / đồi
5画	KHÂU		hill	
7	陵	リョウ	丘陵（きゅうりょう）	hill / đồi
13画	LĂNG		corner	
8	斜	なな-め シャ	斜面（しゃめん）	slope / dốc, mặt nghiêng
			斜め（なな）	diagonal; slanted / nghiêng
			傾斜（けいしゃ）	slant; slope / nghiêng
11画	GIA		sideways	
9	峡	キョウ	峡谷（きょうこく）	gorge; ravine / hẻm núi, khe vực
			海峡（かいきょう）	strait; channel / eo biển
9画	GIÁP		valley; gorge	
10	崖	がけ ガイ	崖（がけ）	cliff / vực
11画	NHAI		cliff	
11	洞	ほら ドウ	空洞（くうどう）	cavern / ống rỗng
9画	ĐỘNG		cavern	
12	窟	クツ	洞窟（どうくつ）	cave / động
13画	QUẬT		hole	
13	滝	たき	滝（たき）	waterfall / thác
13画	LONG		waterfall	
14	渓	ケイ	渓谷（けいこく）	canyon / thung lũng
			渓流（けいりゅう）	mountain stream / suối nguồn
11画	KHE/KHÊ		valley	
15	沼	ぬま ショウ	沼（ぬま）	swamp / đầm
8画	CHIỂU		swamp	
16	潮	しお チョウ	潮（しお）	tide / hồ
			潮流（ちょうりゅう）	current / trào lưu, thủy triều
			干潮（かんちょう）	low tide / thủy triều xuống
			満潮（まんちょう）	high tide / thủy triều lên
15画	HỒ		tide	

ドリル A　正しい読みをえらんでください。　1点×5

❶ 沼に住む生き物を観察した。　a. いけ　b. ぬま

❷ 紅葉の季節に来ると、この渓谷は絶景です。　a. きょうこく　b. けいこく

❸ この洞窟は、まだ誰も奥まで入った人がいない。　a. どうくつ　b. どうぐつ

❹ 運動前に血圧と脈拍を測った。　a. みょくはく　b. みゃくはく

❺ 斜め前に座っているのが佐藤さんです。　a. よめ　b. ななめ

ドリル B　正しい漢字をえらんでください。　1点×5

❶ この道を少し行くと、＿＿（たき）が見えますよ。　a. 滝　b. 沼　c. 潮

❷ 彼女と話すと元気が＿＿（わ）いてくる。　a. 浸　b. 湧　c. 癒

❸ この坂は傾＿＿（しゃ）が急で、歩くだけで疲れる。　a. 脈　b. 丘　c. 斜

❹ その先は＿＿（がけ）になっているから、気をつけて。　a. 崖　b. 陵　c. 麓

❺ 結局、薬は使わないで、自然治＿＿（ゆ）に任せることにした。　a. 癒　b. 輸　c. 喩

ドリル C　正しいほうをえらんで、全部ひらがなで＿＿に書いてください。　1点×10

れい　天気がいいから、（ⓐ 公園　b. 道路）に行きましょう。　こうえん

❶（a. 満潮　b. 干潮）になると、島まで歩いて行けるそうだ。　＿＿＿＿＿＿

❷ 地中に（a. 空洞　b. 渓流）があるのが確認された。　＿＿＿＿＿＿

❸ 肌に化粧水が（a. 浸透　b. 空洞）するのがわかる。　＿＿＿＿＿＿

❹（a. 丘　b. 潮）の上に行って街を見てみよう。　＿＿＿＿＿＿

❺ 島の南、5キロ先には、かなり深い（a. 潮流　b. 海峡）がある。　＿＿＿＿＿＿

動植物
どうしょくぶつ

Animals and Plants／Động thực vật

／20

あ、見て、あの**猿**。ちょっと尻**尾**が長い。**雄**かな、**雌**かな？

うーん、どっちだろう。

"Hey, look at that monkey. Its tail is kind of long. I wonder if it's a male or a female?"
"Hmm, I wonder which."

"A, nhìn kìa, con khỉ kia kìa. Cái đuôi hơi dài ấy. Đực hay cái nhỉ?"
"Ừm... Bên nào nhỉ."

No.	Kanji	Readings	Word	Word reading	Meaning
1	猿	さる / エン	猿	さる	monkey / khỉ
13画	VIÊN	monkey			
2	雌	めす / め / シ	雌牛	めうし	cow / trâu
14画	THƯ	female			
3	雄	おす / お / ユウ	雄大(な)	ゆうだい	grand / hùng vĩ
			英雄	えいゆう	hero / anh hùng
12画	HÙNG	male			
4	豚	ぶた / トン	豚	ぶた	pig / lợn
			豚肉	ぶたにく	pork / thịt lợn
			養豚	ようとん	farmed pig / nuôi lợn
11画	ĐỒN/ĐỘN	pig			
5	虎	とら / コ	虎	とら	tiger / hổ
8画	HỔ	tiger			
6	鶏	にわとり / ケイ	鶏	にわとり	chicken / gà
			雌鶏	めんどり	hen / gà trống
19画	KÊ	chicken			
7	尾	お / ビ	尻尾	しっぽ	tail / đuôi
			末尾	まつび	end / cuối hàng
7画	VĨ	tail			
8	昆	コン	昆虫	こんちゅう	insect / côn trùng
			昆布	こんぶ	kelp / tảo bẹ
8画	CÔN	group; type			
9	蛍	ほたる / ケイ	蛍光	けいこう	fluorescence / đom đóm
11画	HUỲNH	firefly			
10	蚊	か	蚊	か	mosquito / muỗi
10画	VĂN	mosquito			
11	桜	さくら / オウ	桜	さくら	cherry blossom / hoa anh đào
10画	ANH	cherry blossom			
12	梅	うめ / バイ	梅	うめ	plum / mận, mơ
			梅雨	つゆ／ばいう	rainy season / mùa mưa
10画	MAI	plum			
13	芽	め / ガ	芽	め	bud / mầm
			発芽(する)	はつが	(to) germinate / nảy mầm
8画	NHA	bud			
14	樹	ジュ	樹木	じゅもく	tree / cây
			街路樹	がいろじゅ	roadside tree(s) / cây bên đường
16画	THỤ	tree			

ドリル A　正しい(ただ)読み(よ)をえらんでください。　1点×5

❶ 温泉(おんせん)に入(はい)っている猿を見(み)に行(い)きたい。　a. さる　b. とら

❷ 山(やま)を登(のぼ)りきると雄大な景色(けしき)が目(め)の前(まえ)に広(ひろ)がった。　a. こうだい　b. ゆうだい

❸ レポートの末尾に参考(さんこう)にした本(ほん)や資料(しりょう)を入(い)れてください。　a. まつび　b. まつお

❹ 種(たね)を植(う)えてから発芽まで、大体(だいたい)10日(か)くらいです。　a. はっめ　b. はつが

❺ この辺(あた)りは乾燥地帯(かんそうちたい)で、樹木が育(そだ)ちにくい。　a. きぎ　b. じゅもく

ドリル B　正しい(ただ)漢字(かんじ)をえらんでください。　1点×5

❶ 人々(ひとびと)を救(すく)った英(えい)＿＿(ゆう)の話(はなし)を聞(き)いた。　a. 勇　b. 優　c. 雄

❷ ＿＿(けい)光灯(こうとう)が切(き)れたから買(か)いに行(い)ってくるね。　a. 傾　b. 蛍　c. 鶏

❸ ＿＿(うめ)干(ぼ)しの入(はい)ったおにぎりが好(す)きです。　a. 豚　b. 梅　c. 尾

❹ 見(み)て！　種(たね)から＿＿(め)が出(で)てきた！　a. 芽　b. 華　c. 茎

❺ 街路(がいろ)＿＿(じゅ)のイルミネーションがきれいだ。　a. 梅　b. 桜　c. 樹

ドリル C　正しい(ただ)ほうをえらんで、全部(ぜんぶ)ひらがなで＿＿に書(か)いてください。　1点×10

れい　天気(てんき)がいいから、（ⓐ 公園　b. 道路）に行(い)きましょう。　こうえん

❶ 寝(ね)ている間(あいだ)に（a. 蚊　b. 芽）に刺(さ)されたみたい。かゆい。　＿＿＿＿＿＿

❷ （a. 干潮　b. 梅雨）の季節(きせつ)は洗濯物(せんたくもの)が乾(かわ)かなくて大変(たいへん)です。　＿＿＿＿＿＿

❸ この島(しま)では、いろいろな珍(めずら)しい（a. 昆虫　b. 蛍光）が採取(さいしゅ)できる。　＿＿＿＿＿＿

❹ （a. 虎　b. 鶏）の赤(あか)ちゃんだったら、抱(だ)いてみたい。　＿＿＿＿＿＿

❺ 彼(かれ)は（a. 豚肉　b. 養豚）場(じょう)を経営(けいえい)している。　＿＿＿＿＿＿

まとめ問題 A

／20

問題 1 ＿＿＿の言葉の読み方として最もよいものを１・２・３・４から一つ選びなさい。

1 いつかアルプス山脈に行ってみたい。

1 さんみゃく　　2 やまみゃく　　3 さんはく　　4 やまはく

2 叔父は山の麓で旅館を経営しています。

1 すそ　　2 ふもと　　3 ろく　　4 もと

3 顔の印象は眉毛の形でだいぶ変わりますよ。

1 まつげ　　2 まつもう　　3 まゆもう　　4 まゆげ

4 主要な企業２社が会を脱退し、影響が懸念されている。

1 いんたい　　2 じたい　　3 だったい　　4 てったい

5 絵には丘陵に立つ小さな小屋が描かれていた。

1 おかりく　　2 おかろく　　3 きゅうりょう　　4 きゅうりょく

6 ドアを出た先が斜面になっているので、注意してください。

1 しゃめん　　2 しゃも　　3 ななめん　　4 ななも

7 熱いとは知らずに触って火傷してしまった。

1 ひやけ　　2 ひきず　　3 やけど　　4 かしょう

8 ロケットの発射場に見学に行けることになった。

1 はつしゃ　　2 はっしゃ　　3 ほっしゃ　　4 ほつしゃ

9 検査の結果、妊娠したことがわかったそうだ。

1 こうしん　　2 とうしん　　3 にんしん　　4 ぶしん

10 あの像は内部が空洞になっている。

1 からどう　　2 からっぽ　　3 ほらあな　　4 くうどう

問題2 （　　　）に入れるのに最もよいものを１・２・３・４から一つ選びなさい。

1 スカートを直すために（　　　）回りを測った。

1 肘　2 膝　3 頬　4 胴

2 いつまでも感傷に（　　　）いる場合じゃないよ。

1 腫れて　2 惜しんで　3 浸って　4 癒して

3 大事なところは（　　　）ペンで色をつけた。

1 浸透　2 傾斜　3 蛍光　4 鉄筋

4 （　　　）を感じて振り返ると、小さな女の子がじっと見ていた。

1 風邪　2 視線　3 失脚　4 大筋

5 光が（　　　）してまぶしい。

1 反射　2 近視　3 発芽　4 抗菌

6 旅行で急病人が出たときに、（　　　）の知識が役に立った。

1 脱出　2 脈拍　3 発射　4 救護

7 環境問題に対する世界の（　　　）が少し変化してきている。

1 浸透　2 山脈　3 潮流　4 渓流

問題3 ＿＿＿の言葉に意味が最も近いものを１・２・３・４から一つ選びなさい。

1 脇道から急に自転車が出てきて、危なかった。

1 後方　2 横道　3 対向車線　4 歩道

2 彼は次期大統領の有力候補の一人だが、この問題で失脚する可能性すらある。

1 訴えられる
2 地位を失う
3 周囲から孤立する
4 面倒な事態になる

3 練習初日にコーチに筋がいいと褒められた。

1 筋肉がしっかりしている
2 背筋が伸びている
3 センスがある
4 態度がいい

UNIT 5 健康と自然

まとめ問題B

／10

問題1　①～③の漢字をひらがなにして、＿＿＿部を全部ひらがなで書きなさい。（1点×6=6点）

(1)　こちらは新発売の①洗剤です。②浸透力が増して汚れを落とす力がさらにアップしました。小さいお子さんがいる家庭ではウイルスも気になりますが、③抗菌効果もすぐれていて、その点も安心です。

①	②	③

(2)　ホテルの①脇にバスの発着所があるというので、チェックアウトの後、ホテルに荷物を預けて、②渓流下りを楽しんだ。途中、③滝もあり、気持ちよかった。次回はいいカメラを持っていこう。

①	②	③

問題2　文の内容に合うよう、下のa～hから適当なものを１つ選んで（　）に入れなさい。（1点× 4=4点）

この子は通勤途中で①（　　　）した迷い犬です。餌をあげたんですが、食べてもすぐに②（　　　）しまって。顔も③（　　　）きたので病院に慌てて連れて行きました。今はもう完治して、元気に飛び跳ねています。まあ、この子のかわいい笑顔が我が家の④（　　　）です。

a. 保護　b. 脱線　c. 英雄　d. 癒し　e. 吐いて　f. 湧いて　g. 腫れて　h. 射って

①	②	③	④

UNIT 6

国・社会
(くに・しゃかい)

Nation and Society

Quốc gia, Xã hội

政治(せいじ)・マスコミ

／20

Politics and the Media／Chính trị, truyền thông

〈ニュース解説(かいせつ)〉

田中議員(たなかぎいん)の説明(せつめい)には、いくつか**矛盾**点(むじゅんてん)も指**摘**(してき)されています。今後(こんご)、どう**釈**明(しゃくめい)するのか、注目(ちゅうもく)されます。

(News commentary)
People have identified multiple contradictions within diet member Tanaka's account. Eyes are now on him to see how he will explain.

(Bình luận thời sự)
Có vài điểm mâu thuẫn được chỉ ra trong lời giải thích của nghị sĩ Tanaka. Dư luận đang rất quan tâm ông ấy sẽ biện minh ra sao.

No.	Kanji	Readings	Word	Meaning
1	挙	あ-がる あ-げる キョ	選挙（せんきょ）	election bầu cử
			挙げる（あ）	raise đưa ra (ví dụ)
10画	CỬ		raise	
2	票	ヒョウ	投票（とうひょう）(する)	(to) vote bỏ phiếu
			伝票（でんぴょう）	chip; slip hóa đơn
11画	PHIẾU		vote	
3	閣	カク	内閣（ないかく）	cabinet nội các
14画	CÁC		high position	
4	裂	さ-ける さ-く レツ	分裂（ぶんれつ）(する)	(to) divide phân chia
			裂ける（さ）	tear tách ra
			破裂（はれつ）(する)	(to) burst rách, bục
			裂く（さ）	tear xé
12画	LIỆT		fissure	
5	祥	ショウ	不祥事（ふしょうじ）	scandal bê bối
			発祥（はっしょう）	origin khởi nguồn, khởi đầu
10画	TƯỜNG		omen	
6	隠	かく-れる かく-す イン	隠す（かく）	hide giấu
			隠れる（かく）	hide trốn
			隠居（いんきょ）(する)	(to) retire ở ẩn
14画	ẨN		hide	

No.	Kanji	Readings	Word	Meaning
7	倫	リン	倫理（りんり）	ethics luân lí
10画	LUÂN		order; type	
8	媒	バイ	媒体（ばいたい）	medium vật trung gian
			媒介（ばいかい）	mediation trung gian
12画	MÔI		mediate	
9	摘	つ-む テキ	指摘（してき）(する)	(to) point out chỉ ra, chỉ trích
			摘む（つ）	pick hái, vặt
14画	TRÍCH		pick	
10	糾	キュウ	糾弾（きゅうだん）(する)	(to) blame; (to) condemn luận tội
9画	KHIẾU		twist together	
11	釈	シャク	釈明（しゃくめい）(する)	(to) explain thanh minh
			解釈（かいしゃく）(する)	(to) interpret hiểu, lí giải
11画	THÍCH		explain; melt	
12	矛	ほこ ム	矛盾（むじゅん）(する)	(to) contradiction mâu thuẫn
5画	MÂU		halberd	
13	盾	たて ジュン	(矛盾（むじゅん）(する))	((to) contradict) mâu thuẫn
9画	THUẪN		shield	
14	擁	ヨウ	擁護（ようご）(する)	(to) defend bảo vệ
16画	ỦNG		hold	

ドリル A　正しい読みをえらんでください。　1点×5

❶ 嘘を重ねる彼を擁護する人はもういない。　a. ようご　b. ほご

❷ それは倫理的に許されないだろう。　a. ろんり　b. りんり

❸ 差別発言によって、大臣は激しい糾弾を受けた。　a. きゅうだん　b. きょうだん

❹ 水道管が破裂して、今、修理してもらってる。　a. はれつ　b. ばくは

❺ お会計の際にこちらの伝票をお持ちください。　a. でんひょう　b. でんぴょう

ドリル B　正しい漢字をえらんでください。　1点×5

❶ ここに＿＿げたものは一例です。（＿＿：あ）　a. 挙　b. 揚　c. 遂

❷ 内＿＿総理大臣が決定した。（＿＿：かく）　a. 格　b. 閣　c. 郭

❸ 投＿＿日は6月15日です。（＿＿：ひょう）　a. 表　b. 評　c. 票

❹ 社長はそろそろ＿＿居を考えているらしい。（＿＿：いん）　a. 引　b. 隠　c. 院

❺ 祖母が山で＿＿んできてくれた花を飾った。（＿＿：つ）　a. 摘　b. 積　c. 採

ドリル C　正しいほうをえらんで、全部ひらがなで＿＿に書いてください。　1点×10

れい 天気がいいから、（ⓐ公園　b. 道路）に行きましょう。　こうえん

❶ 今、後ろに何を（a. 隠れた　b. 隠した）の？ 見せて。　＿＿＿＿

❷ 広告（a. 媒体　b. 媒介）を変えたら注文が増えた。　＿＿＿＿

❸ この絵は見る人によって（a. 解釈　b. 釈明）が異なる。　＿＿＿＿

❹ 大統領（a. 選挙　b. 発祥）の結果が注目されている。　＿＿＿＿

❺ 賛成派と反対派が激しく対立し、党は二つに（a. 指摘　b. 分裂）した。　＿＿＿＿

食糧問題

□ ／20

Food Problems／Vấn đề lương thực

日本(にほん)では食品(しょくひん)の**廃棄**(はいき)が問題(もんだい)になっているけど、世界(せかい)には**飢餓**(きが)や貧困(ひんこん)に苦(くる)しむ人(ひと)がたくさんいる。どうしたら、いいんだろう。

まず、**紛**争(ふんそう)をなくすことだよ。そして教育(きょういく)。これが一番大事(いちばんだいじ)だと思(おも)う。

"There's a problem in Japan with food waste, but there are many people in the world who suffer from hunger and poverty. What should be done?"
"First off, need to get rid of conflicts. After that, education. I think those are most important."

"Ở nhật vấn đề vứt bỏ thức ăn đang là vấn nạn còn trên thế giới thì nhiều người đang khổ sở vì đói và nghèo khó. Có cách nào không nhỉ."
"Trước tiên phải dẹp bỏ hết phân tranh. Rồi tiếp theo là giáo dục. Tớ nghĩ cái này là quan trọng nhất."

No.	漢字	読み	語彙	意味
1	糧	かて / リョウ / ロウ	食糧(しょくりょう)	food / lương thực
			糧(かて)	sustenance / món ăn, nguồn sống
18画	LƯƠNG	sustenance		
2	穫	カク	収穫(しゅうかく)(する)	(to) harvest / thu hoạch
18画	HOẠCH	harvest		
3	需	ジュ	需要(じゅよう)	demand / nhu cầu
			必需品(ひつじゅひん)	necessities / nhu yếu phẩm
14画	NHU	demand		
4	剰	ジョウ	過剰(かじょう)(な)	excessive / quá khích, quá mức độ
			余剰(よじょう)	surplus / thừa
11画	THẶNG	excess		
5	肥	こ-える / こ-やす / こ-やし / こえ / ヒ	肥料(ひりょう)	fertilizer / phân bón
			肥(こ)える	grow fat / béo
			肥満(ひまん)	obese / béo phì
8画	PHÌ	fat		
6	廃	すた-れる / すた-る / ハイ	廃棄(はいき)(する)	(to) dispose of / bỏ đi
			廃止(はいし)(する)	(to) abolish / hủy bỏ
			廃(すた)れる	fall out of use / mất dần, lỗi thời
12画	PHẾ	lapse		
7	棄	キ	放棄(ほうき)(する)	(to) abandon / vứt bỏ
			破棄(はき)(する)	(to) destroy / vứt đi
			棄権(きけん)(する)	(to) abstain from voting / bỏ quyền ~
13画	KHI	discard		
8	乏	とぼ-しい / ボウ	乏(とぼ)しい	poor / nghèo nàn
			貧乏(びんぼう)(な)	impoverished / nghèo
			欠乏(けつぼう)(する)	deficient / thiếu thốn
4画	PHẠP	poor		
9	飢	う-える / キ	飢(う)え	hunger / đói
10画	CƠ	hunger		
10	餓	ガ	飢餓(きが)	hunger / nạn đói
			餓死(がし)(する)	(to) die of hunger / chết đói
15画	NGÃ	starve		
11	紛	まぎ-れる / まぎ-らす / まぎ-らわす / まぎ-らわしい / フン	紛争(ふんそう)	conflict / phân tranh
			内紛(ないふん)	internal conflict / nội chiến
			紛失(ふんしつ)(する)	(to) lose / đánh mất
			紛(まぎ)らわしい	confusing / dễ lẫn lộn
			紛(まぎ)れる	to be confused / lẫn vào
			紛(まぎ)ら(わ)す	to confuse / lảng tránh, đánh trống lảng
10画	PHÂN	disorder		
12	衛	エイ	衛生(えいせい)	hygiene / vệ sinh
			人工衛星(じんこうえいせい)	satellite / vệ tinh nhân tạo
			護衛(ごえい)(する)	(to) guard / bảo vệ
16画	VỆ	defend		

ドリル A　正しい読みをえらんでください。　1点×5

❶ 国王の死後、内紛が続いている。　a. ないぷん　b. ないふん

❷ 家が貧乏で、子供の頃は常に空腹だった。　a. びんぼう　b. びんぼ

❸ 人口が減り、町は廃れた。　a. すれた　b. すたれた

❹ 需要と供給のバランスが大切だ。　a. じょよう　b. じゅよう

❺ そろそろ米の収穫時期だ。　a. しゅうかく　b. しゅとく

ドリル B　正しい漢字をえらんでください。　1点×5

❶ 友達と話していたら気が＿＿（まぎ）れてきた。　a. 混　b. 紛　c. 乱

❷ 怪我で今年の大会は＿＿（き）権することにした。　a. 危　b. 廃　c. 棄

❸ 健康診断で＿＿（ひ）満気味だと言われた。　a. 脂　b. 胴　c. 肥

❹ この制度は来年＿＿（はい）止されることが決まった。　a. 廃　b. 阻　c. 敗

❺ 我が社はIT化に関する知識や経験が＿＿（とぼ）しい。　a. 貧　b. 乏　c. 稀

ドリル C　正しいほうをえらんで、全部ひらがなで＿＿に書いてください。　1点×10

れい　天気がいいから、（ⓐ公園　b. 道路）に行きましょう。　こうえん

❶ この店は（a. 衛生　b. 清潔）管理がしっかりしている。　＿＿＿＿

❷ 大事な書類を（a. 喪失　b. 紛失）してしまった。　＿＿＿＿

❸ 突然、契約（a. 破棄　b. 放棄）の知らせが来た。　＿＿＿＿

❹ この会社では、生ごみから（a. 廃棄　b. 肥料）を作っている。　＿＿＿＿

❺ 彼は自信（a. 過剰　b. 余剰）なところがある。　＿＿＿＿

法（ほう）・国際関係（こくさいかんけい）

Law and International Relations／Pháp luật, quan hệ quốc tế

／20

この本（ほん）は、当時（とうじ）の若者（わかもの）が、軍**隊**（ぐんたい）に入（い）れられ、戦場（せんじょう）に行（い）き、生**還**（せいかん）するまでの日々（ひび）を詳（くわ）しく伝（つた）えているよ。

へー、興味深（きょうみぶか）いなあ。

"This book goes into the details of a young person at the time as they were forced into the military, sent to war, and returned alive."
"Huh, that sounds interesting."

"Cuốn sách này do một thanh niên lúc bấy giờ viết rất cụ thể về những ngày tháng gia nhập quân ngũ, đi tới chiến trường cho tới lúc sống sót trở về."
"Ồ… nghe có vẻ hay đấy nhỉ."

1	憲	ケン	憲法（けんぽう）	constitution / hiến pháp
			合憲（ごうけん）	constitutional / đúng hiến pháp
			違憲（いけん）	unconstitutional / vi phạm hiến pháp
16画	HIẾN		rule; model	
2	秩	チツ	秩序（ちつじょ）	order / trật tự
10画	DẬT		order	
3	衆	シュウ / シュ	大衆（たいしゅう）	the masses / đại chúng
			民衆（みんしゅう）	the people / dân chúng
			群衆（ぐんしゅう）	a crowd / quần chúng
			観衆（かんしゅう）	spectators / người xem
			衆議院（しゅうぎいん）	house of representatives / chúng nghị viện (thượng viện)
			合衆国（がっしゅうこく）	United States / hợp chủng quốc
12画	CHÚNG		masses	
4	盟	メイ	同盟（どうめい）	alliance / đồng minh
			(〜に)加盟（かめい）(する)	(to) join in alliance / gia nhập vào ~
13画	MINH		vow	
5	摩	マ	摩擦（まさつ）	friction / ma sát
15画	MA		rub	
6	擦	す-る / す-れる / サツ	摩擦（まさつ）	friction / ma sát
17画	SÁT		grate, rub	

7	偏	かたよ-る / ヘン	偏る（かたよ）	constitution / hiến pháp
			偏見（へんけん）	prejudice / định kiến
11画	THIÊN		bias	
8	隊	タイ	軍隊（ぐんたい）	army / quân đội
			隊員（たいいん）	member; soldier / quân nhân
12画	ĐỘI		party	
9	艦	カン	軍艦（ぐんかん）	warship / tàu chiến
21画	HẠM		ship	
10	鎖	くさり / サ	鎖国（さこく）	national isolation / bế quan tỏa cảng đất nước
			封鎖（ふうさ）(する)	(to) blockade / phong tỏa
18画	TỎA		chain	
11	侵	おか-す / シン	侵入（しんにゅう）(する)	(to) trespass / xâm nhập
			侵略（しんりゃく）(する)	(to) invade / xâm lược
			侵す（おか）	to violate / ngập
9画	XÂM		infringe	
12	還	カン	生還（せいかん）(する)	(to) survive / sống sót
			還元（かんげん）(する)	(to) restore / trả lại
			返還（へんかん）(する)	(to) return / trả lại
16画	HOÀN/TOÀN		return	

ドリル A　正しい読みをえらんでください。　1点×5

❶ この活動は、社会の秩序を乱す行為として禁止された。　a. ちつじょ　b. てつじょ

❷ 栄養が偏っていますね。バランスをとってください。　a. かたよって　b. かたって

❸ 土砂崩れのため、この道路を封鎖します。　a. ふうさく　b. ふうさ

❹ 自由といっても、プライバシーを侵すようなことは許されない。　a. おかす　b. さらす

❺ 国会は衆議院と参議院で成り立っている。　a. しゅうぎいん　b. しゅぎいん

ドリル B　正しい漢字をえらんでください。　1点×5

❶ お客様に利益を＿＿元します。（かん）　a. 環　b. 還　c. 喚

❷ 日本にはかつて、＿＿国している時代があった。（さ）　a. 鎖　b. 詐　c. 裁

❸ 自分が＿＿見をもっていたことに気付いた。（へん）　a. 編　b. 辺　c. 偏

❹ 昔の軍＿＿の模型が展示されている。（かん）　a. 監　b. 鑑　c. 艦

❺ 決勝点を決めた瞬間、観＿＿がどっと沸いた。（しゅう）　a. 盟　b. 衆　c. 集

ドリル C　正しいほうをえらんで、全部ひらがなで＿＿に書いてください。　1点×10

れい　天気がいいから、（ⓐ公園　b. 道路）に行きましょう。　こうえん

❶ 敵の（a. 返還　b. 侵入）を防ぐため、道が迷路のようになっている。　＿＿＿＿

❷ 二国間の（a. 生還　b. 摩擦）がさらに大きくなっている。　＿＿＿＿

❸（a. 民間　b. 民衆）の不満が爆発した。　＿＿＿＿

❹ この法律に対して、（a. 違憲　b. 憲法）であるという判決が出た。　＿＿＿＿

❺ うちの会社もこの団体に（a. 加盟　b. 同盟）しようと思います。　＿＿＿＿

UNIT 6

まとめ問題 A

／20

問題1 ＿＿＿の言葉の読み方として最もよいものを1・2・3・4から一つ選びなさい。

1 人工衛星からの映像をリアルタイムで見ることができます。

1 えいせい　2 すいせい　3 えいじょう　4 すいじょう

2 うーん、ここは紛らわしい書き方になってるから誤解を生みそう。

1 けがらわしい　2 こならわしい　3 まぎらわしい　4 わけらわしい

3 担当者の話を詳しく聞くと、矛盾している点が出てきた。

1 むたて　2 むじゅん　3 よたて　4 よじゅん

4 この症状はビタミン欠乏によるものだと医者に言われた。

1 けつぼう　2 かけぼう　3 けつとぼ　4 かけとぼ

5 歌手の私にとって、のどあめは必需品だ。

1 ひっけいひん　2 ひつようひん　3 ひつじゅひん　4 ひっすひん

6 レスキュー隊員の人たちは、いざという時のために日々訓練をしている。

1 かいいん　2 せんいん　3 だんいん　4 たいいん

7 幼くして餓死する子供を救いたいと思い、活動を支援している。

1 うえし　2 がし　3 かいし　4 しょくし

8 プロジェクト終了時の余剰金は寄付することにした。

1 かじょう　2 よじょう　3 とじょ　4 ようじょ

9 彼は本物の美術品を数多く見てきたから、目が肥えているよ。

1 さえて　2 みえて　3 ひえて　4 こえて

10 高級レストランより大衆食堂のほうが気楽でいい。

1 だいしゅ　2 たいしゅ　3 たいしゅう　4 だいしゅう

問題2　（　　　）に入れるのに最もよいものを１・２・３・４から一つ選びなさい。

1 地理的に、この島は外国からの（　　　　）を受けやすかった。

1　破裂　　2　内紛　　3　侵略　　4　軍艦

2 ある企業の（　　　　）が取材で明らかになった。

1　不祥事　　2　廃止　　3　飢餓　　4　封鎖

3 社員の鋭い（　　　　）に社長は慌てた。

1　違憲　　2　返還　　3　摩擦　　4　指摘

4 彼女に（　　　　）する機会がもらえるなら、ぜひ、そうしたい。

1　護衛　　2　同盟　　3　隠居　　4　釈明

5 彼は親の遺産を相続する権利を（　　　　）した。

1　収穫　　2　放棄　　3　擁護　　4　破裂

6 子どもたちは恥ずかしいのか、ずっとドアの後ろに（　　　　）いる。

1　紛れて　　2　裂けて　　3　隠れて　　4　侵して

7 危険な目に遭ってから、社長は（　　　　）を付けるようになった。

1　観衆　　2　護衛　　3　媒体　　4　矛盾

問題3　＿＿＿の言葉に意味が最も近いものを１・２・３・４から一つ選びなさい。

1 レストランの店員が伝票を持ってきた。

1　メッセージ　　2　釈明　　3　請求書　　4　おしぼり

2 戦争が、二人を引き裂くことになった。

1　殺す　　2　別れさせる　　3　狂わせる　　4　再び会わせる

3 先生はまだまだ元気で、隠居するつもりは全くなさそうだ。

1　仕事をやめる　　2　時間を無駄にする
3　田舎で暮らす　　4　誰かに世話してもらう

UNIT 6

まとめ問題 B

／10

問題 1　①～③の漢字をひらがなにして、＿＿＿部を全部ひらがなで書きなさい。　（1点×6=6点）

（1）　子供たちは、春の種まきから秋の①<u>収穫</u>まで、長期間に渡って野菜を育てる体験をした。定期的に水や②<u>肥料</u>を与え、不要な芽を③<u>摘む</u>作業も、地元農家の指導のもと行った。

①	②	③

（2）　婚約①<u>破棄</u>という結果になって、胸が②<u>張り裂ける</u>くらいの悲しみに陥りましたが、少しずつ新しい人生を歩む気持ちになっています。最低限の生活③<u>必需品</u>以外は友人に譲るなどして、身軽になりました。

①	②	③

問題 2　文の内容に合うよう、下のａ～ｈから適当なものを１つ選んで（　　）に入れなさい。

（1 点× 4=4 点）

①（　　　）なダイエットをした結果、栄養が②（　　　）、必要なビタミンが不足し、成長が止まってしまう場合があると専門家は③（　　　）している。④（　　　）も体によくはないが、成長期の子供の場合は注意が必要だ。

a. 過剰　b. 需要　c. 肥満　d. 指摘　e. 偏り　f. 紛らわしく　g. 廃れて　h. 媒体

①	②	③	④

UNIT 7 教養（きょうよう）

Cultivation

Giáo dưỡng

1 文学（ぶんがく） Literature／Văn học

2 歴史（れきし） History／Lịch sử

3 ドキュメンタリー Documentaries／Tài liệu

4 資源（しげん） Resources／Tài nguyên

5 発見（はっけん） Discovery／Phát kiến

文学（ぶんがく）

Literature／Văn học

／20

学生（がくせい）の時（とき）は何（なに）を専攻（せんこう）していたの？
リサの同僚（どうりょう）：私（わたし）は日本文学（にほんぶんがく）。特（とく）に古典（こてん）。『源氏物語（げんじものがたり）』とかね。あと、詩（し）や俳句（はいく）も、よくテーマにしたよ。

"What did you major in during college?"
Lisa's coworker "I majored in Japanese literature. Classics, in particular, like Genji Monogatari. Poems and haiku were also common themes."

"Hồi sinh viên cậu học chuyên ngành gì?"
Đồng nghiệp của Risa "Tôi học văn học Nhật Bản. Đặc biệt là văn cổ. Chẳng hạn như "Truyện về Genji". Rồi cả thơ, haiku nữa."

1	攻	せ-める / コウ	専攻(する)	せんこう	(to) major in / chuyên ngành
			攻撃(する)	こうげき	(to) attack / công kích
			攻める	せ	attack / tấn công
			侵攻(する)	しんこう	(to) invade / tấn công
7画	CÔNG		attack		
2	典	テン	古典	こてん	classic / cổ điển
			辞典	じてん	dictionary / từ điện
			事典	じてん	encyclopedia / từ điển
			典型的(な)	てんけいてき	typical / điển hình
			出典	しゅってん	source / nguồn gốc
8画	ĐIỂN		ceremony; model		
3	句	ク	俳句	はいく	haiku / thơ Haiku
			文句	もんく	complaint / câu
			語句	ごく	words and phrases / từ
5画	CÂU/CÚ		phrase		
4	擬	ギ	模擬	もぎ	simulated / mô phỏng
			擬音語	ぎおんご	onomatopoeia / từ tượng thanh
17画	NGHI		pseudo		
5	弧	コ	括弧	かっこ	brackets / ngoặc (đơn, kép)
			弧	こ	arc / đường cong
9画	HỒ		arc		
6	析	セキ	分析(する)	ぶんせき	(to) analyze / phân tích
			解析(する)	かいせき	(to) analyze / giải thích
8画	TÍCH		split		
7	訳	わけ / ヤク	訳す	やく	translate / dịch
			翻訳(する)	ほんやく	(to) translate / biên dịch
			言い訳	い わけ	excuse / bao biện, lí do
			申し訳ない	もう わけ	I'm sorry / xin lỗi, có lỗi
11画	DỊCH		translate		
8	叙	ジョ	叙述	じょじゅつ	description; narration / tự thuật, trình bày
			叙情的(な)	じょじょうてき	lyrical / tự tình
9画	TỰ		order		
9	喩	ユ	比喩	ひゆ	metaphor / ẩn dụ
12画	DỤ		metaphor		
10	戯	たわむ-れる / ギ	戯曲	ぎきょく	drama / kịch bản
			戯れる	たわむ	to play with / đùa cợt
15画	HI/HÍ		play		

ドリル A 正しい読みをえらんでください。 1点×5

❶ 子犬が戯れているのを見ると癒される。　a. たむ　b. たわむ

❷ 遅刻の言い訳はもう聞きたくない。　a. ぶん　b. わけ

❸ 彼の打ったボールは大きな弧を描いて飛んでいった。　a. こ　b. えん

❹ 文句ばかり言ってないで仕事して。　a. もんく　b. もく

❺ 引用するときは出典を書かなきゃ。　a. でてん　b. しゅってん

ドリル B 正しい漢字をえらんでください。 1点×5

❶ ＿＿型的な例を挙げて説明されていた。（てん）　a. 典　b. 定　c. 展

❷ 模＿＿試験でいい点を取っても安心はできない。（ぎ）　a. 疑　b. 擬　c. 議

❸ 括＿＿に入る言葉を考えてください。（こ）　a. . 虎　b. 狐　c. 弧

❹ 彼には申し＿＿ないことをしたと思っている。（わけ）　a. 約　b. 分　c. 訳

❺ 比＿＿を使ってわかりやすく表現している。（ゆ）　a. 愉　b. 喩　c. 由

ドリル C 正しいほうをえらんで、全部ひらがなで＿＿に書いてください。 1点×10

れい 天気がいいから、（ⓐ公園　b. 道路）に行きましょう。　こうえん

❶ 彼女はなぜか私に（a. 攻撃　b. 侵攻）的な言い方をする。　＿＿＿＿

❷ 国語（a. 古典　b. 辞典）を使って意味を調べた。　＿＿＿＿

❸ データを（a. 解析　b. 解釈）して、傾向を調べた。　＿＿＿＿

❹ 説明文はいろいろな言語に（a. 略して　b. 訳して）あった。　＿＿＿＿

❺ 彼の作品は、表現豊かな（a. 叙情　b. 語句）的な文章が特徴です。　＿＿＿＿

UNIT 7 教養

歴史
れきし

History／Lịch sử

／20

あ、あそこに石碑（せきひ）がある。ちょっと読（よ）んでみよう。…この辺（あた）りは昔（むかし）はかなり繁栄（はんえい）していたみたい。あと、紀元前（きげんぜん）から人（ひと）が住（す）んでいたって。

へー、そうなんだ。

"Oh, there's a stone monument over there. I'll go over and read it. ...Apparently this area used to be quite prosperous in the past. Also, people have lived here since before the common era. "
"Huh, is that so."

"A, ở đằng kia có bia đá. Thử đọc xem sao đi. Vùng này ngày xưa có vẻ khá sầm uất. Và có người sinh sống từ trước công nguyên nữa đấy."
"Ồ, thế hả."

1	紀	キ	世紀	せいき	century / thế kỉ
			紀元前	きげんぜん	B.C. / trước công nguyên
9画	KỈ	period			
2	巡	めぐ-る ジュン	巡る	めぐ	go around / xoay quanh
			巡回(する)	じゅんかい	(to) patrol / đi tuần
			巡査	じゅんさ	police officer / cảnh sát tuần cảnh
6画	TUẦN	around			
3	跡	あと セキ	遺跡	いせき	remains / di tích
			足跡	あしあと	footprint / dấu chân
13画	TÍCH	trace			
4	碑	ヒ	記念碑	きねんひ	monument / bia tưởng niệm
			石碑	せきひ	stone monument / bia đá
14画	BI	tablet			
5	遡	さかのぼ-る ソ	遡る	さかのぼ	stone monument / bia đá
			遡及(する)	そきゅう	(to) retroact / truy thu (tiền thuế), cấp lại (giấy tờ)
14画	TỐ	ascend			
6	壮	ソウ	壮大(な)	そうだい	magnificent / hùng vĩ, lộng lẫy
6画	TRÁNG	grand			
7	帝	テイ (みかど)	帝国	ていこく	empire / đế quốc
			帝国主義	ていこくしゅぎ	imperialism / chủ nghĩa đế quốc
			皇帝	こうてい	emperor / hoàng đế
			帝	みかど	emperor / vua
9画	ĐẾ	emperor			
8	幕	マク バク	幕	まく	curtain / rèm (sân khấu)
			幕府	ばくふ	bakufu; shogunate / mạc phủ
13画	MẠC	curtain			
9	侍	さむらい ジ	侍	さむらい	samurai / samurai
8画	THỊ	samurai			
10	遷	セン	変遷	へんせん	change; transition / sự thay đổi
			遷都	せんと	relocation of the capital / di dời thủ đô/kinh đô
15画	THIÊN	change; transition			
11	繁	ハン (しげ-る)	繁栄(する)	はんえい	(to) prosper / phát triển, phồn thịnh
			繁殖(する)	はんしょく	(to) multiply / sinh sôi, nảy nở
			頻繁に	ひんぱん	frequently / thường xuyên
			繁華街	はんかがい	bustling city area / phố buôn bán sầm uất
			足繁く	あししげ	go frequently / tới thường xuyên
16画	PHỒN	thrive			
12	衰	おとろ-える スイ	衰える	おとろ	decline / suy giảm, đi xuống
			衰退(する)	すいたい	(to) decay / đi xuống, thoái trào
10画	SUY	decline			
13	閑	カン	閑静(な)	かんせい	quiet / yên ắng, yên tĩnh
			長閑(な)★	のどか	tranquil / thoải mái, thảnh thơi
			閑散とした	かんさん	quiet / lơ thơ, lác đác, rảnh rỗi
12画	NHÀN	quiet			

ドリル A　正しい読みをえらんでください。　1点×5

❶ 起源を知るため、時代を遡った。　a. さかのぼった　b. さかぼった

❷ そろそろ幕が上がるから、席に戻ろう。　a. まく　b. ばく

❸ 年齢が上がるにつれて、体力が衰えてきた。　a. おろとえて　b. おとろえて

❹ 世界遺産を巡る旅をしたい。　a. まわる　b. めぐる

❺ これは当時、20 世紀最大の発見とも言われた。　a. せき　b. せいき

ドリル B　正しい漢字をえらんでください。　1点×5

❶ 彼は＿＿＿(さむらい)のような人だ。　a. 仏　b. 侍　c. 待

❷ ＿＿＿(はん)華街は夜でも明るく、大勢の人で賑わっていた。　a. 飯　b. 範　c. 繁

❸ ＿＿＿(かん)静な住宅街に引っ越した。　a. 完　b. 管　c. 閑

❹ 江戸＿＿＿(ばく)府について卒業論文を書こうと思っている。　a. 侍　b. 幕　c. 帝

❺ ここで約 3000 年前の遺＿＿＿(せき)が見つかった。　a. 関　b. 籍　c. 跡

UNIT 7 教養

ドリル C　正しいほうをえらんで、全部ひらがなで＿＿＿に書いてください。　1点×10

(れい) 天気がいいから、(ⓐ公園　b. 道路）に行きましょう。　こうえん

❶ 授業以外でも（a. 繁栄　b. 頻繁）に彼女と会うようになった。　＿＿＿＿＿＿

❷ この時期は、商店街も（a. 閑散　b. 長閑）としていた。　＿＿＿＿＿＿

❸ この動物園では希少動物の（a. 足跡　b. 繁殖）に力を入れている。　＿＿＿＿＿＿

❹ 町の中心に（a. 幕府　b. 皇帝）の銅像がある。　＿＿＿＿＿＿

❺ 社長の（a. 壮大　b. 遡及）な夢を黙って聞くほかなかった。　＿＿＿＿＿＿

ドキュメンタリー

／20

Documentaries／Tài liệu

〈ナレーター〉

絶滅(ぜつめつ)危惧種(きぐしゅ)の動物(どうぶつ)を守(まも)るため、彼(かれ)らは、繁殖計画(はんしょくけいかく)や啓蒙活動(けいもうかつどう)に積極的(せっきょくてき)に取(と)り組(く)んでいる。

(Narrator)
"In order to protect endangered species, they are now actively involved in breeding plans and educational activities."

(Tiếng đọc thuyết minh)
"Để bảo vệ những loài động vật thuộc giống có nguy cơ tuyệt chủng, họ đã tích cực nỗ lực lên kế hoạch giúp chúng sinh sản hay hoạt động…"

No.	漢字	読み	語	意味
1	奇	キ	好奇心(こうきしん)	curiosity / hiếu kì
			奇跡(きせき)	miracle / kì tích
			奇数(きすう)	odd (number) / số lẻ
8画	KÌ		strange	
2	謎	なぞ	謎(なぞ)	mystery / ẩn số
17画	MÊ		mystery	
3	啓	ケイ	啓蒙(けいもう)(する)	(to) become enlightened / khai sáng, mở mang
			自己啓発(じこけいはつ)	self-enlightenment / có trí tiến thủ
			拝啓(はいけい)	Dear Sir or Madam / kính thư
11画	KHỞI		opening	
4	滅	ほろ-びる ほろ-ぼす メツ	絶滅(ぜつめつ)(する)	(to go) extinct / tuyệt chủng
			滅亡(めつぼう)(する)	(to) collapse / diệt vong
			消滅(しょうめつ)(する)	(to) vanish / xóa, mất
			滅(ほろ)びる	perish / sụp đổ, biến mất
			滅(ほろ)ぼす	destroy / tàn phá, phá hủy
13画	DIỆT		perish	
5	惧	グ	危惧(きぐ)(する)	(to) fear / lo lắng, sợ
11画	CỤ		fear; surprise	
6	殖	ふ-える ふ-やす ショク	繁殖(はんしょく)(する)	(to) reproduce / sinh sôi, nảy nở
			増殖(ぞうしょく)(する)	(to) multiply / sinh sôi, tăng trưởng
12画	THỰC		grow	
7	徐	ジョ	徐々(じょじょ)に	gradually / dần dần
10画	TỪ		slowly	
8	獲	え-る カク	捕獲(ほかく)(する)	(to) capture / bắt
			獲得(かくとく)(する)	(to) acquire / lấy được
			獲物(えもの)	prey / con mồi
16画	HOẠCH		get	
9	巣	す ソウ	巣(す)	nest / tổ
			巣箱(すばこ)	birdhouse / tổ chim
			病巣(びょうそう)	lesion / ổ bệnh
11画	SÀO		nest	
10	微	ビ	微生物(びせいぶつ)	microorganism / vi sinh vật
			微量(びりょう)	small amount / vi lượng, lượng nhỏ
			微調整(びちょうせい)	minor adjustment / điều chỉnh nhỏ
			微笑(びしょう)	smile / mỉm cười
13画	VI		minor	
11	妙	ミョウ	妙(みょう)(な)	odd / khó hiểu, kì quặc
			微妙(びみょう)(な)	subtle; delicate / nhạy cảm, khó nói
			奇妙(きみょう)(な)	bizarre / kì lạ
			妙案(みょうあん)	brilliant idea / ý kiến hay
7画	DIỆU		odd	

ドリル A　正しい読みをえらんでください。　1点×5

❶ 長年の謎が解明された。　a. めい　b. なぞ

❷ 飛行機は徐々にスピードを上げていった。　a. じょじょに　b. じょうじょうに

❸ これも現代社会の病巣なのかもしれない。　a. びょうす　b. びょうそう

❹ 微妙な味の違いが、私にはわからない。　a. びみょう　b. びしょう

❺ 獲物を狙うライオンの映像が撮れた。　a. えもの　b. かくぶつ

ドリル B　正しい漢字をえらんでください。　1点×5

❶ 屋根の下に蜂の＿＿（す）ができていた。　a. 巣　b. 宅　c. 荘

❷ 奇＿＿（みょう）なことがきっかけで、私たちは出会いました。　a. 妙　b. 矯　c. 様

❸ 文字のサイズを＿＿（び）調整してくれる？　a. 徴　b. 微　c. 僅

❹ ＿＿（き）数番号の人は左側に移動してください。　a. 紀　b. 既　c. 奇

❺ 人類が＿＿（めつ）亡する日が来るのだろうか。　a. 免　b. 除　c. 滅

ドリル C　正しいほうをえらんで、全部ひらがなで＿＿に書いてください。　1点×10

れい　天気がいいから、（ⓐ公園　b. 道路）に行きましょう。　こうえん

❶ 彼はよく、自己（a. 啓発　b. 啓蒙）の本を読んでいる。　＿＿＿＿

❷ その人はギャンブルで身を（a. 滅びて　b. 滅ぼして）しまった。　＿＿＿＿

❸ 優勝して1000万円の賞金を（a. 捕獲　b. 獲得）した。　＿＿＿＿

❹ ここまで治るとは（a. 軌跡　b. 奇跡）だ。　＿＿＿＿

❺ たとえ（a. 微量　b. 危惧）でも、薬の量を間違えると危険だ。　＿＿＿＿

資源（しげん）

Resources／Tài nguyên

先生（せんせい）：日本（にほん）は電気製品（でんきせいひん）や自動車（じどうしゃ）の輸出（ゆしゅつ）が盛（さか）んですが、そうした産業（さんぎょう）を支（ささ）えるために、鉄**鋼**（てっこう）やアルミなどの金**属**資**源**（きんぞくしげん）はとても重要（じゅうよう）なのです。

Teacher "While Japan's exports of electronic products and cars is thriving, metal resources such as steel and aluminum are very important in order to support these industries."

Giáo viên "Nhật Bản phát triển mạnh xuất khẩu đồ điện tử, xe hơi nhưng để hỗ trợ những ngành như thế thì tài nguyên khoáng sản như sắt thép, nhôm rất quan trọng."

No.	Kanji	Readings	Word	Meaning
1	源	みなもと / ゲン	資源（しげん）	resource / tài nguyên
			起源（きげん）	origin / khởi nguồn
			電源（でんげん）	power supply / nguồn điện
			源（みなもと）	source / nguồn, gốc
13画	NGUYÊN		source	
2	属	ゾク	金属（きんぞく）	metal / kim loại
			属する（ぞくする）	belong to / thuộc về, thuộc vào
			所属（する）（しょぞく）	(to) belong to / trực thuộc (đơn vị làm việc)
12画	THUỘC		type	
3	鋼	つな / コウ	鉄鋼（てっこう）	steel / thép
16画	CƯƠNG		steel	
4	鉛	なまり / エン	鉛（なまり）	lead / chì
			鉛筆（えんぴつ）	pencil / bút chì
13画	DIÊN		lead	
5	亜	ア	亜鉛（あえん）	zinc / kẽm
			亜熱帯（あねったい）	subtropical / á nhiệt đới
			亜細亜（あじあ）	Asia (archaic) / asia, châu á
7画	Á		zinc	
6	素	ソ / ス	素材（そざい）	material / nguyên liệu, chất liệu
			要素（ようそ）	element / yếu tố
			素質（そしつ）	quality / tố chất
			素直（な）（すなお）	honest / thẳng thắn
			素顔（すがお）	true face / khuôn mặt thật
10画	TỐ		element	
7	晶	ショウ	結晶（けっしょう）	crystal / kết tinh
12画	TINH		clear; shining	
8	酸	す-い / サン	酸素（さんそ）	oxygen / oxy
			酸性（さんせい）	acidic / tính axit
			酸化（さんか）	oxidation / oxy hóa
			酸っぱい（す）	source / chua
14画	TOAN		acid	
9	泡	あわ / ホウ	泡（あわ）	foam / bọt
8画	PHAO		foam	
10	磁	ジ	磁石（じしゃく）	magnet / nam châm
			磁気（じき）	magnetism / từ tính
14画	TỪ		magnetic	
11	搬	ハン	運搬（する）（うんぱん）	(to) transport / vận chuyển
13画	BÀN		carry	

ドリル A　正しい読みをえらんでください。　1点×5

❶ 家族が元気の<u>源</u>だと彼は言った。　a. なみとも　b. みなもと

❷ 言語の面から言うと、日本は漢字文化圏に<u>属</u>する。　a. ぞく　b. そく

❸ 島では、<u>亜熱帯</u>気候ならではの約 600 種類の植物が見られる。　a. あじあ　b. あねったい

❹ アドバイスを<u>素直</u>に聞いた。　a. そなお　b. すなお

❺ 定期的に船で自動車を<u>運搬</u>している。　a. うんばん　b. うんぱん

ドリル B　正しい漢字をえらんでください。　1点×5

❶ 複雑な問題は、いくつかの要＿＿（そ）に分けて考えてみよう。　a. 材　b. 質　c. 素

❷ レモンの＿＿（す）っぱさが好きなんです。　a. 酢　b. 酸　c. 素

❸ 資＿＿（げん）の無駄遣いをやめよう。　a. 起　b. 晶　c. 源

❹ ビールの＿＿（あわ）がこぼれてしまった。　a. 泡　b. 源　c. 鉛

❺ 学会に所＿＿（ぞく）していなくても、発表できます。　a. 族　b. 嘱　c. 属

ドリル C　正しいほうをえらんで、全部ひらがなで＿＿に書いてください。　1点×10

（れい）天気がいいから、（**a.** 公園　b. 道路）に行きましょう。　こうえん

❶（a. 電源　b. 起源）を入れないと動かないよ。　＿＿＿＿

❷（a. 鉄鋼　b. 鉛筆）で書いたから、すぐに消せます。　＿＿＿＿

❸（a. 素質　b. 要素）があるね。すぐに選手になれるよ。　＿＿＿＿

❹ カードの（a. 磁気　b. 磁石）が読み取れなくなったようだ。　＿＿＿＿

❺（a. 質素　b. 酸素）と水素を使うエンジンが使われています。　＿＿＿＿

発見（はっけん）

Discovery／Phát kiến

／20

〈インタビュー〉

私たちの活動はやっと**軌**道に乗ったところで、まだ成**功**したとは言えません。さらに規**模**を広げて、地域にしっかり貢献していきたいと思います。

(Interview)
Our activities have only just begun to click into gear, so we cannot say that we've succeeded yet. We'd like to further expand our scale and firmly contribute to the region.

(phỏng vấn)
Hoạt động của chúng tôi mới chỉ vừa đi vào quỹ đạo chứ chưa thể nói là thành công. Chúng tôi muốn mở rộng thêm quy mô để cống hiến thiết thực cho khu vực.

No.	Kanji	Readings	Word	Reading	Meaning
1	功	コウ, ク	成功(する)	せいこう	(to) succeed / thành công
			功績	こうせき	accomplishment / công trạng
5画	CÔNG	accomplishment			
2	驚	おどろ-く, おどろ-かす, キョウ	驚く	おどろ	surprise / bất ngờ, giật mình
			驚き	おどろ	surprise / bất ngờ
			驚異的(な)	きょういてき	incredible / đáng ngạc nhiên, kinh ngạc
			驚嘆(する)	きょうたん	(to) marvel / kinh ngạc, cảm kích
22画	KINH	surprise			
3	凄	(すご-い), セイ	凄い	すご	incredible / tuyệt vời
10画	THÊ	incredible			
4	誉	ほま-れ, ヨ	名誉	めいよ	honor / danh dự
			誉れ	ほま	(a) credit / niềm tự hào
13画	DỰ	credit			
5	蓄	たくわ-える, チク	蓄積(する)	ちくせき	(to) accumulate / tích tụ
			貯蓄(する)	ちょちく	(to) save / tích, giữ
			蓄える	たくわ	store / gom góp, tích trữ
13画	SÚC	store			
6	軌	キ	軌道	きどう	orbit / quỹ đạo
9画	QUY	course			
7	模	モ, ボ	規模	きぼ	scale / quy mô
			大規模(な)	だいきぼ	large-scale / quy mô lớn
			模範	もはん	example / bắt chước
			模型	もけい	model / mô hình
			模擬	もぎ	imitation / thí điểm
14画	MÔ	model			
8	倣	なら-う, ホウ	倣う	なら	imitate / bắt trước
			模倣(する)	もほう	(to) imitate / bắt chước
10画	PHỎNG	take after			
9	既	すで-に, キ	既に	すで	already / đã ~
			既読	きどく	already read / đã đọc
10画	KÍ	already			
10	僅	わず-か, キン	僅か(な)	わず	minor / một chút
			僅差	きんさ	slim margin / chênh lệch nhỏ
13画	CẬN	slight			
11	劣	おと-る, レツ	劣る	おと	be inferior to / kém cỏi, thua
			優劣	ゆうれつ	superiority or inferiority / giỏi kém
			劣等感	れっとうかん	feeling of inferiority / cảm giác thua kém
6画	LIỆT	inferior			

ドリル A　正しい読みをえらんでください。　1点×5

❶ 彼はこの大会で驚異的な記録を出して優勝した。　a. きょうい　b. きょい

❷ 初優勝も期待されたが、僅かな差で2位となった。　a. かすかな　b. わずかな

❸ 非常時のために食料を蓄えてある。　a. たまえて　b. たくわえて

❹ 相手に比べてあなたが劣っているわけではないよ。　a. おとって　b. おって

❺ 地震に備えて大規模な工事が行われる。　a. きぼ　b. きも

ドリル B　正しい漢字をえらんでください。　1点×5

❶ 長年の___績が認められ、表彰された。（こう）　a. 貢　b. 労　c. 功

❷ 彼の___さがやっとわかってきた。（すご）　a. 優　b. 凄　c. 驚

❸ 前例に___って参加者が選ばれた。（なら）　a. 習　b. 並　c. 倣

❹ メッセージが___読になったけど、返事はない。（き）　a. 即　b. 既　c. 軌

❺ 二人に優___をつけることはできない。（れつ）　a. 列　b. 劣　c. 凡

ドリル C　正しいほうをえらんで、全部ひらがなで___に書いてください。　1点×10

れい　天気がいいから、（ⓐ公園　b. 道路）に行きましょう。　こうえん

❶ ここで多くの経験を（a. 貯蓄　b. 蓄積）することができた。　＿＿＿＿

❷ 飛行機の（a. 模擬　b. 模型）を作って、よく遊んだ。　＿＿＿＿

❸ 小さいころから兄に（a. 劣等　b. 優劣）感を持っていた。　＿＿＿＿

❹ 代表に選ばれたことはとても（a. 名誉　b. 功績）なことです。　＿＿＿＿

❺（a. 驚き　b. 誉れ）の事実が取材で明らかになった。　＿＿＿＿

UNIT 7 教養

まとめ問題（もんだい）A

／20

問題（もんだい）1 ＿＿＿の言葉（ことば）の読（よ）み方（かた）として最（もっと）もよいものを1・2・3・4から一（ひと）つ選（えら）びなさい。

1 本（ほん）の冒頭（ぼうとう）で、当時（とうじ）の時代背景（じだいはいけい）を詳（くわ）しく<u>叙述</u>している。

1 よじゅつ　2 じゅじゅつ　3 じょじゅつ　4 じょうじゅつ

2 この町（まち）はかつて<u>鉄鋼</u>業（ぎょう）で栄（さか）えた。

1 てつごう　2 てっこう　3 てっきゅう　4 てつあみ

3 <u>石碑</u>を見（み）ると、ここで歴史的（れきしてき）に大（おお）きな事件（じけん）があったようだ。

1 せっぴ　2 いしひ　3 せきひ　4 せきほ

4 彼（かれ）は今（いま）、「家族（かぞく）」をテーマにした<u>戯曲</u>を書（か）いている。

1 ぎきょく　2 ぎょこく　3 こきょく　4 こうきょく

5 入院（にゅういん）？　それは<u>妙な</u> 話（はなし）ですね。今朝（けさ）も彼（かれ）に会（あ）いましたよ。

1 たえな　2 しょうな　3 びょうな　4 みょうな

6 現状（げんじょう）を踏（ふ）まえて、必要（ひつよう）なら<u>軌道</u>修正（しゅうせい）をしなければならない。

1 きみち　2 くみち　3 きどう　4 くどう

7 華（はな）やかな世界（せかい）にいるが、彼（かれ）の<u>素顔</u>は本好（ほんず）きの静（しず）かな青年（せいねん）だった。

1 そがお　2 すがお　3 そがん　4 すがん

8 少年（しょうねん）のスピーチに人々（ひとびと）は<u>驚嘆</u>した。

1 けいたん　2 きょうかん　3 けいかん　4 きょうたん

9 弁護士（べんごし）によると、<u>遡及</u>して残業代（ざんぎょうだい）がもらえるということだ。

1 さかおよび　2 ぎゃっきゅう　3 げっきゅう　4 そきゅう

10 奈良（なら）から京都（きょうと）に<u>遷都</u>されたのは794年（ねん）である。

1 せんと　2 かんと　3 いと　4 すいと

問題（もんだい）2　（　　　）に入（い）れるのに最（もっと）もよいものを１・２・３・４から一（ひと）つ選（えら）びなさい。

1 先生（せんせい）なら（　　　　）ご存（ぞん）じかもしれませんが、この本（ほん）もおもしろいと思（おも）います。

1　未だ　　2　既に　　3　徐々に　　4　妙に

2 産業（さんぎょう）が（　　　　）するとともに、人口（じんこう）も減（へ）り続（つづ）けている。

1　衰退　　2　発祥　　3　典型　　4　劣等

3 夜中（よなか）も警備員（けいびいん）が（　　　　）パトロールをしているので安心（あんしん）だ。

1　紀行　　2　軌道　　3　巡回　　4　繁殖

4 祖母（そぼ）は（　　　　）が強（つよ）くて、何（なん）にでも挑戦（ちょうせん）する。

1　獲物　　2　叙情　　3　啓蒙　　4　好奇心

5 開発（かいはつ）が進（すす）む一方（いっぽう）で、健康（けんこう）への影響（えいきょう）が（　　　　）されている。

1　危惧　　2　驚異　　3　長閑　　4　酸化

6 （　　　　）がいいと、調理（ちょうり）に凝（こ）らなくてもおいしく食（た）べられる。

1　資源　　2　所属　　3　素材　　4　泡

7 今日（きょう）は雪（ゆき）の（　　　　）がきれいに見（み）える。

1　模倣　　2　結晶　　3　誉れ　　4　増殖

問題（もんだい）3　＿＿＿＿の言葉（ことば）に意味（いみ）が最（もっと）も近（ちか）いものを１・２・３・４から一（ひと）つ選（えら）びなさい。

1 学生（がくせい）の頃（ころ）、この店（みせ）に足繁く通（かよ）いました。

1　大勢（おおぜい）で　　2　長時間（ちょうじかん）　　3　徒歩（とほ）で　　4　何度（なんど）も

2 最初（さいしょ）は「え？」と思（おも）ったが、これは妙案かもしれない。

1　すばらしい思（おも）いつき　　2　誰（だれ）もが考（かんが）えること
3　間違（まちが）ったとらえ方（かた）　　4　不可能（ふかのう）な計画（けいかく）

3 「日本人（にほんじん）の起源」が今回（こんかい）の番組（ばんぐみ）のテーマです。

1　特（とく）にすぐれている点（てん）　　2　物事（ものごと）の始（はじ）まり
3　ものの見方（みかた）　　4　たどってきた歴史（れきし）

まとめ問題 B

／10

問題 1　①～③の漢字をひらがなにして、＿＿＿部を全部ひらがなで書きなさい。　(1点×6=6点)

(1)　これは架空の①帝国を舞台にしたゲームです。まず、街づくりから始まります。信頼できる仲間を得たり、時には、その仲間が敵になったり……。国が②繁栄するか、③滅亡するかはあなた次第です。

①	②	③

(2)　これまで親の言うことを全く聞かなかったのに、妹が急に①素直になって、②頻繁に手伝いなどをするようになった。何があったのか、聞いても答えないので、理由は③謎のままだ。

①	②	③

問題 2　文の内容に合うよう、下の a～h から適当なものを 1 つ選んで（　　）に入れなさい。　(1 点× 4=4 点)

これまでに①（　　　）された大量のデータを②（　　　）する③（　　　）なプロジェクトが始まった。新しい方法ばかりではなく、④（　　　）的な手法も使って宇宙の秘密を明らかにしていくということだ。

a. 巡査　b. 捕獲　c. 蓄積　d. 解析　e. 古典　f. 驚嘆　g. 功績　h. 大規模

①	②	③	④

UNIT 8 学問・研究

がくもん　けんきゅう

Academics and Research

Học vấn, nghiên cứu

1 経済・経営 Economics and Management／Kinh tế, kinh doanh
けいざい　けいえい

2 調査・論文 ① Investigations and Essays ①／Điều tra, luận văn ①
ちょうさ　ろんぶん

3 調査・論文 ② Investigations and Essays ②／Điều tra, luận văn ②
ちょうさ　ろんぶん

4 卒業 Graduation／Tốt nghiệp
そつぎょう

経済（けいざい）・経営（けいえい）

／20

Economics and Management／Kinh tế, kinh doanh

〈講義（こうぎ）〉

バブルの**崩**壊（ほうかい）によって、経営不**振**（けいえいふしん）や経営破**綻**（けいえいはたん）に**陥**（おちい）った企業（きぎょう）が急増（きゅうぞう）しました。その後（ご）、さまざまな経済対策（けいざいたいさく）や金**融緩**和（きんゆうかんわ）の**措**置（そち）がとられましたが…

(Lecture)
"Due to the collapse of the bubble, there was a rapid increase in companies whose business slumped or collapsed. While various economic countermeasures and monetary easing measures were taken after this..."

(Bài giảng)
Do sự sụp đổ của nền kinh tế bong bóng nên gia tăng nhiều công ty kinh doanh giảm sút hay rơi vào tình trạng phá sản. Sau đó chính phủ đưa ra nhiều giải pháp kinh tế và nới lỏng tiền tệ.

No.	Kanji	Readings	Word	Meaning
1	融	ユウ	融資（ゆうし）(する)	(to) finance / đầu tư tiền
			金融（きんゆう）	finance / tiền tệ
			融合（ゆうごう）(する)	(to) merge / kết hợp, hợp lại
16画	DUNG		melt; loosen	
2	緩	ゆる-む ゆる-める ゆる-い ゆる-やか カン	緩和（かんわ）(する)	(to) ease / nới lỏng
			緩（ゆる）い	loose / lỏng
			緩（ゆる）やか(な)	loose; gentle / thoai thoải
			緩（ゆる）み	slack / sự lỏng lẻo
15画	HOÃN		loose	
3	措	ソ	措置（そち）	measure / biện pháp
11画	THỐ		leave	
4	幣	ヘイ	貨幣（かへい）	coinage / tiền tệ
			紙幣（しへい）	paper money / tiền giấy
15画	TỆ		evil	
5	為	イ	為替（かわせ）★	money exchange / hối đoái
			行為（こうい）	action / hành vi
9画	VI		benefit	
6	循	ジュン	循環（じゅんかん）(する)	(to) circulate / tuần hoàn
12画	TUẦN		follow; circle around	
7	併	あわ-せる ヘイ	合併（がっぺい）(する)	(to) merge / kết hợp lại
			併用（へいよう）(する)	(to) combine / dùng chung
			併（あわ）せて	together / cộng lại, hợp lại
8画	TÍNH		together	
8	振	ふ-る ふ-るう ふ-れる シン	不振（ふしん）	stagnation / kém đi, yếu đi
			振興（しんこう）	promotion / chấn hưng
			振（ふ）る	wave / lắc
10画	CHẤN		shake	
9	債	サイ	負債（ふさい）	liability / nợ
			債務（さいむ）	debt / công nợ
			国債（こくさい）	national debt; government bonds / quốc trái
13画	TRÁI		debt	
10	綻	ほころ-びる タン	破綻（はたん）(する)	(to) fail / phá sản, hỏng
14画	TRÁN		opening	
11	陥	おちい-る おとしい-れる カン	陥（おちい）る	fall / rơi (vào tình trạng xấu)
			欠陥（けっかん）	defect / lỗi, thiếu sót
10画	HÃM		fall	
12	崩	くず-れる くず-す ホウ	崩壊（ほうかい）(する)	(to) collapse / sụp đổ
			崩（くず）す	break / phá hỏng
11画	BĂNG		break apart	
13	慌	あわ-てる あわ-ただしい コウ	恐慌（きょうこう）	panic / khủng hoảng
			慌（あわ）てる	become confused / vội vàng, cuống cuồng
			慌（あわ）ただしい	confused / bận bịu, rối bời
12画	HOANG		panic	

ドリル A　正しい読みをえらんでください。　1点×5

❶ A社とB社の合併が話題になっている。　a. がっぺい　b. ごうへい

❷ 政府は国債を発行して対応した。　a. こくせき　b. こくさい

❸ 今日の為替レートを確認してください。　a. いかえ　b. かわせ

❹ 水が循環するシステムになっています。　a. かんじゅん　b. じゅんかん

❺ ここから先は、緩やかなカーブが続きます。　a. おだやか　b. ゆるやか

ドリル B　正しい漢字をえらんでください。　1点×5

❶ 2種類の割引券の＿＿(へい)用はできません。　a. 平　b. 併　c. 両

❷ ＿＿(あわ)てて家を出たので、財布を忘れた。　a. 併　b. 慌　c. 振

❸ 気の＿＿(ゆる)みが事故を起こす。　a. 緩　b. 軟　c. 寛

❹ 紙＿＿(へい)はここから入れてください。　a. 札　b. 貨　c. 幣

❺ A社は多額の負＿＿(さい)を抱えて倒産した。　a. 債　b. 災　c. 済

ドリル C　正しいほうをえらんで、全部ひらがなで＿＿に書いてください。　1点×10

れい　天気がいいから、（ⓐ公園　b. 道路）に行きましょう。　こうえん

❶ 銀行から（a. 融資　b. 融合）を受けた。　＿＿＿＿

❷ 彼は体調を（a. 崩れて　b. 崩して）、しばらく学校を休んでいる。　＿＿＿＿

❸ 部品に（a. 欠陥　b. 破綻）が見つかり、回収した。　＿＿＿＿

❹ スポーツの（a. 振興　b. 責務）のため、さまざまなイベントが行われる。　＿＿＿＿

❺ 私が手を（a. 陥った　b. 振った）のに、友達が気づいてくれなかった。　＿＿＿＿

調査・論文①
ちょうさ・ろんぶん

Investigations and Essays ①／Điều tra, luận văn①

／20

この前(まえ)貸(か)した本(ほん)、**抽**象的(ちゅうしょうてき)な言葉(ことば)が多(おお)くて、わかりにくくない？

確(たし)かにね。でも、厳**密**(げんみつ)には理解(りかい)できなくても、テーマが普**遍**的(ふへんてき)だから、何(なん)となくわかるよ。特(とく)に**冒**頭(ぼうとう)は感動(かんどう)した。

"Wasn't the book I let you borrow the other day full of abstract words and hard to understand?"
"That's true. But even if I couldn't understand it precisely, its themes are universal so I had an overall understanding. I was particularly moved by the beginning."

"Cuốn sách mình cho mượn hôm trước có nhiều từ trừu tượng, cậu có thấy khó hiểu không?"
"Đúng thế. Nhưng không cần hiểu rõ ràng cũng có thể lí giải được gì đề tài phổ biến. Đặc biệt là phần đầu rất hay."

No.	漢字	読み	語	English	Tiếng Việt
1	執	と-る / シツ / シュウ	執筆(する)（しっぴつ）	(to) write	chấp bút, viết
			執着(する)（しゅうちゃく）	(to) adhere	khăng khăng
			固執(する)（こしつ）	(to) adhere	khăng khăng
11画	CHẤP		take		
2	抽	チュウ	抽象的(な)（ちゅうしょうてき）	abstract	trìu tượng
			抽出(する)（ちゅうしゅつ）	(to) extract	chiết xuất, tách
			抽選(する)（ちゅうせん）	(to) draw lots	rút thăm
8画	TRÌU		pull out		
3	遍	ヘン	普遍的(な)（ふへんてき）	universal	phổ biến, thông dụng
12画	BIẾN		broadly		
4	密	ミツ / (ひそ-か)	厳密(な)（げんみつ）	strict	chi tiết, chặt chẽ, chính xác
			秘密（ひみつ）	secret	bí mật
			密度（みつど）	density	mật độ
			密かな（ひそ）	secret	kín đáo
11画	MẬT		quiet; close		
5	頻	ヒン	頻度（ひんど）	frequency	tần suất
			頻繁(な)（ひんぱん）	frequent	thường xuyên
17画	TẦN		frequent		
6	索	サク	検索(する)（けんさく）	(to) search for	tra cứu
			探索(する)（たんさく）	(to) explore	tìm tòi, nghiên cứu
			索引（さくいん）	index	mục lục tra cứu
10画	SÁCH/TÁC		cord; seek		
7	冒	おか-す / ボウ	冒頭（ぼうとう）	start; beginning	phần đầu, mào đầu
			冒険(する)（ぼうけん）	(to) adventure	mạo hiểm
			冒す（おか）	(to) risk	phạm phải
9画	MẠO		face; defy		
8	捗	チョク	進捗（しんちょく）	progress	tiến độ
10画	DUỆ		progress		
9	滞	とどこお-る / タイ	滞る（とどこお）	stagnate	đình trệ
			停滞(する)（ていたい）	(to) stagnate	dừng lại, đình trệ
			滞在(する)（たいざい）	(to) stay	lưu trú
			渋滞(する)（じゅうたい）	(to) become delayed	tắc đường
13画	ĐỚI		stagnate		
10	忍	しの-ぶ / しの-ばせる / ニン	忍耐（にんたい）	perseverance	nhẫn nại
			忍者（にんじゃ）	ninja	ninja
7画	NHẪN		self-restraint		
11	耐	た-える / タイ	耐える（た）	endure	chịu đựng
9画	NẠI		endure		
12	徹	テツ	徹夜（てつや）	all-nighter	thức trắng đêm
			徹底的(な)（てっていてき）	thorough	triệt để
			(〜に)徹する（てっ）	to devote oneself (to ~)	chuyên tâm, hết mình
15画	TRIỆT		pierce through		

ドリル A 正しい読みをえらんでください。 1点×5

❶ 滞っていた仕事が急に動き出した。 a. とどまって b. とどこおって

❷ 進捗状況を上司に報告するように言われた。 a. しんちょく b. しんぽ

❸ 危険を冒してまですることではない。 a. さらして b. おかして

❹ 各国の人口密度を見てみましょう。 a. みつど b. みっど

❺ 卒業論文の執筆にとりかかった。 a. しつふで b. しっぴつ

ドリル B 正しい漢字をえらんでください。 1点×5

❶ 今日はサポート役に＿＿(てっ)します。 a. 徹 b. 底 c. 蜜

❷ あの人のわがままにはもう＿＿(た)えられない。 a. 滞 b. 耐 c. 執

❸ ＿＿(にん)耐力があると、よく人に言われます。 a. 久 b. 任 c. 忍

❹ 京都に1週間＿＿(たい)在しました。 a. 泊 b. 留 c. 滞

❺ これは少年が動物たちと＿＿(ぼう)険をする話です。 a. 冒 b. 帽 c. 某

ドリル C 正しいほうをえらんで、全部ひらがなで＿＿に書いてください。 1点×10

れい 天気がいいから、（ⓐ公園 b. 道路）に行きましょう。 こうえん

❶ 事故で（a. 渋滞 b. 停滞）が発生している。 ＿＿＿＿

❷ 別のキーワードで（a. 索引 b. 検索）すると見つかるかも。 ＿＿＿＿

❸ 今の話はまだ（a. 普遍 b. 秘密）にしておいてください。 ＿＿＿＿

❹ 応募者の中から（a. 抽選 b. 厳密）で5名に図書カードが当たる。 ＿＿＿＿

❺ 自分のやり方に（a. 固執 b. 抽出）しすぎないほうがいい。 ＿＿＿＿

調査・論文②
ちょうさ　ろんぶん

Investigations and Essays ②／Điều tra, luận văn ②

／20

投**稿**した鳥の写真が新聞に**掲**載されることになったよ！
（とうこう　とり　しゃしん　しんぶん　けいさい）

すごい！　粘り強く撮ってたからね。よく頑張ったよ。
（ねば　づよ　と　がんば）

"They're going to publish the bird photographs I submitted to the paper!"
"That's amazing! You were so persistent about taking those pictures. You did a good job working so hard."

"Bức ảnh về chim mình nộp sẽ được đăng báo đấy!"
" Tuyệt quá! Cậu đã rất kiên trì chụp mà. Thật bõ công."

No.	Kanji	Readings	Word	Reading	English / Vietnamese
1	序	ジョ	序文	じょぶん	preface / lời nói đầu
			序章	じょしょう	introduction / chương mở đầu
			順序	じゅんじょ	sequence / trình tự
			秩序	ちつじょ	order / trật tự
			序列	じょれつ	ranking / trước sau
7画	THỪA		beginning; order		
2	唆	そそのか-す サ	示唆(する)	しさ	(to) suggest / chỉ ra
10画	TOA		entice		
3	旨	むね シ	要旨	ようし	outline / cốt lõi, ý chính
			趣旨	しゅし	point / mục đích
			旨	むね	effect / chỉ thị, ý
6画	CHỈ		effect		
4	概	ガイ	概要	がいよう	overview / nội dung tóm lược
			概念	がいねん	concept / khái niệm
			大概	たいがい	mostly / đại khái
14画	KHÁI		general		
5	択	タク	選択(する)	せんたく	(to) select / lựa chọn
			採択(する)	さいたく	(to) adopt / chọn, thông qua
7画	TRẠCH		choice		
6	端	はし は はた タン	先端	せんたん	tip / tiên tiến
			端	はし	end / đầu, chóp
			発端	ほったん	origin / nguồn gốc, khơi nguồn
			端的に	たんてき	bluntly / rõ ràng, thẳng thắn
			半端(な)	はんぱ	fragmentary / nửa vời
14画	ĐOAN		end		
7	践	セン	実践(する)	じっせん	(to) practice / thực tế
13画	TIỄN		step; climb		
8	稿	コウ	投稿(する)	とうこう	(to) submit / đăng (báo, bài)
			原稿	げんこう	manuscript / bản thảo
			草稿	そうこう	draft / bản phác thảo
15画	CẢO		draft		
9	掲	かか-げる ケイ	掲載(する)	けいさい	(to) publish / đăng
			掲示(する)	けいじ	(to) post (a notice) / đăng, công bố
			掲げる	かか	raise / giơ lên
11画	YẾT		raise		

ドリル A 正しい読みをえらんでください。 1点×5

❶ 年功序列制度が残っている会社は多い。 a. じょうれつ b. じょれつ

❷ 休みの日は大概家にいる。 a. だいたい b. たいがい

❸ 理論を実践に移そう。 a. じっせん b. じっさん

❹ 事の発端は 10 年ぶりに同級生に会ったことでした。 a. はたん b. ほったん

❺ この奇妙な出来事は序章に過ぎなかった。 a. じょうしょう b. じょしょう

ドリル B 正しい漢字をえらんでください。 1点×5

❶ 報告では、計画が失敗する可能性が示___された。（さ） a. 詐 b. 鎖 c. 唆

❷ 入り口に___示されているお知らせを見ましたか。（けい） a. 掲 b. 提 c. 掛

❸ この仕事を依頼した趣___を電話で伝えた。（し） a. 至 b. 旨 c. 諮

❹ 一度選___したら、変更できません。（たく） a. 沢 b. 拓 c. 択

❺ 車が来るから___に寄ってください。（はし） a. 隅 b. 脇 c. 端

ドリル C 正しいほうをえらんで、全部ひらがなで___に書いてください。 1点×10

れい 天気がいいから、（ⓐ 公園 b. 道路）に行きましょう。 こうえん

❶（a. 先端 b. 順序）よく並んでください。 ______

❷ スピーチの（a. 投稿 b. 原稿）をちょっと見てくれる？ ______

❸ 論文の（a. 要旨 b. 旨）を 300 字以内にまとめてください。 ______

❹ 中途（a. 半端 b. 端的）なところで番組が終わった。 ______

❺「働く」という（a. 概要 b. 概念）が変わってきている。 ______

卒業（そつぎょう）

Graduation／Tốt nghiệp

／20

これで卒業（そつぎょう）かと思（おも）うと、感**慨**深（かんがいぶか）いよ。4年間（ねんかん）が一**瞬**（いっしゅん）で終（お）わった気（き）がする。

そうね。私（わたし）も最初（さいしょ）に会（あ）った**頃**（ころ）の記**憶**（きおく）がよみがえってきた。

"It's stirring to think that graduation is coming up next. It feels like four years went by in the blink of an eye."
"You're right. I'm starting to recall memories of when we first met myself."

"Cứ nghĩ thế là tốt nghiệp mình lại thấy xúc động. Cảm giác 4 năm kết thúc trong tích tắc.
Risa: Ừ. Mình cũng vẫn nhớ hồi mới gặp."

No.	Kanji	Readings	Word	Meaning
1	慨	ガイ	感慨深い（かんがいぶかい）	moving / cảm động
			憤慨（ふんがい）(する)	(to be) furious / phẫn nộ
13画	KHÁI		regret	
2	嘆	なげ-く なげ-かわしい タン	嘆く（なげく）	complain; bemoan / kêu than
			嘆かわしい（なげかわしい）	lamentable; regrettable / buồn bã, đáng buồn
			感嘆（かんたん）(する)	(to) admire / cảm thán, thán phục
			驚嘆（きょうたん）(する)	(to) wonder / đáng phục
13画	THÁN		grief	
3	誇	ほこ-る コ	誇る（ほこる）	boast / tự hào
			誇らしい（ほこらしい）	proud / đáng tự hào
			誇張（こちょう）(する)	(to) exaggerate / khoa trương, quá lên
			誇り（ほこり）	pride / niềm tự hào
13画	KHOA		pride	
4	充	あ-てる ジュウ	充実（じゅうじつ）(する)	(to) replenish / đầy đủ
			充電（じゅうでん）(する)	(to) recharge / nạp điện
			補充（ほじゅう）(する)	(to) supplement / thêm vào
6画	SUNG		fullness	
5	瞬	またた-く シュン	一瞬（いっしゅん）	a moment / một tích tắc
			瞬間（しゅんかん）	moment / giây phút
18画	THUẤN		moment	
6	憶	オク	記憶（きおく）(する)	(to) remember / kí ức
16画	ỨC		recall	
7	克	コク	克明に（こくめいに）	carefully / cẩn thận, cụ thể
			克服（こくふく）(する)	(to) subjugate / khắc phục
7画	KHẮC		win; fullness	
8	頃	ころ	あの頃（あのころ）	back then / hồi đó
			近頃（ちかごろ）	recently / dạo này
			日頃（ひごろ）	usually / thường ngày
			見頃（みごろ）	best time to see / đúng dịp, đúng mùa
11画	THIẾU		time; a short while	
9	握	にぎ-る アク	握手（あくしゅ）(する)	(to) shake hands / bắt tay
			握る（にぎる）	grasp / nắm
			把握（はあく）(する)	(to) comprehend / nắm bắt
12画	ÁC/ỐC		grip	

ドリルA 正しい読みをえらんでください。 1点×5

❶ この学校は長い歴史を誇っている。 a. ほご b. ほこ

❷ スマホの充電ができるところを探しています。 a. じゅうでん b. じゅてん

❸ この作品を見て、多くの人が感嘆の声を漏らした。 a. かんだん b. かんたん

❹ 苦手を克服するために努力した。 a. こくふく b. こうふく

❺ 日頃からお世話になっている先輩にお礼がしたい。 a. にちころ b. ひごろ

ドリルB 正しい漢字をえらんでください。 1点×5

❶ 失敗を＿＿（なげ）いてばかりいてもしょうがない。 a. 鳴 b. 誇 c. 嘆

❷ 私は父のことを＿＿（ほこ）りに思っています。 a. 慢 b. 誇 c. 誉

❸ 在庫が少なくなった商品を補＿＿（じゅう）しておいてくれる？ a. 従 b. 満 c. 充

❹ 見た＿＿（しゅん）間、この人は有名になると思いました。 a. 旬 b. 熟 c. 瞬

❺ 近＿＿（ごろ）、あのお客さん、来ないね。 a. 頃 b. 瞬 c. 慨

ドリルC 正しいほうをえらんで、全部ひらがなで＿＿に書いてください。 1点×10

れい 天気がいいから、（ⓐ公園 b. 道路）に行きましょう。 こうえん

❶ 大人たちは、その子供の賢さに（a. 憤慨 b. 驚嘆）した。 ＿＿＿＿

❷ 話が（a. 充電 b. 誇張）されて伝わっていて困る。 ＿＿＿＿

❸（a. 充実 b. 感慨）した大学生活だった。 ＿＿＿＿

❹ 事故が起きた時のことは、（a. 感嘆 b. 克明）に覚えています。 ＿＿＿＿

❺ 桜の（a. 見頃 b. 一瞬）は来週末になるでしょう。 ＿＿＿＿

まとめ問題A

／20

問題1 ＿＿＿の言葉の読み方として最もよいものを1・2・3・4から一つ選びなさい。

1 あの候補者の掲げる政策は私たちにはあまり魅力的ではない。

1 あげる　2 かかげる　3 とげる　4 ささげる

2 承知しました。担当者にその旨、伝えます。

1 し　2 ひ　3 しゅ　4 むね

3 祖父は数か月に1度、あの店の寿司を食べるのが密かな楽しみなんです。

1 みつかな　2 ひつかな　3 ひそかな　4 みんかな

4 4年生になって、大学に行く頻度が減った。

1 ひんど　2 ひんたび　3 はんど　4 はんたび

5 日々の練習を怠った結果、格下のチームに完敗した。

1 なまった　2 さぼった　3 たった　4 おこたった

6 多くの方の尽力で無事にイベントを開催できました。

1 つりょく　2 つきりき　3 じんりき　4 じんりょく

7 ドアの前に陰気な目をした人が立っていた。

1 かげき　2 いんけ　3 いんき　4 けなげ

8 先日提出したレポートについて、担当教授から論理的に破綻していると言われた。

1 はじょう　2 はてい　3 はじゅう　4 はたん

9 今回とった措置が正しかったのかどうか、役所の内部でも議論があったようだ。

1 そち　2 しょち　3 しゃくち　4 せきち

10 長引く不況で、多額の債務を抱える企業はますます苦しくなっている。

1 せきむ　2 さいむ　3 せんむ　4 さんむ

問題2　（　　）に入れるのに最もよいものを１・２・３・４から一つ選びなさい。

1　（　　　　）に言えば、これは失敗だったのだろう。

1　一瞬　　2　克明　　3　順序　　4　端的

2　彼は気になったことは（　　　　）的に調べる性格だ。

1　徹底　　2　抽象　　3　固執　　4　忍耐

3　審判の判定に監督は（　　　　）していた。

1　怒涛　　2　憤慨　　3　威圧　　4　不振

4　どんどん力をつけている後輩を見て、（　　　　）に感じることもある。

1　恐慌　　2　悟り　　3　停滞　　4　脅威

5　食欲（　　　　）でげっそり痩せてしまった。

1　不信　　2　不審　　3　不振　　4　不憫

6　新商品のカタログを同封しました。（　　　　）ご覧ください。

1　併せて　　2　寛容　　3　冗長　　4　徹して

7　協議の結果、委員会はその案を（　　　　）することにした。

1　大概　　2　草稿　　3　見頃　　4　採択

問題3　＿＿＿の言葉に意味が最も近いものを１・２・３・４から一つ選びなさい。

1　先端技術を見ようと、多くの人が展示会に来場した。

1　一番進んでいる　　2　刃の鋭い
3　最初に発表される　　4　習得が難しい

2　結婚後は堅実な生活をしたいと考えています。

1　質素な　　2　確実な　　3　愛が多い　　4　静かな

3　やはり自分の家が一番寛ぐ。

1　気に入っている　　2　リラックスする　　3　広々している　　4　豪華だ

まとめ問題B

／10

問題1 ①～③の漢字をひらがなにして、＿＿＿部を全部ひらがなで書きなさい。（1点×6=6点）

(1) 事故現場は①緩やかなカーブですが、トラックはバランスを②崩し、転倒したと見られています。車両の点検整備を③怠っていたとの話も出ています。

①	②	③

(2) 中村選手はけがが続いて①不振に②陥り、約２年、試合に出られなかった。しかし、そこで③挫折することなく、筋力アップとトレーニングを続け、今シーズン、見事な復活を遂げた。

①	②	③

問題2 文の内容に合うよう、下のａ～ｈから適当なものを１つ選んで（　）に入れなさい。（1点×4=4点）

卒業論文を何とか書き終えた。プリンターが壊れてかなり①（　　）しまったが、友人に借りることができた。②（　　）だったので、提出後は力③（　　）ベッドの上に倒れ込んだみたいだが、あまり④（　　）がない。

a. 記憶　b. 覚悟　c. 恐慌　d. 徹夜　e. 掲げて　f. 尽きて　g. 慌てて　h. 併せて

①	②	③	④

UNIT 9

災害・トラブル
さいがい

Disasters and Trouble

Thiên tai, rắc rối

UNIT 9
1

自然災害（しぜんさいがい）

Natural Disasters／Thiên tai

／20

〈ニュース〉

豪雨（ごうう）の影響（えいきょう）で河川（かせん）が氾**濫**（はんらん）し、多（おお）くの家々（いえいえ）に**濁**流（だくりゅう）が流（なが）れ込（こ）み、**甚**大（じんだい）な被害（ひがい）が出（で）ています。引（ひ）き続（つづ）き厳重（げんじゅう）な警**戒**（けいかい）をしてください。

(News)
"Rivers have flooded due to heavy rains and muddy water has flowed into many homes, resulting in massive damage. Please continue to be on high alert."

(Thời sự)
"Do ảnh hưởng của mưa lớn nên đê sông bị vỡ khiến nhiều nhà bị lũ cuốn trôi, gây thiệt hại đáng kể. Mọi người hãy tiếp tục cảnh giác nghiêm ngặt."

No.	Kanji	Readings	Word	Meaning
1	豪	ゴウ	豪雨（ごうう）	downpour / mưa lớn
			豪華（ごうか）(な)	gorgeous / sang trọng, thịnh soạn
			豪快（ごうかい）(な)	thrilling / sảng khoái
14画	HÀO		great	
2	濫	ラン	氾濫（はんらん）(する)	(to) flood / vỡ đê
			濫用（らんよう）(する)	(to) misuse / lạm dụng
18画	LẠM		fill; spread	
3	濁	にご-る にご-す ダク	濁流（だくりゅう）	muddy stream / nước xiết
			濁（にご）る	become cloudy / đục
16画	TRẠC		cloud	
4	甚	はなは-だしい はなは-だ ジン	甚大（じんだい）(な)	vast / lớn, đáng kể
			甚（はなは）だしい	extreme / nặng nề, quá mức
9画	THẬM		excessive	
5	戒	いまし-める カイ	警戒（けいかい）(する)	(to be) cautious / cảnh giác
			戒（いまし）める	caution / cẩn thận, cảnh giác
7画	GIỚI		warn	
6	緊	キン	緊張（きんちょう）(する)	(to be) nervous / hồi hộp
			緊急（きんきゅう）の	urgent / gấp
			緊迫（きんぱく）(する)	(to be) immanent / không khí căng thẳng
15画	KHẨN		tighten	
7	障	さわ-る ショウ	障害（しょうがい）	obstacle / trở ngại
			故障（こしょう）(する)	(to) break down / hỏng hóc
			保障（ほしょう）(する)	(to) guarantee / bảo đảm
14画	CHƯỚNG		obstacle	
8	遭	あ-う ソウ	遭難（そうなん）(する)	(to) meet disaster / gặp nạn
			遭遇（そうぐう）(する)	(to) encounter / bắt gặp
			遭（あ）う	meet / gặp nạn
14画	TAO		meet	
9	溺	おぼ-れる デキ	溺（おぼ）れる	drown / đuối nước
13画	NỊCH		drown	
10	噴	ふ-く フン	噴火（ふんか）(する)	(to) erupt / phun trào
			噴水（ふんすい）	fountain / đài phun nước
			噴（ふ）く	blow / phun
15画	PHUN		blow	
11	雷	かみなり ライ	落雷（らくらい）	lightning strike / sét đánh
			雷雨（らいう）	thunderstorm / sấm
13画	LÔI		thunder	
12	津	つ シン	津波（つなみ）	tsunami / sóng thần
9画	TÂN		harbor	

ドリルA　正しい読みをえらんでください。　1点×5

❶ 豪雨により交通機関に大きな乱れが生じた。　a. ごうめ　b. ごうう

❷ 大雨で近くの川が氾濫した。　a. はんかん　b. はんらん

❸ 彼の見解は勘違いも甚だしい。　a. はだはなしい　b. はなはだしい

❹ 自分の傲慢さを戒めるようにしたい。　a. いましめる　b. いさめる

❺ 会議室が緊迫した空気に包まれた。　a. きんぱく　b. きっぱく

ドリルB　正しい漢字をえらんでください。　1点×5

❶ あの選手は＿＿（ごう）快なバッティングをすると評判だ。　a. 強　b. 剛　c. 豪

❷ 自然災害で＿＿（じん）大な被害を出た。　a. 真　b. 寛　c. 甚

❸ ＿＿（おぼ）れている子供を見つけ、救助を呼んだ。　a. 沈　b. 濁　c. 溺

❹ この時期は山で＿＿（そう）難する人が多い。　a. 遭　b. 捜　c. 障

❺ 開発チームはさまざまな＿＿（しょう）害を乗り越えてきた。　a. 障　b. 章　c. 証

ドリルC　正しいほうをえらんで、全部ひらがなで＿＿に書いてください。　1点×10

れい　天気がいいから、（ⓐ 公園　b. 道路）に行きましょう。　こうえん

❶ 川の水が（a. 濁り　b. 濁し）始め、魚もいなくなった。　＿＿＿＿

❷ 記念日には（a. 甚大　b. 豪華）な食事をすることにしている。　＿＿＿＿

❸ 市長のこの決定に対し、職権の（a. 濫用　b. 障害）との非難が集中した。　＿＿＿＿

❹ 子供たちが公園の（a. 噴水　b. 噴火）で遊んでいた。　＿＿＿＿

❺ 地震の後は（a. 津波　b. 遭遇）に気を付けてください。　＿＿＿＿

トラブル①

／20

Troubles ①／Rắc rối ①

この空(あ)き地(ち)によく**粗**大(そだい)ごみが捨(す)てられるんだって。だから、対策(たいさく)として**柵**(さく)を設(もう)けたみたい。

そうなんだ。ああ、あそこに**壊**(こわ)れたいすがあるね。

"I heard that people often throw away large garbage in this empty plot. That's why they built a fence as a countermeasure."
"Is that so. Oh, yes, there's a broken chair right over there."

"Nghe nói chỗ đất trống này hay bị vứt rác cỡ lớn vào. Nên người ta mới làm hàng rào để phòng."
" Thế hả. A, chỗ kia có cái ghế hỏng kìa."

No.	Kanji	Reading	Word	Meaning
1	策	サク	対策(たいさく)	countermeasure / biện pháp
			政策(せいさく)	policy / chính sách
			策(さく)	measure / cách, phương án
12画	SÁCH		measure	
2	柵	サク	柵(さく)	fence / rào, chấn song
9画	SÁCH		fence	
3	壊	こわ-れる こわ-す カイ	壊(こわ)れる	break / hỏng
			破壊(はかい)(する)	(to) destroy / phá hủy
16画	HOẠI		destroy	
4	粗	あら-い ソ	粗(あら)い	rough / thô, ẩu
			粗大(そだい)ごみ	oversized garbage / rác cỡ lớn
			粗末(そまつ)(な)	shabby / thô kệch, (đối xử) tệ
			粗品(そしな)	small present / quà mọn
11画	THÔ		rough	
5	惑	まど-う ワク	迷惑(めいわく)(な)	troublesome / phiền toái
			戸惑(とまど)う	become confused / băn khoăn, bối rối
			困惑(こんわく)(する)	(to be) confused / bối rối
			惑星(わくせい)	planet / hành tinh
12画	HOẶC		confusion	
6	憾	カン	遺憾(いかん)(な)	regrettable / lấy làm tiếc
16画	HÁM		regret	
7	抗	コウ	抵抗(ていこう)(する)	(to) resist / phản kháng
			抗議(こうぎ)(する)	(to) protest / phản đối
			対抗(たいこう)(する)	(to) oppose / đối kháng, đối đầu
			抗(こう)する	resist / đối đầu
7画	KHÁNG		anti-	
8	迫	せま-る ハク	迫(せま)る	approach / đến gần
			迫力(はくりょく)	impact / ấn tượng, có sức hút
			迫害(はくがい)(する)	(to) persecute / đàn áp
			圧迫(あっぱく)(する)	(to) pressure / đè nén, chèn
			緊迫(きんぱく)(する)	(to) strain / căng thẳng
8画	BÁCH		approach	
9	犠	ギ	犠牲(ぎせい)	sacrifice / hy sinh
17画	HY		sacrifice	
10	罵	ののし-る バ	罵(ののし)る	verbally abuse / xỉ vả
			罵声(ばせい)	boo; jeer / tiếng quát tháo
15画	MẠ		badmouth	

ドリル A 正しい読みをえらんでください。 1点×5

		a	b
❶	<u>粗大</u>ごみは決められた日に捨てましょう。	a. そうだい	b. そだい
❷	<u>迫力</u>のあるシーンの連続に興奮した。	a. はくりょく	b. さくりょく
❸	会議室に入ると<u>緊迫</u>した空気が流れていた。	a. きんばく	b. きんぱく
❹	心ばかりの<u>粗品</u>ですが、どうぞお受け取りください。	a. そしな	b. すしな
❺	突然の出来事に<u>戸惑</u>っている。	a. こわく	b. とまど

ドリル B 正しい漢字をえらんでください。 1点×5

		a	b	c
❶	リーダーは斬新な政＿＿(さく)を提案してきた。	a. 作	b. 策	c. 案
❷	彼の発言は周りを困＿＿(わく)させた。	a. 混	b. 迷	c. 惑
❸	庭の周りに新しい＿＿(さく)を作った。	a. 柵	b. 塀	c. 垣
❹	情けない試合内容にファンが＿＿(ば)声を浴びせた。	a. 婆	b. 罵	c. 汚
❺	プライベートを＿＿(ぎ)牲にしてまで働くことはない。	a. 擬	b. 犠	c. 戯

ドリル C 正しいほうをえらんで、全部ひらがなで＿＿に書いてください。 1点×10

れい 天気がいいから、（ⓐ公園　b. 道路）に行きましょう。 こうえん

❶ 就職試験の（a. 政策　b. 対策）として専門書を購入した。 ＿＿＿＿

❷ 長年使ってきたパソコンが（a. 壊れて　b. 壊して）しまった。 ＿＿＿＿

❸ このような事故が頻発することは（a. 遺跡　b. 遺憾）なことだ。 ＿＿＿＿

❹ ライバル会社に（a. 対抗　b. 圧迫）して新商品を開発した。 ＿＿＿＿

❺ 突然中止だなんて、（a. 粗末　b. 迷惑）な話だ。 ＿＿＿＿

トラブル②

／20

Troubles ②／Rắc rối ②

〈講義〉(こうぎ)

これは車同士(くるまどうし)の**衝**突事故(しょうとつじこ)で、**双**方(そうほう)の主張(しゅちょう)が全(まった)く異(こと)なり、証**拠**(しょうこ)になるものも少(すく)なかったため、難(むずか)しい**裁**判(さいばん)になった例(れい)です。

(Lecture)
"This accident was a collision between two cars, and with both sides having completely different claims while there was little proof, it became an example of a difficult trial."

(Bài giảng)
"Đây là ví dụ về tai nạn đâm trực diện giữa 2 xe ô tô, hai bên đưa ra ý kiến hoàn toàn khác nhau và chứng cứ ít nên là một vụ án khó."

No.	Kanji	Readings	Word	Reading	English	Vietnamese
1	衝	ショウ	衝突(する)	しょうとつ	(to) collide	đụng độ
			衝撃 →3-4 ⑭	しょうげき	impact	chấn động
15画	XUNG		undertake; opposition			
2	双	ふた / ソウ	双方	そうほう	both	song phương
			双子	ふたご	twins	sinh đôi
			双眼鏡	そうがんきょう	binoculars	ống nhòm
4画	SONG		pair			
3	拠	コ / キョ	証拠	しょうこ	proof	bằng chứng
			根拠	こんきょ	basis; rationale	căn cứ
			拠点	きょてん	base	cứ điểm, cơ sở
8画	CỨ		foundation			
4	裁	さば-く / た-つ / サイ	裁判	さいばん	trial	tòa án, vụ án
			体裁	ていさい	appearance	phong thái
12画	TÀI		judge; form			
5	廷	テイ	法廷	ほうてい	court	tòa án
			宮廷	きゅうてい	court	cung đình
7画	ĐÌNH		place of government			
6	訴	うった-える / ソ	訴える	うった	sue	kiện, nói ra
			訴求力	そきゅうりょく	appeal	khả năng hút khách
			訴訟(する)	そしょう	(to) sue	tố tụng, kiện
12画	TỐ		appeal			
7	償	つぐな-う / ショウ	弁償(する)	べんしょう	(to) compensate	đền
			賠償(する)	ばいしょう	(to) indemnify	bồi thường
			償う	つぐな	atone for	bồi thường
			代償	だいしょう	compensation	trả giá
17画	THƯỜNG		atone			
8	請	う-ける / こ-う / セイ / シン	請求(する)	せいきゅう	(to) demand	yêu cầu
			申請(する)	しんせい	(to) apply for	đăng kí
			請け負う	う お	undertake	nhận thầu
15画	THỈNH		request			
9	悔	く-いる / く-やむ / くや-しい / カイ	後悔(する)	こうかい	(to) regret	hối hận
			悔やむ	く	repent; regret	hối hận
			悔い	く	regret	sự hối hận
			悔しい	くや	frustrating	cay cú, đáng tiếc
9画	HỐI		regret			
10	慎	つつし-む / シン	慎む	つつし	be prudent	cẩn trọng
			慎重(な)	しんちょう	careful	thận trọng
13画	THẬN		prudence			
11	謹	つつし-む / キン	謹慎(する)	きんしん	(to be) restrained	quản thúc tại gia
			謹んで	つつし	humbly	trân trọng
17画	CẨN		humble			
12	控	ひか-える / コウ	控える	ひか	refrain	chuẩn bị
			控えめ	ひか	understated	kín đáo
			控室	ひかえしつ	anteroom	pho\òng đợi
11画	KHỐNG		pull back			

ドリル A 正しい読みをえらんでください。 1点×5

❶ まだ完治していないので、激しい運動は控えている。 a. おさえて b. ひかえて

❷ 容疑者は無罪を訴えた。 a. うたえた b. うったえた

❸ 将来は活動の拠点を世界に広げたい。 a. こてん b. きょてん

❹ 請求書を見たら、思ったより高くてびっくりした。 a. せいきゅう b. しんきゅう

❺ 精一杯やったので、悔いはありません。 a. くや b. く

ドリル B 正しい漢字をえらんでください。 1点×5

❶ 申____（せい）はインターネットでも受け付けています。 a. 請 b. 積 c. 込

❷ この問題については____（しん）重な討論が必要だ。 a. 振 b. 慎 c. 請

❸ この表の体____（さい）を整えて見やすくしたほうがいい。 a. 制 b. 載 c. 裁

❹ 講師____（ひかえ）室はこちらです。 a. 待 b. 慎 c. 控

❺ 見て。____（ふた）子がおそろいの服を着てる。かわいい！ a. 弐 b. 双 c. 複

ドリル C 正しいほうをえらんで、全部ひらがなで____に書いてください。 1点×10

れい 天気がいいから、（ⓐ公園 b. 道路）に行きましょう。 こうえん

❶ 事件を起こして（a. 謹慎 b. 慎重）処分となった。 ________

❷ 私のせいで壊してしまったので、（a. 代償 b. 弁償）した。 ________

❸ 目の前で車が（a. 衝突 b. 衝撃）した。 ________

❹ （a. 法廷 b. 体裁）に入ってきた弁護士は自信にあふれていた。 ________

❺ 公演中の私語は（a. 請け負う b. 慎しむ）よう、呼びかけた。 ________

UNIT 9
4

トラブル③

／20

Troubles ③／Rắc rối ③

〈ニュース〉

銀行(ぎんこう)を**襲**(おそ)った犯人(はんにん)は、現金(げんきん)を**奪**(うば)った後(あと)、車(くるま)で逃走(とうそう)しています。**銃**(じゅう)を持(も)っているとの情報(じょうほう)もあります。

(News)
"The criminals who attacked the bank have escaped after taking the cash. There is also information saying that they are armed with guns."

(Thời sự)
"Thủ phạm tấn công ngân hàng sau khi cướp lấy tiền đã bỏ trốn bằng ô tô. Có thông tin hắn có mang theo súng."

No.	漢字	読み	語	よみ	Meaning
1	偽	いつわ-る にせ ギ	偽る	いつわ	lie giả tạo
			偽の	にせ	false ~ giả
			偽物	にせもの	fake hàng giả
			偽造(する)	ぎぞう	(to) forge làm giả
			偽善	ぎぜん	hypocrisy đạo đức giả
	11画	NGỤY	false		
2	虚	キョ コ (むな-しい)	虚偽	きょぎ	falsehood giả tạo
			虚しい	むな	empty; futile trống rỗng
	11画	HƯ	lie		
3	欺	あざむ-く ギ	欺く	あざむ	trick lừa
	12画	KHI	trick		
4	詐	サ	詐欺	さぎ	fraud; scam lừa đảo
	12画	TRÁ	trick		
5	漏	も-れる も-らす も-る ロウ	漏れる	も	leak rò rỉ
			漏らす	も	to leak làm rò rỉ
	14画	LẬU	leak		
6	狙	ねら-う ソ	狙う	ねら	aim for nhắm vào
	8画	THƯ	aim		
7	奪	うば-う ダツ	奪う	うば	take; plunder cướp
	14画	ĐOẠT	take		
8	襲	おそ-う シュウ	襲う	おそ	attack tấn công
			襲撃(する)	しゅうげき	(to) assault công kích
	22画	TẬP	attack		
9	脅	おど-す おど-かす おびや-かす キョウ	脅す	おど	threaten dọa, đe dọa
			脅迫(する)	きょうはく	(to) intimidate đe dọa
	10画	HIẾP	threaten		
10	銃	ジュウ	銃	じゅう	gun súng
	14画	SÚNG	gun		
11	刑	ケイ	刑	けい	penalty hình phạt
	6画	HÌNH	penalty		
12	罰	バツ バチ	罰	ばつ	punishment phạt
			刑罰	けいばつ	punishment hình phạt
	14画	PHẠT	punishment		
13	免	まぬか-れる メン	免れる	まぬか／まぬが	escape thoát
			免許	めんきょ	license bằng, chứng chỉ
			免除(する)	めんじょ	(to) exempt miễn ~
			免税	めんぜい	tax exemption miễn thuế
	8画	MIỄN	allow; escape		

ドリル A　正しい読みをえらんでください。　1点×5

❶ 法廷で虚偽の発言をすると罪に問われる。　a. こぎ　b. きょぎ

❷ 年齢を偽って応募したことがばれたようだ。　a. うそって　b. いつわって

❸ ひどい話を聞いて、ため息が漏れた。　a. もれた　b. われた

❹ 嘘ばかりついていると、罰が当たるよ。　a. ばつ　b. ばち

❺ 解雇は免れたが、降格になった。　a. のがれた　b. まぬかれた

ドリル B　正しい漢字をえらんでください。　1点×5

❶ ＿＿(ぎ)造防止のため、お札にはさまざまな工夫がされている。　a. 擬　b. 嘘　c. 偽

❷ 社内の情報を＿＿(も)らした者がいる。　a. 落　b. 流　c. 漏

❸ バーゲンセールで＿＿(ねら)っている服があるんだ。　a. 奪　b. 襲　c. 狙

❹ 明日の裁判で＿＿(けい)が確定する。　a. 刑　b. 免　c. 件

❺ 怖い先輩に＿＿(おど)されたら、いやとは言えないよ。　a. 迫　b. 脅　c. 襲

ドリル C　正しいほうをえらんで、全部ひらがなで＿＿に書いてください。　1点×10

(れい) 天気がいいから、（ⓐ 公園　b. 道路 ）に行きましょう。　こうえん

❶ 観客の目を（ a. 奪う　b. 襲う ）素晴らしい演技だった。　＿＿＿＿

❷ 本物と（ a. 偽善　b. 偽物 ）を見分けるポイントを教えてください。　＿＿＿＿

❸ 銀行を（ a. 襲撃　b. 刑罰 ）する計画は実行前に阻止された。　＿＿＿＿

❹ 相変わらず、お年寄りをだます（ a. 虚偽　b. 詐欺 ）が多い。　＿＿＿＿

❺ 旅行先の（ a. 免除　b. 免税 ）店で買い物を楽しんだ。　＿＿＿＿

トラブル④

Troubles ④／Rắc rối ④

／20

〈ニュース解説（かいせつ）〉

道路建設（どうろけんせつ）に反対（はんたい）する市民（しみん）グループは、工事（こうじ）の**阻**止（そし）を訴（うった）え、連日（れんじつ）デモを行（おこな）っています。さらに田中市長（たなかしちょう）に話（はな）し合（あ）いを求（もと）めていますが、市長（しちょう）はそれを**拒**（こば）み続（つづ）けています。

(News commentary)
"This citizens' group opposed to the building of roads has appealed for the construction to be stopped and is conducting demonstrations multiple days in a row. They also wish to speak with Mayor Tanaka, but they mayor has continued to refuse them."

(Bình luận thời sự)
"Nhóm người dân phản đối mở đường đã gây cản trở công việc và liên tục nhiều ngày biểu tình. Hơn nữa họ còn yêu cầu thị trưởng Tanaka nói chuyện nhưng thị trưởng vẫn tiếp tục từ chối."

No.	Kanji	Readings	Word	Reading	Meaning
1	阻	はば-む / ソ	阻止(する)	そし	(to) obstruct / cản trở
			阻む	はば	impede / ngăn chặn
8画	TRỞ		obstruct		
2	拒	こば-む / キョ	拒否(する)	きょひ	(to) reject / từ chối
			拒む	こば	refuse / cự tuyệt
			拒絶(する)	きょぜつ	(to) refuse / cự tuyệt hoàn toàn
8画	CỰ		refuse		
3	妨	さまた-げる / ボウ	妨害(する)	ぼうがい	(to) obstruct / cản trở
			妨げる	さまた	hinder / cản trợ
7画	PHƯƠNG		hinder		
4	怪	あや-しむ / あや-しい / カイ	怪我	けが	injury / bị thương
			怪しい	あや	suspicious / đáng ngờ
			怪物	かいぶつ	monster / quái vật
8画	QUÁI		suspicious		
5	捜	さが-す / ソウ	捜査(する)	そうさ	(to) investigate / điều tra
			捜索(する)	そうさく	(to) search / tìm kiếm
			捜す	さが	search for / tìm kiếm
10画	SẢO		search		
6	騒	さわ-ぐ / ソウ	騒音	そうおん	noise / tiếng ồn
			騒ぐ	さわ	make noise / làm ồn
			騒がしい	さわ	noisy / ồn ào, náo loạn
			騒ぎ	さわ	commotion / sự ồn ào
			物騒(な)	ぶっそう	dangerous; troubling / loạn, rối ren
18画	TAO		noise		
7	逮	タイ	逮捕(する)	たいほ	(to) arrest / bắt giữ
11画	ĐÃI		capture		
8	拘	コウ / (こだわ-る) / (かかわ-る)	拘束(する)	こうそく	(to) restrain / giam cầm
			拘る	こだわ	concern / liên quan tới
8画	CÂU		stop; involvement		
9	虐	しいた-げる / ギャク	虐げる	しいた	oppress / lấn lướt
			虐待(する)	ぎゃくたい	(to) abuse / ngược đãi
			残虐(な)	ざんぎゃく	cruel / tàn nhẫn, tàn độc
9画	NGƯỢC		abuse		
10	懲	こ-りる / こ-らす / こ-らしめる / チョウ	懲りる	こ	learn one's lesson / đầu hàng, tỉnh ngộ
			懲罰	ちょうばつ	discipline / hình phạt
18画	TRỪNG		chasten		
11	獄	ゴク	地獄	じごく	hell / địa ngục
14画	NGỤC		prison		

ドリル A　正しい読みをえらんでください。　1点×5

❶ 嘘の評価をつけるなんて営業<u>妨害</u>だ。　a. ほうがい　b. ぼうがい

❷ いたずら電話がひどいので、着信<u>拒否</u>にした。　a. きょひ　b. きょうひ

❸ <u>虐待</u>されていた犬が保護された。　a. ぎょくたい　b. ぎゃくたい

❹ ウォーミングアップを怠ったせいで<u>怪我</u>をした。　a. ふしょう　b. けが

❺ いなくなった猫の<u>捜索</u>を専門家にお願いした。　a. そうさく　b. せんさく

ドリル B　正しい漢字をえらんでください。　1点×5

❶ 今日は地＿＿(ごく)のような暑さだった。　a. 極　b. 獄　b. 懲

❷ これに＿＿(こ)りて、人をだますことはしないだろう。　a. 拘　b. 悔　c. 懲

❸ 3時間も会議に＿＿(こう)束されたよ。　a. 縛　b. 抗　c. 拘

❹ 最近、＿＿(あや)しい人が近所をうろうろしている。　a. 騒　b. 懲　c. 怪

❺ 犯人が＿＿(たい)捕されたというニュースが流れた。　a. 待　b. 退　c. 逮

ドリル C　正しいほうをえらんで、全部ひらがなで＿＿に書いてください。　1点×10

(れい) 天気がいいから、（ⓐ 公園　b. 道路）に行きましょう。　こうえん

❶ ウィルスを（a. 阻止　b. 妨害）するため、あらゆる対策をしている。　＿＿＿＿

❷ 彼はこれまでずっとインタビューを（a. 拒んで　b. 阻んで）きた。　＿＿＿＿

❸（a. 騒音　b. 物騒）防止のために床にマットを敷いています。　＿＿＿＿

❹ 事件の（a. 探索　b. 捜査）中ですので、中には入れません。　＿＿＿＿

❺ 勉強を（a. 防ぐ　b. 妨げる）からと、親にゲームを禁止されたことがある。　＿＿＿＿

まとめ問題 A

／20

問題 1 ＿＿＿の言葉の読み方として最もよいものを１・２・３・４から一つ選びなさい。

1 突然の雷雨に見舞われ、びしょ濡れになった。

1　ごうう　　2　らいめ　　3　れいめ　　4　らいう

2 監視カメラの画像が粗くて、容疑者の顔がはっきりと確認できなかった。

1　あらくて　　2　ひどくて　　3　すごくて　　4　そくて

3 犯人にはしっかりと罪を償ってほしい。

1　せおって　　2　おぎなって　　3　つぐなって　　4　かばって

4 このまま解決しない場合、訴訟問題に発展する可能性がある。

1　うしょう　　2　そしょう　　3　うこう　　4　そこう

5 夢の実現を阻んでいるのは、他人ではなく、自分だった。

1　そばんで　　2　こばんで　　3　くんで　　4　はばんで

6 謹んでお受けいたします。

1　はげんで　　2　いさんで　　3　よろこんで　　4　つつしんで

7 双方にとって利益がある形になったと思います。

1　ふたかた　　2　そうかた　　3　そうほう　　4　ふたほう

8 映像を確認すると、客が激しく店を罵っている様子が映っていた。

1　どなって　　2　ののしって　　3　けなしって　　4　あおって

9 見直してみたら、保険料が家計を圧迫していることがわかった。

1　あつばく　　2　あっぱく　　3　あっさく　　4　あつさこ

10 かなり抵抗したが、チームリーダーをすることになった。

1　ていこう　　2　たいこう　　3　てっこ　　4　ていごう

問題2　（　　　）に入れるのに最もよいものを１・２・３・４から一つ選びなさい。

1 万一に備えて（　　　　）するに越したことはない。

1　警戒　　2　緊急　　3　慎重　　4　怪物

2 その主張の（　　　　）を示すように言われた。

1　保障　　2　遺憾　　3　根拠　　4　抗議

3 どうしても外せない（　　　　）の用件が入った。

1　豪快　　2　障害　　3　妨害　　4　緊急

4 最低限の生活を（　　　　）するために、公的な助けが必要とされる。

1　賠償　　2　保障　　3　対策　　4　拘束

5 （　　　　）品ですが、お召し上がりください。

1　慎む　　2　控える　　3　粗末な　　4　虚しい

6 彼女は成績がきわめて優秀だったので、学費が（　　　　）された。

1　免除　　2　阻止　　3　代償　　4　犠牲

7 事件の容疑者がまだ幼さの残る子供だったため、社会に（　　　　）が走った。

1　雷雨　　2　衝撃　　3　迫害　　4　襲撃

問題3　＿＿＿の言葉に意味が最も近いものを１・２・３・４から一つ選びなさい。

1 ニュースを見て、父は物騒な世の中になったものだと言った。

1　うるさい　　2　危険で怖い　　3　物が多い　　4　話題が多い

2 訴求力が高い広告を作っていただきたい。

1　アピールする力が強い　　2　高級感がある
3　他社に負けない　　4　説得力がある

3 体裁を気にしすぎて、自分のやりたいことができなくなっていた。

1　厳しい規則　　2　他人からの見た目
3　訴えられること　　4　結果がどうかということ

UNIT 9

まとめ問題 B

／10

問題 1　①～③の漢字をひらがなにして、＿＿＿部を全部ひらがなで書きなさい。　(1点×6=6点)

(1)　高齢者を①狙った②詐欺が多発しています。最近は③偽の社員証で銀行員を装った犯罪まで報告されています。

①	②	③

(2)　①騒がしい街を一人歩いていたら、ある公園に出くわした。小さな公園だが、中央に②噴水もあった。中に入ると、とても静かで、そこはまるで別世界だった。こんな場所があるとは知らずに入ってきた私は初め③戸惑ったが、ベンチに座り、しばらく目を閉じてみた。

①	②	③

問題 2　文の内容に合うよう、下の a ～ h から適当なものを 1 つ選んで（　　）に入れなさい。
(1 点× 4=4 点)

私は選手人生しか知らないので、①(　　　)のせいでもうプレーできない可能性もあると考えたら、②(　　　)のような日々でした。国の代表になるという夢も③(　　　)、イライラしてしまい、ちょっとしたことで周囲と④(　　　)するようになりました。

a. 奪われ　b. 脅され　c. 襲われ　d. 怪我　e 衝突　f. 遺憾　g. 怪物　h. 地獄

①	②	③	④

UNIT 10 その他の「N1 漢字」

Other "N1 Kanji"

"Chữ Hán N1" khác

その他の「N1 漢字」①
（た／かんじ）

Other "N1 Kanji"① ／"Chữ Hán N1" khác ①

□ ／20

No.	漢字	読み	語彙	意味
1	敢	(あ-えて) カン	敢えて（あ）	dare; venture $cố, cố tình
			勇敢(な)（ゆうかん）	brave $dũng cảm
12画	CẢM		dare	
2	仰	あお-ぐ おお-せ ギョウ コウ	仰ぐ（あお）	look up $ngửa mặt lên trời
			信仰(する)（しんこう）	(to) believe $tín ngưỡng
6画	NGƯỠNG		look up	
3	宛	あ-てる	宛名（あてな）	address $tên người nhận
8画	UYỂN		to; per	
4	穴	あな ケツ	穴（あな）	hole $lỗ, hố
5画	HUYỆT		hole	
5	嵐	あらし	嵐（あらし）	storm $giông, bão, giông tố
12画	LAM		storm	
6	淡	あわ-い タン	淡い（あわ）	pale $nhạt
			淡々と（たんたん）	unaffectedly $tỉnh bơ, thản nhiên
			冷淡(な)（れいたん）	cool $lãnh đạm, thờ ơ
11画	ĐẠM		light; pale	
7	稲	いね いな トウ	稲（いね）	rice $lúa
14画	ĐẠO		rice	
8	潤	うるお-う うるお-す うる-む ジュン	潤う（うるお）	moisten; profit $làm ẩm
15画	NHUẬN		moist	
9	皇	オウ コウ	天皇★（てんのう）	emperor $thiên hoàng
			皇室（こうしつ）	imperial family $hoàng thất
			皇帝（こうてい）	emperor $hoàng đế
9画	HOÀNG		emperor	
10	臆	オク	臆病(な)（おくびょう）	cowardly $rụt rè, nhút nhát
17画	ỨC		chest; shrink	
11	鬼	おに キ	鬼（おに）	devil; demon $quỷ
10画	QUỶ		demon	
12	俺	おれ	俺（おれ）	I $tôi (nam giới)
10画	YỂM		I	
13	愚	おろ-か グ	愚か(な)（おろ）	foolish $ngu ngốc
			愚痴（ぐち）	complaint $than thở
			＊「痴（チ）」→11-2	
13画	NGU		foolish	
14	嗅	か-ぐ キュウ	嗅ぐ（か）	smell $ngửi
			嗅覚（きゅうかく）	sense of smell $khứu giác
13画	KHỨU		smell	
15	却	キャク	返却(する)（へんきゃく）	(to) return $trả lại
7画	KHƯỚC		reject	
16	距	キョ	距離（きょり）	distance cự li
12画	CỰ		divide	
17	貢	みつ-ぐ コウ ク	貢献(する)（こうけん）	(to) contribute cống hiến
			貢ぐ（みつ）	fund cung phụng, cung cấp
10画	CỐNG		offer	
18	凝	こ-る こ-らす ギョウ	凝縮(する)（ぎょうしゅく）	(to) condensate cô đặc, dồn hết vào
			凝る（こ）	congeal đông băng, say mê
16画	NGƯNG		focus; congeal	
19	癖	くせ ヘキ	口癖（くちぐせ）	favorite phrase câu quen miệng
18画	PHÍCH		habit	
20	顕	ケン	顕著(な)（けんちょ）	prominent nổi bật
			顕微鏡（けんびきょう）	microscope kính hiển vi
18画	HIỂN		clear	
21	克	コク	克服(する)（こくふく）	conquest khắc phục
7画	KHẮC		win; sufficient	
22	酷	(ひど-い) コク	酷い（ひど）	harsh quá, tệ
			残酷(な)（ざんこく）	cruel tàn khốc, tàn nhẫn
14画	KHỐC		awful	
23	暦	こよみ レキ	暦（こよみ）	calendar lịch
			西暦（せいれき）	the Christian Era dương lịch
14画	LỊCH		calendar	
24	宰	サイ	主宰(する)（しゅさい）	(to) preside over tổ chức chính
10画	TỂ		rule	
25	索	サク	検索(する)（けんさく）	(to) search for tìm kiếm
			索引（さくいん）	index tra cứu
10画	SÁCH		cord; search	
26	爽	さわ-やか ソウ	爽やか(な)（さわ）	refreshing thoải mái, sảng khoái
11画	SẢNG		refreshing; clear	
27	祉	シ	福祉（ふくし）	welfare phúc lợi
8画	CHỈ		blessing	
28	慈	ジ いつく-しむ	慈悲（じひ）	mercy từ bi
			慈善活動（じぜんかつどう）	charity hoạt động từ thiện
13画	TỪ		affection	
29	茂	しげ-る モ	茂る（しげ）	grow thick rậm rạp
8画	MẬU		heavy greenery; flourish	
30	渋	しぶ しぶ-い しぶ-る ジュウ	渋い[～味]（しぶ／あじ）	bitter chát
11画	SÁP		astringent; stopped	
31	霜	しも ソウ	霜（しも）	frost sương
17画	VŨ		frost	

ドリル A 正しい読みをえらんでください。 1点×5

❶ 犬は嗅覚がとてもすぐれている。 a. きゅうかく b. しゅうかく

❷ 少しつけるだけでも、肌に潤いを与えます。 a. いきおい b. うるおい

❸ みんなで力を合わせて、災害を克服することができた。 a. かっぷく b. こくふく

❹ 敢えて新人の田中さんに任せることにした。 a. あえて b. たえて

❺ 先生の口癖を真似して怒られた。 a. こうへき b. くちぐせ

ドリル B 正しい漢字をえらんでください。 1点×5

❶ ネットで人気店を検___（さく）した。 a. 索 b. 宰 c. 爽

❷ 荷物の___（あて）名を間違ってしまった。 a. 俺 b. 宛 c. 穴

❸ 映画で残___（こく）なシーンが続いて目を伏せた。 a. 慈 b. 愚 c. 酷

❹ 2つの違いは___（けん）著だった。 a. 祉 b. 臆 c. 顕

❺ 思ったより___（きょ）離があった。 a. 索 b. 暦 c. 距

ドリル C 正しいほうをえらんで、全部ひらがなで___に書いてください。 1点×10

れい 天気がいいから、（ⓐ公園 b. 道路）に行きましょう。 こうえん

❶ 練習の効果が（a. 壮大 b. 顕著）に表れている。 ___

❷ 仕事を通して社会に（a. 出典 b. 貢献）したい。 ___

❸ 図書館で借りた本を（a. 返却 b. 返信）した。 ___

❹ 協力を求めに行ったが、（a. 爽やか b. 冷淡）に扱われた。 ___

❺ 今年って（a. 西暦 b. 紀行）何年だっけ？ ___

UNIT 10
2

その他の「N1 漢字」②

／20

Other "N1 Kanji"② ／"Chữ Hán N1" khác ②

No.	漢字	読み	画数	Hán Việt	Meaning	語	読み方	English	Tiếng Việt
1	如	ジョ ニョ	6画	NHƯ	similar to	突如	とつじょ	suddenly	đột ngột
						欠如(する)	けつじょ	(to) lack	thiếu sót
						如実に	にょじつ	truly	chân thực
2	剰	ジョウ	11画	THỪA	excess	過剰(な)	かじょう	excessive	quá đà
3	紳	シン	11画	THÂN	person of high status	紳士	しんし	gentleman	đàn ông, nam tính
4	粋	いき-な スイ	10画	TÚY	pure; high quality	純粋(な)	じゅんすい	pure	thuần khiết
						抜粋(する)	ばっすい	(to) excerpt	trích dẫn
5	崇	(あが-める) スウ	11画	SÙNG	soaring; respect	崇高(な)	すうこう	sublime	cao cả
						崇拝(する)	すうはい	(to) worship	sùng bái
6	澄	す-む す-ます チョウ	15画	TRỪNG	clear	澄む	す	clear	trong veo
7	寸	スン	3画	THỐN	slight; measure of length	寸法	すんぽう	length; measure	kích thước
8	是	ゼ	9画	THỊ	correct	是非	ぜひ	pros and cons	chắc chắn
						是正(する)	ぜせい	(to) correct	chỉnh sửa
9	斉	セイ	8画	TỀ	settle	一斉に	いっせい	all at once	đồng loạt
10	聖	セイ	13画	THÁNH	sacred	聖なる	せい	holy	thiêng liêng
						神聖(な)	しんせい	sacred	thần thánh
						聖書	せいしょ	Bible	kinh thánh
11	旋	セン	11画	THÌ	spin around	旋律	せんりつ	melody	âm điệu
12	礎	ソ	18画	SỞ	foundation	基礎	きそ	fundamentals	cơ sở
13	僧	ソウ	13画	TĂNG	monk	僧	そう	monk	tăng
14	俗	ゾク	9画	TỤC	secular	俗(な)	ぞく	secular	suồng sã, dân dã
						風俗	ふうぞく	customs	nghề buôn phấn bán hương
						民俗学	みんぞくがく	folk studies	dân tộc học
15	堪	た-える カン	12画	KHAM	withstand	堪える	こた	bear	chịu đựng
16	漂	ただよ-う ヒョウ	14画	PHIÊU	float	漂う	ただよ	float	phảng phất
						漂流(する)	ひょうりゅう	(to) drift	trôi dạt
17	黙	だま-る モク	15画	MẶC	silence	黙る	だま	become quiet	im miệng
						沈黙(する)	ちんもく	(to) silence	im lặng
18	誰	だれ	15画	THÙY	who	誰	だれ	who	ai
19	垂	た-れる た-らす スイ	8画	THÙY	drip	垂れる	た	drip	rơi rớt
						垂直(な)	すいちょく	vertical	thẳng đứng
20	痴	チ	13画	SI	foolishness	愚痴	ぐち	complaint	kêu ca phàn nàn
21	稚	チ	13画	TRĨ	young	幼稚(な)	ようち	childish	ấu trĩ, trẻ con
						幼稚園	ようちえん	kindergarten	trường mẫu giáo
22	逐	チク	10画	TRỤC	follow	逐一	ちくいち	one by one; in detail	tất cả, từng cái một
23	縮	ちぢ-む ちぢ-まる ちぢ-める ちぢ-れる ちぢ-らす シュク	17画	SÚC	shrink	縮む	ちぢ	shrink	co lại, rút ngắn lại
						縮小(する)	しゅくしょう	(to) contract	thu nhỏ
						短縮(する)	たんしゅく	(to) shorten	rút ngắn
						恐縮(する)	きょうしゅく	(to) feel obliged	đâu dám ~
24	秩	チツ	10画	TRẬT	order	秩序	ちつじょ	order	trật tự
25	忠	チュウ	8画	TRUNG	serious; faithful	忠実(な)	ちゅうじつ	faithful	trung thực
26	帳	チョウ	11画	TRƯỚNG	book; curtain	手帳	てちょう	notebook	sổ tay
27	翼	つばさ ヨク	17画	DỰC	wings	翼	つばさ	wing	đôi cánh
28	爪	つめ つま	4画	TRẢO	nail	爪	つめ	nail	móng tay
29	貫	つらぬ-く カン	11画	QUÁN	pierce	貫く	つらぬ	penetrate; maintain	nhất quán, đồng nhất
						貫通(する)	かんつう	(to) pass through	xuyên thủng, xuyên qua

ドリル A 正しい読みをえらんでください。 1点×5

❶ このような不公平なやり方は是正すべきだ。 a. ぜせい b. きょうせい

❷ 忠実な部下とは言えないが、彼は優秀だ。 a. せいじつ b. ちゅうじつ

❸ しばらく沈黙があった後、再び話し始めた。 a. ちんけん b. ちんもく

❹ 紳士服売り場はどこですか。 a. しんし b. どうし

❺ 彼には崇拝しているミュージシャンがいる。 a. しゅうはい b. すうはい

ドリル B 正しい漢字をえらんでください。 1点×5

❶ 雨が強いので、練習時間を30分短＿＿した。（しゅく） a. 約 b. 略 c. 縮

❷ 来年用に新しい手＿＿を買った。（ちょう） a. 帳 b. 調 c. 貼

❸ 何かあったら＿＿一報告してほしい。（ちく） a. 逐 b. 唯 c. 統

❹ 海岸に＿＿流したごみをきれいにした。（ひょう） a. 堪 b. 漂 c. 俗

❺ 会話中の沈＿＿が苦手なんです。（もく） a. 縮 b. 黙 c. 貫

ドリル C 正しいほうをえらんで、全部ひらがなで＿＿に書いてください。 1点×10

れい 天気がいいから、（ⓐ公園 b. 道路）に行きましょう。 こうえん

❶ 彼は15歳で（a. 聖 b. 僧）になる決心をした。 ＿＿＿＿

❷ こんなことで大人がけんかするなんて（a. 忠実 b. 幼稚）な話だ。 ＿＿＿＿

❸ 大きな（a. 翼 b. 帳）を広げて、飛んでいった。 ＿＿＿＿

❹ トンネルは来年3月に（a. 恐縮 b. 貫通）する。 ＿＿＿＿

❺ いつの間にか、（a. 爪 b. 寸法）がだいぶ伸びていた。 ＿＿＿＿

その他(た)の「N1 漢字(かんじ)」③

／20

Other "N1 Kanji"③ ／"Chữ Hán N1" khác ③

No.	Kanji	Readings	Strokes	Hán Việt	Meaning	Word	Reading	English	Vietnamese
1	堤	つつみ / テイ	12画	ĐÊ	embankment	堤防	ていぼう	bank; embankment	đê
2	抵	テイ	8画	ĐỂ	reach; touch	大抵	たいてい	usually	đại khái
						抵抗(する)	ていこう	(to) resist	phản kháng
3	哲	テツ	10画	TRIẾT	clear; wise	哲学	てつがく	philosophy	triết học
4	陶	トウ	11画	DAO	pottery	陶器	とうき	earthenware	đồ gốm
5	騰	トウ	20画	ĐẰNG	rise	沸騰(する)	ふっとう	(to) boil	sôi
						高騰(する)	こうとう	(to) soar	lên giá, đắt
6	透	す-く / す-ける / トウ	10画	THẤU	pass through	透明(な)	とうめい	transparent	trong suốt
7	匿	トク	10画	NẶC	hide	匿名	とくめい	anonymous	nặc danh
8	眺	なが-める / チョウ	11画	THIỂU	gaze	眺める	なが	gaze	ngắm
						眺望	ちょうぼう	view	tầm quan sát
9	縄	なわ / ジョウ	15画	THẰNG	rope	縄	なわ	rope	dây thừng
						沖縄	おきなわ	Okinawa	tỉnh Okinawa
10	賠	バイ	15画	BỒI	compensation	賠償(する)	ばいしょう	(to) compensate	bồi thường
11	墓	はか / ボ	13画	MỘ	grave	墓	はか	tomb	lăng mộ
						墓地	ぼち	cemetery	nghĩa trang
12	華	はな / カ / ケ	10画	HOA	brilliant; flower	華やか(な)	はな	florid	lộng lẫy, tươi thắm
						華々しい	はなばな	splendid	tráng lệ, rực rỡ
						豪華(な)	ごうか	magnificent	sang,
13	氾	ハン	5画	PHIẾM	spread	氾濫(する)	はんらん	(to) flood	vỡ đê
14	敏	ビン	10画	MẪN	quick; smart	敏感(な)	びんかん	sensitive	mẫn cảm
15	赴	おもむ-く / フ	9画	PHÓ	go; inform	赴任(する)	ふにん	(to) start in a new position	nhận công tác
						赴く	おもむ	go to	đi, đến
16	踏	ふ-む / ふ-まえる / トウ	15画	ĐẠP	step	踏む	ふ	step on	giẫm, đạp
						踏襲(する)	とうしゅう	following; observing	kế thừa, tiếp bước
17	胞	ホウ	9画	BÀO	cell; placenta	細胞	さいぼう	cell	tế bào
18	奉	たてまつ-る / ホウ / ブ	8画	BỔNG	devote	奉仕(する)	ほうし	(to) serve	phục vụ
19	僕	ボク	14画	BỘC	I; servant	僕	ぼく	I	tôi (nam giới)
20	彫	ほ-る / チョウ	11画	ĐIÊU	carve	彫る	ほ	carve	khắc
						彫刻	ちょうこく	sculpture	điêu khắc
21	盆	ボン	9画	BỒN	tray	お盆[～休み]	ぼん やす	Obon (holiday)	kì lễ Obon (nghỉ lễ Obon)
						お盆[～にのせる]	ぼん	(place on a) tray	cái khay, cái mâm (đặt lên khay, mâm)
						盆地	ぼんち	basin	vùng đất trũng, lòng chảo
						盆栽	ぼんさい	bonsai	bonsai
22	魔	マ	21画	MA	enchanting; magic	魔法	まほう	magic	ma thuật
						悪魔	あくま	devil	ác ma
23	昧	マイ	9画	MUỘI	darkness	～三昧	ざんまい	~ paradise	~ thoải mái
24	曖	アイ	17画	ÁI	darkness	曖昧(な)	あいまい	vague	không rõ ràng, mập mờ
25	耗	モウ / コウ	10画	HAO	decrease	消耗(する)	しょうもう	(to) consume; (to) exhaust	tiêu hao
26	妄	モウ / ボウ	6画	VONG	reckless	妄想(する)	もうそう	(to have) delusions	ảo tưởng
27	唯	ユイ / イ	11画	DUY	only; this	唯一	ゆいいつ	only; sole	duy nhất
28	悠	ユウ	11画	DU	clear; relaxed	悠然	ゆうぜん	majestic	điềm nhiên, điềm tĩnh
29	揺	ゆ-れる / ゆ-らぐ / ヨウ	12画	DAO	shake	揺れる	ゆ	sway	đung đưa, rung lắc
						動揺(する)	どうよう	(to) shake	dao động
30	覧	ラン	17画	LÃM	look	展覧会	てんらんかい	exhibition	buổi trưng bày
						一覧(表)	いちらん ひょう	list; table	(bảng) danh sách
31	霊	たま / レイ / リョウ	15画	LINH	spirit	霊	れい	spirit; soul	linh hồn
32	烈	(はげ-しい) / レツ	10画	LIỆT	intense	強烈(な)	きょうれつ	intense	mạnh, mạnh mẽ, sốc
33	浪	(なみ) / ロウ	10画	LÃNG	wave; freely	浪費(する)	ろうひ	(to) waste	lãng phí

ドリル A　正しい読みをえらんでください。　1点×5

❶ 匿名で人を非難するようなことはしません。　a. とくめい　b. じゃくめい

❷ 彼はプロになってすぐに、華々しい活躍をした。　a. すがすがしい　b. はなばなしい

❸ 夏の天候不良が影響して、野菜が高騰している。　a. こうとう　b. こうば

❹ 社長が決めたことだから、抵抗しても無駄だよ。　a. ていこう　b. ていさい

❺ 私が唯一負けた相手が彼でした。　a. とういつ　b. ゆいいつ

ドリル B　正しい漢字をえらんでください。　1点×5

❶ ボス猿はいつものように＿＿（ゆう）然と歩いていた。　a. 悠　b. 偶　c. 依

❷ 体力を消＿＿（もう）しないよう、動かずにいた。　a. 化　b. 滅　c. 耗

❸ 当時はよく、彼女とデートをする＿＿（もう）想をしていた。　a. 思　b. 発　c. 妄

❹ これは宿泊先候補の一＿＿（らん）です。　a. 覧　b. 挙　c. 斉

❺ まるで＿＿（ま）法にかかったように眠くなった。　a. 刑　b. 憲　c. 魔

ドリル C　正しいほうをえらんで、全部ひらがなで＿＿に書いてください。　1点×10

（れい）天気がいいから、（ⓐ公園　b. 道路）に行きましょう。　こうえん

❶ 来月、北京支局に（a. 責任　b. 赴任）することになった。　＿＿＿＿＿＿

❷ 娘は音に（a. 敏感　b. 鈍感）で、何か物音がしたらすぐ起きるんです。　＿＿＿＿＿＿

❸ 彼は（a. 雑費　b. 浪費）癖があって、あちこちから借金をした。　＿＿＿＿＿＿

❹ 彼女の（a. 強烈　b. 動揺）な個性を作品から感じた。　＿＿＿＿＿＿

❺ 記者の質問に（a. 曖昧　b. 透明）な返事を繰り返した。　＿＿＿＿＿＿

まとめ問題 A

／20

問題 1 ＿＿＿の言葉の読み方として最もよいものを１・２・３・４から一つ選びなさい。

1 愚かな考えだったと、反省しています。

1 おろかな　　2 かすかな　　3 ゆたかな　　4 わずかな

2 正確な寸法を測ってください。

1 すんほう　　2 ずんほう　　3 すんぽう　　4 ずんぽう

3 沸騰したら野菜を入れてください。

1 ぶつば　　2 ふんば　　3 こうとう　　4 ふっとう

4 窓からロープが垂れていた。

1 それて　　2 たれて　　3 もれて　　4 ゆれて

5 距離は近いけど、道が複雑なんです。

1 こり　　2 そくり　　3 きょり　　4 じんり

6 お寺のすぐそばに墓地があります。

1 はかち　　2 ほんち　　3 ぼち　　4 ぼんち

7 彼には常識が欠如している。

1 けつこう　　2 けつじょ　　3 けっかん　　4 けっせき

8 草が茂っていた空き地がきれいになっていた。

1 ほ　　2 も　　3 しげ　　4 たま

9 空気が澄んでいるから富士山がよく見える。

1 ちぢんで　　2 ゆるんで　　3 すんで　　4 とんで

10 今の制度を是正する必要がある。

1 しゅうせい　　2 ぜせい　　3 ていせい　　4 ほせい

問題2　（　　　）に入れるのに最もよいものを１・２・３・４から一つ選びなさい。

1 新しい市長は（　　　）に力を入れるそうだ。

1 沸騰　　2 消耗　　3 福祉　　4 浪費

2 彼は子供のように（　　　）な心の持ち主だ。

1 純粋　　2 忠実　　3 強烈　　4 崇高

3 ここが（　　　）になっているから、中が見えます。

1 崇高　　2 風俗　　3 透明　　4 幼稚

4 やはり彼女は（　　　）な舞台が合う。

1 敏感　　2 冷淡　　3 健やか　　4 華やか

5 人工的に（　　　）をつくる可能性を探っている。

1 細胞　　2 手帳　　3 秩序　　4 陶器

6 この３日間の（　　　）の楽しみが食事でした。

1 逐一　　2 唯一　　3 一斉　　4 一覧

7 どの病院がいいか、（　　　）して調べてみて。

1 信仰　　2 抵抗　　3 検索　　4 施行

問題3　______の言葉に意味が最も近いものを１・２・３・４から一つ選びなさい。

1 偽情報が氾濫し、問題となっている。

1 犯罪に使われていて　　2 広がっていて
3 信じられていて　　4 うまく作られていて

2 私は意外と臆病なんです。

1 流行好きな　　2 病気になりやすい
3 気が小さい　　4 忘れっぽい

3 彼女は動揺しているようだ。

1 不満に感じている　　2 忙しくて何もできない
3 興奮している　　4 気持ちが不安定な

UNIT 10

まとめ問題 B

／10

問題 1　①～③の漢字をひらがなにして、＿＿＿部を全部ひらがなで書きなさい。　(1点×6=6点)

(1)　先日、出張で横浜に滞在した時に使ったホテルは①眺望が素晴らしかった。②華やかな都会の夜景はまさに宝石のようだった。昼も、港に③漂うさまざまな船を眺めているだけで、くつろいだ気分になれた。

①	②	③

(2)　彼女は①慈善団体を②主宰していて、さまざまなボランティア活動を積極的に行っている。私も以前から社会③奉仕に興味があるので、一度、話を聞いてみたいと思っている。

①	②	③

問題 2　文の内容に合うよう、下の a ～ h から適当なものを 1 つ選んで（　　）に入れなさい。
(1 点× 4=4 点)

窓の外をぼんやりと①（　　　）いたら、急に電車が②（　　　）、隣の人の足を①（　　　）しまった。その人が驚いて声を出したので、周りの人が④（　　　）にこっちを向いた。

a. 揺れて　b. 黙って　c. 踏んで　d. 眺めて　e. 一覧　f. 逐一　g. 一斉

①	②	③	④

UNIT 11 N2-N5レベルの漢字(かんじ)

N2-N5 Level Kanji

Chữ Hán cấp độ N2-N5

新しい(あたら)音読み(おんよ)①

□ ／20

New On-yomi ①／Cách đọc âm Hán mới ①

このユニットでは、すでに学習(がくしゅう)したN2～N5レベルの漢字(かんじ)の新(あたら)しい読(よ)みを学(まな)びます。

太字(ふとじ)の読(よ)みが新(あたら)しく学(まな)ぶ読(よ)み方(かた)です。

No.	漢字	読み	例	意味
1	会	あ-う カイ **エ**	軽(かる)く**会釈**(えしゃく)をする	Perform a brief greeting gật đầu chào qua
2	絵	エ **カイ**	**絵画**鑑賞(かいがかんしょう)	Art appreciation thưởng thức tranh vẽ
3	客	キャク **カク**	**旅客機**(りょかくき)	Passenger plane máy bay trở khách
4	甘	あま-い あま-える あま-やかす **カン**	人工**甘味料**(じんこうかんみりょう)	Artificial sweetener chất tạo ngọt nhân tạo
5	汗	あせ **カン**	**発汗**(はっかん)を促(うなが)す	Encourage perspiration làm mồ hôi
6	顔	かお **ガン**	**洗顔**用(せんがんよう)の石(せっ)けん	Face-washing soapxà phòng rửa mặt
7	元	もと ゲン **ガン**	**元旦**(がんたん)	New Year's Day ngày mùng 1 năm mới
8	喜	よろこ-ぶ **キ**	**歓喜**(かんき)の声(こえ)を上(あ)げる	Raise a shout of joy cất giọng vui mừng
9	供	そな-える ども キョウ **ク**	死者(ししゃ)を**供養する**(くよう)	Mourn the dead cúng người mất
			花(はな)を**供える**(そな)	Make an offering of flowers cúng hoa
10	掘	ほ-る **クツ**	遺跡(いせき)を**発掘する**(はっくつ)	Excavate ruins khai quật di tích
11	賢	かしこ-い **ケン**	**賢人**(けんじん)に学(まな)ぶ	Learn from a wise person học người hiền tài
12	期	キ **ゴ**	**最期**(さいご)の時(とき)を迎(むか)える	Meet one's final moments đón nhận cái chết, cuối đời
13	口	くち コウ **ク**	**口頭**試験(こうとうしけん)	Oral exam kì thi phỏng vấnnói giọng
			優(やさ)しい**口調**(くちょう)	Kind ton nhẹ nhàng
14	泣	な-く **キュウ**	**号泣**(ごうきゅう)する	Cry bitterly khóc nức nở
15	谷	たに **コク**	**渓谷**(けいこく)	Ravine; gorge thung lũng
16	極	きわ-める キョク **ゴク**	**極秘**(ごくひ)の計画(けいかく)	Top-secret plan kế hoạch tối mật
17	建	た-つ た-てる ケン **コン**	寺(てら)の**建立**(こんりゅう) →11-2 ㉘	Erection of a temple xây dựng chùa chiền
18	根	ね **コン**	**根気**(こんき)よく続(つづ)ける	Continue with strong determination kiên trì tiếp tục
19	茶	チャ **サ**	**喫茶店**(きっさてん)	Café quán giải khát
20	細	ほそ-い ほそ-る こま-か こま-かい **サイ**	**細胞**(さいぼう)	Cell tế bào
21	切	き-れる き-る セツ **サイ**	**一切**(いっさい)認(みと)めない	Admit absolutely nothing tuyệt đối không chấp nhận
22	西	にし **セイ** **サイ**	**東西**南北(とうざいなんぼく)	The cardinal directions đông tây nam bắc
			北西(ほくせい)	northwest tây bắc
23	盛	も-る さか-る さか-ん **セイ** **ジョウ**	**最盛期**(さいせいき)	Height of prosperity thời kì thịnh vượng nhất,
			繁盛する(はんじょう)	to flourish đông khách
24	帯	おび **タイ**	**時間帯**(じかんたい)	Time period khoảng thời gian
25	持	も-つ **ジ**	彼女(かのじょ)を**支持する**(しじ)	Support her ủng hộ cô ấy
26	耳	みみ **ジ**	**耳鼻科**(じびか)	Otorhinology khoa tai mũi
27	砂	すな **シャ**	**土砂**(どしゃ)	Dirt đất cát
28	捨	す-てる **シャ**	**取捨選択**(しゅしゃせんたく)する	Make a selection chọn tốt bỏ xấu
29	窓	まど **ソウ**	高校(こうこう)の**同窓会**(どうそうかい)	High school reunion hội cựu học sinh trường cấp
30	取	と-る **シュ**	免許(めんきょ)を**取得する**(しゅとく)	Acquire a license lấy được giấy phép
31	秋	あき **シュウ**	**春夏秋冬**(しゅんかしゅうとう)	The four seasons xuân hạ thu đông

ドリル A 正しい読みをえらんでください。 1点×5

❶ 卒業したら調理師免許を<u>取得</u>するつもりだ。 a. しゅうとく b. しゅとく

❷ けんかして以来、あいつとは<u>一切</u>話をしていない。 a. いっせつ b. いっさい

❸ <u>繁盛</u>する店を目指して新しいメニューを開発している。 a. はんせい b. はんじょう

❹ この庭園は春<u>夏</u>秋冬いつ来ても楽しめる。 a. しゅう b. しゅ

❺ 今こっちに<u>会釈</u>した人、誰？ a. えしゃく b. いしゃく

ドリル B 正しい漢字をえらんでください。 1点×5

❶ 高校の同＿＿生と偶然、駅で会った。（そう） a. 窓 b. 卒 c. 級

❷ 混雑する時間＿＿を避けて移動する。（たい） a. 枠 b. 帯 c. 割

❸ 洗＿＿に適した水の温度は 30 ～ 35 度くらいです。（がん） a. 顔 b. 元 c. 汗

❹ 今、教授は発＿＿調査に行っているらしい。（くつ） a. 遺 b. 跡 b. 掘

❺ 全部じゃなくて、重要なものを取＿＿選択して。（しゃ） a. 断 b. 拾 c. 捨

ドリル C 正しいほうをえらんで、全部ひらがなで＿＿に書いてください。 1点× 10

れい 天気がいいから、（ⓐ公園 b. 道路）に行きましょう。 こうえん

❶ あの大女優が来日するという（a. 極秘 b. 歓喜）情報を手に入れた。 ＿＿＿＿

❷ 大勢の（a. 繁盛 b. 支持）を得て、彼女が代表になった。 ＿＿＿＿

❸ 子どもが（a. 根気 b. 号泣）して、お母さんが困っていた。 ＿＿＿＿

❹ 唐辛子には（a. 発汗 b. 甘味）を促す作用があるそうだ。 ＿＿＿＿

❺ あの先生は（a. 根気 b. 根本）強く子供たちに教えてくれた。 ＿＿＿＿

UNIT 11
N2－N5レベルの漢字

UNIT 11

2

新しい音読み②（あたらしいおんよみ）

／20

New On-yomi②／Cách đọc âm Hán mới ②

No.	Kanji	Readings	Example	Meaning
1	守	まも-る シュ	守備の練習をする（しゅび　れんしゅう）	Practice defense luyện tập bảo vệ
2	春	はる シュン	春夏秋冬（しゅんかしゅうとう）	The four seasons xuân hạ thu đông
3	暑	あつ-い ショ	残暑（ざんしょ）	Late summer heat nóng cuối hè
4	相	あい ソウ ショウ	首相（しゅしょう）	Prime minister thủ tướng
5	米	こめ ベイ マイ	新米教師（しんまいきょうし）	New instructor giáo viên trẻ
			米国（べいこく）	United States of America nước MỸ
6	声	こえ セイ	歓声（かんせい）	Shout of joy tiếng reo hò
7	晴	は-れる は-れ セイ	晴天（せいてん）	Clear skies trời nắng
8	雪	ゆき セツ	降雪量（こうせつりょう）	Amount of snowfall lượng tuyết rơi
9	川	かわ セン	河川（かせん）	Rivers sông suối
10	走	はし-る ソウ	100メートル競走（きょうそう）	100-meter race thi chạy 100m
11	息	いき ソク	休息をとる（きゅうそく）	Take a rest nghỉ giải lao
12	貸	か-す タイ	賃貸アパート（ちんたい）	Rental apartment chung cư cho thuê
13	打	う-つ ダ	危機を打開する（きき　だかい）	Break through a crisis vượt qua khủng hoảng
14	短	みじか-い タン	短期研修（たんきけんしゅう）	Short-term training thực tập ngắn hạn
15	昼	ひる チュウ	昼食（ちゅうしょく）	Lunch bữa trưa
16	都	みやこ ツ	その都度（つど）	On that occasion mỗi lúc như thế
17	体	からだ タイ テイ	本の体裁（ほん　ていさい）	Appearance of a book hình thức cuốn sách
18	池	いけ チ	電池（でんち）	Battery pin
19	渡	わた-る わた-す ト	土地を譲渡する（とち　じょうと）	Transfer land chuyển nhượng đất
20	冬	ふゆ トウ	春夏秋冬（しゅんかしゅうとう）	The four seasons xuân hạ thu đông
21	湯	ゆ トウ	熱湯（ねっとう）	Boiling water nước nóng
22	登	のぼ-る ト	登録する（とうろく）	Register đăng kí
23	鳴	な-く メイ	悲鳴（ひめい）	Shriek tiếng hét, tiếng kêu cứu
24	無	な-い ム ブ	無礼な男（ぶれい　おとこ）	Impolite man người đàn ông vô lễ
25	並	なら-ぶ なら-べる ヘイ	並行して進める（へいこう　すす）	Proceed in parallel thực hiện song song
26	発	ハツ ホツ	発作（ほっさ）	Attack; fit lên cơn bệnh
27	名	な メイ ミョウ	名字（みょうじ）	Family name họ
28	力	ちから リョク リキ	自力でやる（じりき）	Do on one's own strength tự làm bằng sức mình
29	立	た-つ た-てる リツ リュウ	寺の建立（てら　こんりゅう）	Erection of a temple xây dựng chùa chiền
30	緑	みどり リョク	緑地の役割（りょくち　やくわり）	The purpose of greenery chức năng của khu cây xanh
31	林	はやし リン	森林（しんりん）	Forest rừng

ドリル A　正しい読みをえらんでください。　1点×5

❶ 守備も攻撃も重要だ。　a. しゅんび　b. しゅび

❷ 首相が会見を開くらしい。　a. しゅそう　b. しゅしょう

❸ 安い賃貸の部屋を探しているんですが…。　a. ちんたい　b. ちんしゃく

❹ 同じ名字の人が大勢いるのでフルネームを伝えている。　a. びょうじ　b. みょうじ

❺ 発作が出たときのために薬をいつも持っている。　a. ほっさ　b. はっさく

ドリル B　正しい漢字をえらんでください。　1点×5

❶ ＿＿（ちゅう）食は外で食べてもお弁当を持ってきてもいいです。　a. 昼　b. 中　c. 夕

❷ ＿＿（たん）期アルバイト募集中。　a. 冬　b. 春　c. 短

❸ 変更が出たら、その＿＿（つ）度知らせて。　a. 次　b. 頻　c. 都

❹ 都会における＿＿（りょく）地の重要性が唱えられている。　a. 緑　b. 林　c. 森

❺ 遠くで悲＿＿（めい）が聞こえて車が去っていった。　a. 泣　b. 鳴　c. 迷

ドリル C　正しいほうをえらんで、全部ひらがなで＿＿に書いてください。　1点×10

れい　天気がいいから、（ⓐ 公園　b. 道路）に行きましょう。　こうえん

❶ 今年の９月は（a. 残暑　b. 晴天）が厳しかった。　＿＿＿＿

❷ 優勝者の名前が呼ばれると会場から（a. 歓喜　b. 歓声）が上がった。　＿＿＿＿

❸ 会員（a. 登録　b. 電池）にメールアドレスが必要になります。　＿＿＿＿

❹ （a. 熱湯　b. 発作）だとは知らずに触って火傷した。　＿＿＿＿

❺ 何か（a. 建立　b. 打開）策を考えないと会社が危ない。　＿＿＿＿

新しい訓読み①

あたら　くん よ

New Kun-yomi ①／Cách đọc âm Nhật (kunyomi) mớii ①

／20

No.	漢字	読み	例	意味
1	証	**(あかし)** ショウ	真実の**証**（しんじつ あかし）	Proof of the truth bằng chức sự thật
2	商	**あきな-う** ショウ	**商い**を始める（あきな はじ）	Begin business bắt đầu mở hàng
3	危	あぶな-い **あやう-い** キ	**危うい**状況（あや じょうきょう）	Dangerous situation tình trạng nguy hiểm
4	予	**(あらかじ-め)** ヨ	**予め**伝えておく（あらかじ つた）	Convey in advance truyền đạt trước
5	新	あたら-しい **あら-たな** シン	**新たな**挑戦（あら ちょうせん）	New challenge thử thách mới
6	在	**あ-る** ザイ	教育の**在り**方（きょういく あ かた）	The state of education vị trí của giáo dục
7	活	**(い-かす)** カツ	材料を**活かす**（ざいりょう い）	Make use of materials tận dụng nguyên liệu
8	労	**(いたわ-る)** ロウ	疲れた体を**労る**（つか からだ いたわ）	Nurse a tired body cho cơ thể mệt mỏi được nghỉ ngơi
9	否	**いな** ヒ	古さは**否めない**（ふる いな）	Undeniable oldness không thay đổi cái cũ
10	各	**おのおの** カク	**各々**の役割（おのおの やくわり）	Respective roles từng chức năng
11	上	うえ **かみ** ジョウ	風**上**に立つ（かざかみ た）	Stand windward trên cơ
12	空	そら あ-く **から** クウ	**空**っぽの箱（から はこ）	Empty box hộp rỗng
13	刻	**きざ-む** コク	たまねぎを**刻む**（きざ）	Chop onions băm hành
14	清	**きよ-い** セイ	**清い**心（きよ こころ）	A pure heart trái tim trong sáng
15	際	**きわ** サイ	窓**際**の席（まどぎわ せき）	Window seat chỗ ngồi gần cửa sổ
16	究	**きわ-める** キュウ	技術を**究める**（ぎじゅつ きわ）	Master a technique trau dồi kĩ thuật
17	小	ちい-さい **お** **こ** ショウ	**小**鳥（ことり）	Small bird chim nhỏ
			小川（おがわ）	stream sông nhỏ
18	試	ため-す **こころ-みる** シ	新しい方法を**試みる**（あたら ほうほう こころ）	Try out a new method thử phương pháp mới
19	混	ま-ざる ま-ぜる **こ-む** コン	**混ん**でいる電車（こ でんしゃ）	Crowded train tàu điện đông người
20	指	ゆび **さ-す** シ	その言葉が**指す**もの（こと ば さ）	What that word refers to thứ từ đó ám chỉ
21	授	**さず-かる** さず-ける ジュ	子供を**授かる**（こども さず）	Be blessed with a child mang thai
22	強	つよ-い **し-いる** キョウ ゴウ	協力を**強いる**（きょうりょく し）	Force cooperation bắt phải hợp tác
23	退	**しりぞ-く** タイ	代表を**退く**（だいひょう しりぞ）	Resign from being representative rời khỏi vị trí đại diện
24	末	**すえ** マツ	議論の**末**（ぎろん すえ）	The end of the discussion sau khi thảo luận
25	住	す-む **す-まう** ジュウ	新しい**住まい**（あたら す）	New dwelling nơi ở mới
26	外	そと **はず-す** **ほか** ガイ **ゲ**	名札を**外す**（なふだ はず）	Remove a name tag tháo bảng tên ra
			その**外**（ほか）	other ngoài ra
			外科（げか）	surgery khoa ngoại
27	反	**そ-る** ハン	体を**反る**（からだ そ）	Bend one's body ườn người, cong người
28	類	**たぐい** ルイ	スマホやパソコンの**類**（たぐい）	The category of smartphones and computers các loại điện thoại thông minh, máy tính
29	経	た-つ **へ-る** ケイ	協議を**経て**決める（きょうぎ へ き）	Decide through a discussion quyết định sau khi đàm phám
30	度	**たび** ド	電話をする**度**に長話になる（でんわ たび ながばなし）	The conversation becomes long every call cứ gọi điện là nói chuyện lâu
31	民	**たみ** ミン	**民**の声に耳を傾ける（たみ こえ みみ かたむ）	Listen to the voices of the people lắng nghe tiếng nói người dân
32	費	**つい-やす** ヒ	調査に時間を**費やす**（ちょうさ じかん つい）	Spend time on an investigation dành thời gian vào nghiên cứu

ドリル A　正しい読みをえらんでください。　1点×5

❶ 早く帰ることを<u>予め</u>言っておいたほうがいい。　a. あらはじめ　b. あらかじめ

❷ <u>空</u>になった箱、もらってもいい？　a. から　b. くう

❸ 引っ越しをして、<u>新たな</u>生活が始まった。　a. あらたな　b. あたらな

❹ 宿泊先では<u>小鳥</u>の声で目が覚めた。　a. おとり　b. ことり

❺ 大げんかの<u>末</u>、仲良くなった。　a. まつ　b. すえ

ドリル B　正しい漢字をえらんでください。　1点×5

❶ これまでの経験を＿＿（い）かせる仕事を探している。　a. 利　b. 活　c. 労

❷ 準備不足は＿＿（いな）めないが、最善を尽くそう。　a. 否　b. 異　c. 嫌

❸ 野菜を＿＿（きざ）んで炒めます。　a. 微　b. 細　c. 刻

❹ それほど＿＿（こ）んでいない車両に乗れた。　a. 混　b. 滞　c. 空

❺ 何時間も＿＿（つい）やしたデータが消えてしまった。　a. 経　b. 究　c. 費

ドリル C　正しいほうをえらんで、全部ひらがなで＿＿に書いてください。　1点×10

れい　天気がいいから、（ⓐ公園　b. 道路）に行きましょう。　こうえん

❶ 明日から新しい練習を（a. 試みて　b. 強いて）みよう。　＿＿＿＿

❷ 会長を（a. 費やした　b. 退いた）後は何をされるんですか。　＿＿＿＿

❸ 眼鏡を（a. 外して　b. 授けて）写真を撮った。　＿＿＿＿

❹ 体を（a. 経たり　b. 反ったり）腕を伸ばすと体がほぐれますよ。　＿＿＿＿

❺ 母に会う（a. 末　b. 度）に生活の心配をされる。　＿＿＿＿

UNIT 11
4

新しい訓読み②
あたら　くん よ

New Kun-yomi ②／Cách đọc âm Nhật (kunyomi) mới②

／20

No.	漢字	読み	例	意味
1	仕	つか-える シ	長年、彼に仕える ながねん かれ つか	Be in his service for many years phục vụ anh ấy nhiều năm
2	司	(つかさど-る) シ	意思決定を司る い し けってい つかさど	Rule over decision making chi phối, điều khiển quyết định ý chí
3	集	あつ-まる つど-う シュウ	多くの若者が集う おお わかもの つど	Many young people gather nhiều người trẻ tụ tập
4	角	かど つの カク	鹿の角 しか つの	A deer's horns sừng hươu
5	説	と-く セツ	教育の大切さを説く きょういく たいせつ と	Preach the importance of education diễn thuyết về tầm quan trọng của giáo dục
6	研	と-ぐ ケン	刀を研ぐ かたな と	Sharpen a sword mài dao
7	常	つね とこ ジョウ	常夏の島 とこなつ しま	Everlasting summer đảo nhiệt đới
8	点	(とも-る) テン	灯りが点る あか とも	A lamp burns sáng đèn
9	半	なか-ば ハン	来週の半ば らいしゅう なか	The halfway point of next week giữa tuần
10	失	うしな-う (な-くす) シツ	かぎを失くす な	Lose one's keys làm mất chìa khóa
11	情	なさけ なさ-け ジョウ	情けない成績 なさ せいせき	Shameful results thành tích đáng xấu hổ
12	等	(など) トウ	現金やカード等の貴重品 げんきん など き ちょうひん	Valuables such as cash and cards đồ quý như tiền mặt, thẻ
13	成	な-る セイ	事の成り行き こと な ゆ	The course of events tình cờ, theo tự nhiên
14	主	おも-な ぬし (あるじ) シュ	車の持ち主 くるま も ぬし	The owner of a car chủ xe
			家の主 いえ あるじ	the head of a family chủ nhà
15	音	おと ね オン	きれいな音色 ね いろ	A beautiful tone âm sắc đẹp
16	練	ね-る レン	計画を練る けいかく ね	Refine a plan kế hoạch
17	後	あと のち ゴ コウ	後に王になる のち おう	Later become king sau đó trở thành vua
			後輩 こうはい	junior đàn em
18	計	はか-る ケイ	時間を計る じ かん はか	Gauge time tính thời gian
19	図	ず はか-る ト	解決を図る かいけつ はか	Plan a solution tìm cách giải quyết
20	化	ば-ける カ ケ	人間に化ける にんげん ば	Transform into a human hóa thành con người
21	額	ひたい ガク	額の汗 ひたい あせ	Forehead sweat mồ hôi trán
22	干	ほ-す ひ-る カン	干物 ひ もの	Dried fish đồ khô
			若干名 じゃっかんめい	several individuals vài người
23	節	ふし セツ	人生の節目 じんせい ふし め	A turning point in life dấu mốc trong cuộc đời
24	他	ほか タ	他の人にも聞いてみる ほか ひと き	Try asking other people thử hỏi người khác
25	勝	か-つ まさ-る ショウ	相手に勝る あい て まさ	Defeat an opponent thắng đối phương
26	未	(ま-だ) (いま-だ) ミ	未だ決めていない ま き	Not decided yet vẫn chưa quyết định
27	実	みの-る ジツ	努力が実る ど りょく みの	Efforts bear fruit nỗ lực được đền đáp
28	若	わか-い も-しくは ジャク	5人若しくは6人 にん も にん	Five or possibly six people 5 người hoặc 6 người
			若干名 じゃっかんめい	several individuals vài người
29	専	もっぱ-ら セン	専ら本を読む もっぱ ほん よ	Devote oneself to reading a book chủ yếu là đọc sách
30	下	した さ-がる くだ-る くだ-す お-りる お-ろす しも もと カ ゲ	風下 かざしも	Leeward hướng gió (dưới chướng ai đó)
			監督の指示の下、練習をする かんとく し じ もと れんしゅう	practice under the instructions of the coach luyện tập dưới sự chỉ thị của huấn luyện viên
31	病	やまい ビョウ	不治の病 ふ じ やまい	Incurable malady bệnh nan y
32	故	ゆえ(-に) コ	故に失敗も多い ゆえ しっぱい おお	That is also why there are many failures lại còn nhiều thất bại

ドリル A　正しい読みをえらんでください。　1点×5

❶ 切れにくくなったから包丁を研いでもらおう。　a. といで　b. そいで

❷ 財布の持ち主が見つかってよかった。　a. ぬし　b. あるじ

❸ 朝食に出た魚の干物がおいしかった。　a. ほしもの　b. ひもの

❹ 正社員募集。若干名。　a. じゃくひめい　b. じゃっかんめい

❺ 先輩か後輩かなんて関係ない。　a. ごはい　b. こうはい

ドリル B　正しい漢字をえらんでください。　1点×5

❶ この医師は十分な睡眠の重要性を___（と）いている。　a. 得　b. 解　c. 説

❷ 来月の___（なか）ばまでに提出できますか。　a. 中　b. 半　c. 途

❸ ___（ひたい）が出るような髪型にしたいんですが。　a. 下　b. 節　c. 額

❹ ___（ま）だ誰も達成していない記録を出した。　a. 未　b. 実　c. 後

❺ 全国からファンが___（つど）った。　a. 司　b. 集　c. 仕

ドリル C　正しいほうをえらんで、全部ひらがなで___に書いてください。　1点×10

れい　天気がいいから、（ⓐ公園　b. 道路）に行きましょう。　こうえん

❶ 一回も勝てないなんて、自分が（a. 情けない　b. 失くす）。　＿＿＿＿

❷ 店内でピアノの（a. 角　b. 音色）が響いていた。　＿＿＿＿

❸ こいつは大物に（a. 化ける　b. 成す）と監督が言った。　＿＿＿＿

❹ これに（a. 勝る　b. 練る）料理にはまだ出あっていない。　＿＿＿＿

❺ 努力が（a. 専ら　b. 実って）、希望校に合格できた。　＿＿＿＿

まとめ問題 A

／20

問題 1 ＿＿＿の言葉の読み方として最もよいものを１・２・３・４から一つ選びなさい。

1 子どもたちは緊張する新米教師をからかい始めた。

1　しんべい　　2　しんまい　　3　あらごめ　　4　にいごめ

2 その建物は、古今東西見たことがないデザインだった。

1　とうせい　　2　とうさい　　3　とうさい　　4　とうざい

3 この寺が建立された年は災害が続いていたと言われている

1　けんたて　　2　こんだて　　3　こんりゅう　　4　けんりつ

4 土砂崩れで町の中心に繋がる道路が通れなくなっていた。

1　どさ　　2　どしゃ　　3　つちすな　　4　とすな

5 前日まで雨が降っていたが、大会当日は見事な晴天になった。

1　せいてん　　2　はれてん　　3　あおてん　　4　しょうてん

6 チームのメンバーは各々の準備を進めていた。

1　めいめい　　2　それぞれ　　3　かくかく　　4　おのおの

7 今、この類の問題は世界のあちこちで起きている。

1　しゅ　　2　るい　　3　たぐい　　4　あたり

8 見て！　この枝、動物の角みたい。

1　きば　　2　つの　　3　やえば　　4　つめ

9 退職後、父は近所の絵画 教室に通っている。

1　えかく　　2　かいかく　　3　えが　　4　かいが

10 高校時代は専らスポーツをしていて、勉強はあまりしなかった。

1　かたわら　　2　もっぱら　　3　ひたすら　　4　おたくら

問題2　（　　　）に入れるのに最もよいものを１・２・３・４から一つ選びなさい。

1 家族だけで始めた小さな（　　　　）が、10年後に立派な会社になった。

1　発作　　2　商い　　3　支持　　4　打開

2 ３年ぶりに帰国した際、祖父が眠る墓に花を（　　　　）きた。

1　授けて　　2　譲渡して　　3　緑化して　　4　供えて

3 まさに今が、人生の（　　　　）といえるだろう。

1　証　　2　歓喜　　3　節目　　4　号泣

4 ずっと（　　　　）きた師匠のもとを離れ、独立することにした。

1　仕えて　　2　図って　　3　指して　　4　強いて

5 記憶を（　　　　）部分に障害が残るおそれもある。

1　経る　　2　司る　　3　勝る　　4　実る

6 何日もかけて（　　　　）プランが、彼女の一言で消えてしまった。

1　計った　　2　集った　　3　費やした　　4　練った

7 彼を信用していたが、（　　　　）嘘をつかれたようで、がっかりした。

1　半ば　　2　黙って　　3　危うい　　4　否めず

問題3　＿＿＿の言葉に意味が最も近いものを１・２・３・４から一つ選びなさい。

1 彼の最期は妻と子供に囲まれて迎えた。

1　ゴールの瞬間　　2　ステージ発表のアンコール

3　人生で一番嬉しい時期　　4　死ぬとき

2 今日は体を労わってあげてくださいね。

1　やさしく大事にして　　2　ゆっくり動かして

3　十分に伸ばして　　4　汚れを落として

3 根気よく続ければ、いつかは道が開ける。

1　気持ちよく　　2　あきらめないで　　3　元気に　　4　しっかり立って

UNIT 11

まとめ問題B

／10

問題1 ①〜③の漢字をひらがなにして、＿＿＿部を全部ひらがなで書きなさい。（1点×6=6点）

(1) ここ半年くらい、ずっと忙しかったので、休みをとって①常夏の島でのんびりしたいと思った。何も考えず頭を②空っぽにして、南国の花の香りや海から運ばれる風の匂い、心地よく響く楽器の③音色だけを感じて……。

①	②	③

(2) 代表を①退いた今も、あの暑さの中、②額の汗を拭いながら走った時のことが忘れられない。自分の名前を呼ぶ③声援に励まされ、ゴールを目指して無我夢中で走ったのだった。

①	②	③

問題2 文の内容に合うよう、下のa〜hから適当なものを1つ選んで（　）に入れなさい。（1点×4=4点）

警察は犯人に優しい①（　　　）で②（　　　）強く説得を続けた。長時間に及ぶやり取りの③（　　　）、犯人は④（　　　）し、人質を解放した。

a. 末　b. 故　c. 証　d. 号泣　e. 口調　f. 根気　g. 悲鳴　h. 自力

①	②	③	④

難易度の高い漢字
なんいど　たか　かんじ

Highly Difficult Kanji ／ Chữ Hán có độ khó cao

1

N1 レベル相当と思われる漢字の中でも、より難易度の高い漢字のリストです。

This is a list of kanji that are especially difficult even among those thought to be at the N1 level.
Đây là danh sách những chữ Hán có độ khó cao trong số những chữ Hán tương đương cấp độ N1.

No.	漢字（かんじ）	読み（よ）	熟語（じゅくご）	翻訳（ほんやく）
1	挨	あい	挨拶（あいさつ）(する)	(to) greet chào hỏi
2	諦	あきら-める テイ	諦（あきら）める	give up bỏ cuộc
3	嘲	あざけ-る チョウ	嘲笑（あざわら）う	ridicule cười khẩy, cười đểu
			嘲笑（ちょうしょう）(する)	(to) sneer khinh miệt
4	尼	あま ニ	尼（あま）	nun ni cô
5	幾	いく キ	幾（いく）つ	how many mấy cái
6	萎	い な-える	萎縮（いしゅく）(する)	(to) wither teo đi
7	彙	い	語彙（ごい）	vocabulary từ vựng
8	悼	いた-む トウ	悼（いた）む	mourn thương xót, đau buồn
9	煎	い-る セン	煎（い）る	roast rang
10	閲	エツ	閲覧（えつらん）(する)	(to) read xem, tìm hiểu
11	伯	(おじ) ハク	伯父（おじ）	uncle chú bác
		(おば) ハク	伯母（おば）	aunt cô dì
12	凹	おう	凹凸（おうとつ）	unevenness lồi lõm
13	覆	くつがえ-る くつがえ-す おお-う フク	覆（おお）う	cover phủ lên, bao trùm
14	沖	おき チュウ	沖（おき）	at sea vịnh
			沖縄（おきなわ）	Okinawa Okinawa
15	卸	おろ-す おろし	卸（おろ）す	sell wholesale bỏ buôn, bỏ ra để dùng
16	禍	わざわ-い カ	コロナ禍（か）	coronavirus epidemic dịch corona
17	賀	ガ	年賀状（ねんがじょう）	New Year's card thiếp chúc tết
			祝賀会（しゅくがかい）	celebration tiệc chúc mừng
18	該	ガイ	該当（がいとう）(する)	(to be) applicable tương ứng, liên quan
19	岳	たけ ガク	山岳地帯（さんがくちたい）	mountainous region miền núi
20	賭	か-ける ト	賭（か）ける	bet đánh cược
21	塊	かたまり カイ	塊（かたまり）	lump tảng
22	括	カツ	一括（いっかつ）(する)	(to) bundle làm một lượt
23	鐘	かね ショウ	鐘（かね）	bell chuông
24	殻	から カク	殻（から）	husk vỏ (ốc, hến)
25	棋	キ	将棋（しょうぎ）	shogi cờ tướng
26	汽	キ	汽車（きしゃ）	railway train tàu hỏa
27	妃	(きさき) ヒ	妃（きさき）	crown princess công nương, hoàng hậu
28	享	キョウ	享受（きょうじゅ）(する)	(to) enjoy thụ hưởng

No.	漢字	読み	語 (読み)	English	Tiếng Việt
1	繰	く-る	繰り返す (く かえ)	repeat	lặp đi lặp lại
			繰り上げる (く あ)	move up	thực hiện sớm hơn dự định
2	茎	くき ケイ	茎 (くき)	stem	thân cây
3	鯨	くじら ゲイ	鯨 (くじら)	whale	cá voi
4	郡	グン	郡 (ぐん)	county	đơn vị hành chính huyện
5	径	ケイ	直径 (ちょっけい)	diameter	dđường kính
6	桁	けた	桁 (けた)	digit; beam	chữ số
7	更	ふ-ける ふ-かす さら コウ	更新(する) (こうしん)	(to) update	thay đổi, gia hạn, làm mới
8	碁	ゴ	囲碁 (い ご)	go (board game)	cờ vây
9	衡	コウ	均衡(する) (きんこう)	(to) balance	cân bằng
10	鼓	つづみ コ	太鼓 (たい こ)	taiko	trống gỗ
11	乞	こ-う	乞う (こ)	beg	cầu xin, van xin
12	挫	ザ	挫折(する) (ざ せつ)	(to) suffer a setback	chán chường, gục ngã
13	遮	さえぎ-る シャ	遮る (さえぎ)	interrupt	chặn lại
14	拶	サツ	挨拶(する) (あいさつ)	(to) greet	chào hỏi
15	暫	ザン	暫定的(な) (ざんていてき)	temporary	mang tính tạm thời
16	斬	き-る ザン	斬新(な) (ざんしん)	innovative	mới mẻ
17	肢	シ	選択肢 (せんたく し)	option	các lựa chọn
18	軸	じく	軸 (じく)	axis	trục
19	鎮	しず-める チン	鎮める (しず)	(to) calm down	làm dịu lại
20	疾	シツ	疾病 (しっぺい)	disease	bệnh dịch
21	絞	しぼ-る コウ	絞る (しぼ)	wring	vắt, khoanh vùng lại
22	舎	(いなか) シャ	田舎 (い な か)	rural area	nông thôn
23	儒	ジュ	儒教 (じゅきょう)	Confucianism	Nho giáo
24	酬	シュウ	報酬 (ほうしゅう)	reward	thù lao
25	粛	シュク	自粛(する) (じ しゅく)	(to) practice self-restraint	tự túc, tự quyết định
26	称	ショウ	名称 (めいしょう)	name	tên gọi
			称する (しょう)	to name	gọi là ~
27	匠	ショウ	師匠 (し しょう)	master	sư phụ
28	訟	ショウ	訴訟 (そ しょう)	lawsuit	tố tụng
29	掌	ショウ	車掌 (しゃしょう)	conductor	nhân viên soát vé tàu
30	昭	ショウ	昭和 (しょう わ)	Showa (period)	Showa
31	嬢	ジョウ	お嬢様 (じょうさま)	young lady	con gái (khi gọi con gái người khác), cô gái
32	芯	シン	芯 (しん)	core	tâm, ruột (đồ vật)
33	娠	シン	妊娠(する) (にんしん)	(to become) pregnant	mang thai
34	陣	ジン	経営陣 (けいえいじん)	the management	nhóm điều hành

No.	漢字	読み	語	読み方	English	Tiếng Việt
1	裾	すそ	裾	すそ	hem	tay áo
2	墨	すみ ボク	墨	すみ	ink	mực
3	征	セイ	征服(する)	せいふく	(to) conquer	chinh phục
4	籍	セキ	戸籍	こ せき	family register	hộ khẩu
5	斥	セキ	排斥(する)	はいせき	(to) exclude	bài trừ, tẩy chay
6	摂	(と-る) セツ	摂取(する)	せっしゅ	(to) absorb	hấp thụ
7	栓	セン	栓	せん	cork	nút (chai v.v…)
8	賊	ゾク	盗賊	とうぞく	thief	đạo tặc
9	拓	タク	開拓(する)	かいたく	(to) pioneer	khai thacs
10	賜	たまわ-る シ	賜る	たまわ	honor; bestow	nhận (khiêm nhường)
11	旦	タン ダン	旦那	だん な	master; husband	chồng
			元旦	がんたん	New Year's Day	ngày mùng 1 năm mới
12	衷	チュウ	折衷案	せっちゅうあん	compromise	phương án chấp nhận được
13	腸	チョウ	腸	ちょう	intestines	ruột
14	陳	チン	陳列(する)	ちんれつ	(to) exhibit	trưng bày
15	潰	つぶ-れる つぶ-す カイ	潰れる	つぶ	crush	sập
16	邸	テイ	豪邸	ごうてい	mansion	dinh thự
17	亭	テイ	亭主	ていしゅ	head of household	chủ nhà
18	藤	ふじ トウ	葛藤(する)	かっとう	(to become) entangled	đấu tranh tư tưởng
19	峠	とうげ	峠	とうげ	mountain pass	đèo
20	凸	とつ	凹凸	おうとつ	unevenness	lồi lõm
21	虹	にじ	虹	にじ	rainbow	cầu vồng
22	呪	のろ-う ジュ	呪う	のろ	curse	nguyền rủa
23	諮	はか-る シ	諮る	はか	consult with	chưng cầu ý kiến
24	箸	はし	箸	はし	chopsticks	đũa
25	伐	バツ	伐採(する)	ばっさい	(to) cut down	chặt
26	閥	バツ	財閥	ざいばつ	financial conglomerate	tài phiệt
27	貼	は-る	貼る	は	spread; stick	dán
28	班	ハン	班	はん	squad	nhóm, đội
29	盤	バン	基盤	き ばん	base	nền tảng
30	蛮	バン	野蛮(な)	や ばん	savage	hoang dã, dã man
31	泌	ヒツ ヒ	分泌(する)	ぶんぴつ	secretion	bài tiết
32	姫	ひめ	お姫様	ひめさま	princess	công chúa
33	譜	フ	楽譜	がく ふ	sheet music	bản nhạc
34	笛	ふえ テキ	笛	ふえ	flute	sáo
35	伏	ふ-せる ふ-す フク	伏せる	ふ	conceal	rình
			起伏	き ふく	ups and downs	gồ ghề
37	扶	フ	扶養(する)	ふ よう	support	nuôi dưỡng
36	璧	ヘキ	完璧(な)	かんぺき	perfect	hoàn hảo

No.	漢字	読み	語	English	Tiếng Việt
1	舗	(しにせ) ホ	舗装(する)（ほそう）	pave	lát nền, đổ nền
			老舗（しにせ）	established shop	cửa tiệm lâu đời
2	砲	ホウ	鉄砲（てっぽう）	gun	súng
3	某	ボウ	某～（ぼう）	a certain ~	một ~
4	朴	ボク	素朴(な)（そぼく）	simple	đơn giản, thuần túy
5	牧	まき ボク	牧場（ぼくじょう）	farm	trang trại
			牧師（ぼくし）	pastor	tu sĩ
6	没	ボツ	沈没(する)（ちんぼつ）	(to) sink	chìm
7	堀	ほり	堀（ほり）	moat	hào
8	膜	まく	膜（まく）	membrane	màng
9	拙	(まず-い) つたな-い セツ	拙い（つたな）	awkward	xấu xí, non nớt
10	松	まつ ショウ	松（まつ）	pine	cây tùng
11	溝	みぞ コウ	溝（みぞ）	ditch	rãnh, cống
12	醜	みにく-い シュウ	醜い（みにく）	ugly	xấu xí
13	棟	むね むな トウ	別棟（べつむね）	separate building	tòa nhà khác
			病棟（びょうとう）	(hospital) ward	tòa khám chữa bệnh
14	盲	モウ	盲点（もうてん）	blind spot	điểm chết
15	猛	モウ	猛烈(な)（もうれつ）	violent; intense	mãnh liệt
16	奴	(やつ) ド	奴（やつ）	person	thằng, đứa
17	闇	やみ	闇（やみ）	darkness	bóng tối
18	愉	(たの-しい) ユ	愉快(な)（ゆかい）	pleasant	thoải mái
19	幽	ユウ	幽霊（ゆうれい）	ghost	hồn ma
20	憂	うれ-える うれ-い う-い ユウ	憂うつ(な)（ゆう）	depressing	ủ dột
21	幽	ユウ	幽霊（ゆうれい）	ghost	hoốn ma
22	擁	ヨウ	擁護(する)（ようご）	(to) advocate for	ôm
23	羅	ラ	網羅(する)（もうら）	(to) include	bao hàm, bao phủ
24	里	さと リ	郷里（きょうり）	birthplace	quê hương
25	猟	リョウ	猟（りょう）	hunting	săn bắt
			猟師（りょうし）	hunter	thợ săn
26	陵	リョウ	丘陵（きゅうりょう）	hill	đồi
27	瞭	リョウ	明瞭(な)（めいりょう）	clear	rõ ràng
28	倫	リン	倫理（りんり）	ethics	đạo lí, luân lí
29	累	ルイ	累計(する)（るいけい）	(to) total	tổng cộng
30	霊	レイ	霊（れい）	soul; spirit	hồn
31	零	レイ	零時（れいじ）	twelve o'clock	0 giờ
			零細（れいさい）	paltry	rất nhỏ
32	隷	レイ	奴隷（どれい）	slave	nô lệ
33	郎	ロウ	新郎（しんろう）	bridegroom	chú rể

実力テスト 第1回
じつりょく　だい　かい

Practice Exam the 1st／Bài kiểm tra thực lực lần thứ nhất

／13
目標8点
もくひょう　てん

問題１ ＿＿＿のことばの読み方として最もよいものを、１・２・３・４から一つ選びなさい。

1 職人は僅かな違いも見逃さなかった。

1 ほのかな　2 かすかな　3 わずかな　4 はるかな

2 日頃の行いが悪かったのか、寄付をしたのに偽善と言われた。

1 ぎぜん　2 ぎよし　3 にせぜん　4 にせよし

3 他社に倣って採用方法を少し変えることにした。

1 そろって　2 ならって　3 おもねって　4 ほおって

4 A社は会社の規模は小さいが、世界トップのシェアを誇っている。

1 きぼ　2 きも　3 ぎぼ　4 ぎも

5 友達に過去の恥ずかしい失敗を暴露された。

1 ぼうろ　2 ばくゆ　3 ぼうゆ　4 ばくろ

6 最近、食べ過ぎてしまうことが多いので、自分を戒めています。

1 はずかしめて　2 いましめて　3 なぐさめて　4 いやしめて

問題２　（　　　）に入れるのに最もよいものを、１・２・３・４から一つ選びなさい。

1 デマが流れ、集まった人々は大混乱に（　　　）ました。

1　遡り　　2　陥り　　3　契り　　4　潜り

2 工事の（　　　）状況について説明を受けた。

1　奮闘　　2　緊迫　　3　運搬　　4　進捗

3 多くが彼女を批判するなか、彼だけは（　　　）した。

1　解釈　　2　救護　　3　擁護　　4　承諾

4 この辺りにはラーメン屋が多く、もう（　　　）状態に近い。

1　増殖　　2　充実　　3　飽和　　4　停滞

5 彼と話しているといつも（　　　）する。

1　脱線　　2　失脚　　3　円滑　　4　豪快

6 事実をもとにした映画ですが、（　　　）の人物も入っています。

1　中堅　　2　比喩　　3　起源　　4　架空

7（　　　）を見れば、昨日どのウェブサイトを見たか、わかる。

1　履歴　　2　探索　　3　奇跡　　4　実践

実力テスト 第2回

Practice Exam the 2nd／Bài kiểm tra thực lực lần thứ 2

／13
目標8点

問題1 ＿＿＿のことばの読み方として最もよいものを、1・2・3・4から一つ選びなさい。

1 彼女は鮮やかな赤のドレスで現れた。

1 はなやかな　2 きらびやかな　3 さわやかな　4 あざやかな

2 卒業後にプロになった彼は羨望の的だった。

1 じぼう　2 じもう　3 せんぼう　4 せんもう

3 課長は指示をした覚えはないと言って、責任を免れようとしていた。

1 のがれよう　2 さかれよう　3 まぬかれよう　4 ふれよう

4 容疑者は大筋で容疑を認めたということだ。

1 おおすじ　2 おおきん　3 だいすじ　4 だいきん

5 この料理の発祥については諸説ある。

1 ほっしょう　2 はっしょう　3 ほったん　4 はったん

6 厳かに新年を迎える日本と違い、ここではとても賑やかだった。

1 おごそかに　2 ゆるやかに　3 おだやかに　4 ひそかに

問題2 （　　　）に入れるのに最もよいものを、1・2・3・4から一つ選びなさい。

1 （　　　）な景色を前に、思わず言葉を失った。

1 雄大　　2 陳腐　　3 繁栄　　4 丘陵

2 あの時以来、彼とは（　　　）になっている。

1 干渉　　2 間隔　　3 疎遠　　4 拘束

3 彼は脅しに（　　　）仲間を裏切るようなことはしない。

1 即して　　2 屈して　　3 徹して　　4 属して

4 あんな発言をするなんて、想像力が（　　　）しているんだろう。

1 喪失　　2 逝去　　3 遭難　　4 欠如

5 彼女はまた、（　　　）に自慢話を始めた。

1 衝突　　2 攻撃　　3 唐突　　4 対抗

6 転職して、（　　　）が少し良くなった。

1 余興　　2 順序　　3 所属　　4 待遇

7 科学と芸術を（　　　）した作品に取り組んでいる。

1 縦断　　2 融合　　3 措置　　4 整頓

N2 漢字（かんじ）チェックリスト

N2 Kanji Checklist／Danh bạ N2 Kanji

本（ほん）シリーズのN2編（へん）で取（と）り上（あ）げた漢字（かんじ）のリストです。読（よ）みは、N1レベルとして主（おも）なものを載（の）せ、一部（いちぶ）は割愛（かつあい）しています。

This is a list of kanji introduced in the N2 edition of this series. The listed readings are primarily those that are N1 level, and some are omitted.
Đây là danh sách những chữ Hán được giới thiệu ở phần N2 của bộ sách này. Tôi chỉ chủ yếu đưa ra những chữ có cách đọc ở cấp độ N1 và lược bớt 1 phần.

訓読（くんよ）みのあいうえお順（じゅん）　★…特別（とくべつ）な読（よ）み方（かた）

No.	漢字（かんじ）	読（よ）み方（かた）	例（れい）	翻訳（ほんやく）
1	愛	アイ	□ 愛（あい）	love tình yêu
			□ 愛する（あい）	(to) love yêu
			□ 愛情（あいじょう）	affection tình cảm
			□ 恋愛（れんあい）(する)	(to have a) romance yêu
2	相	あい ソウ ショウ	□ 相手（あいて）	other party đối phương
			□ 相変（あいか）わらず	as always vẫn thế, không thay đổi
			□ 相談（そうだん）(する)	(to) discuss tư vấn
			□ 首相（しゅしょう）	prime minister thủ tướng
3	明	あ-ける あか-るい あき-らか あ-かり メイ ミョウ	□ 明（あき）らか(な)	clear rõ ràng
			□ 明日（あす）	tomorrow ngày mai
			□ 説明（せつめい）(する)	(to) explain giải thích
4	浅	あさ-い	□ 浅（あさ）い	shallow nông
5	与	あた-える ヨ	□ 与（あた）える	give to tạo ra, ban phát
			□ 給与（きゅうよ）	pay lương
6	新	あたら-しい あら-た シン	□ 新（あら）た(な)	new mới
7	辺	あた-り ヘン	□ 辺（あた）り	surrounds xung quanh
8	圧	アツ	□ 圧力（あつりょく）	pressure áp lực
			□ 血圧（けつあつ）	blood pressure huyết áp
9	姉	あね シ	□ 姉妹（しまい）	sisters chị em
10	暴	あば-れる ボウ バク	□ (~が)暴（あば）れる	go wild ~ làm loạn
			□ 暴力（ぼうりょく）	violence bạo lực
			□ 乱暴（らんぼう）(な)	rough thô lỗ
11	浴	あ-びる ヨク	□ 浴（あ）びる	be exposed to tắm
			□ 海水浴（かいすいよく）	ocean bathing tắm biển
			□ 浴衣（ゆかた）★	yukata áo yukata
12	甘	あま-える あま-やかす あま-い カン	□ 甘（あま）い	sweet ngọt
			□ 甘口（あまくち）	mild vị ngọt
			□ 甘（あま）やかす	spoil nuông chiều
13	余	あま-る ヨ	□ 余（あま）る	remain thừa
			□ 余（あま）り	remainder hơn
			□ 余分（よぶん）	excess chỗ thừa
14	編	あ-む ヘン	□ 編集（へんしゅう）(する)	(to) edit biên tập
			□ 編集者（へんしゅうしゃ）	editor người biên tập
			□ 編（あ）む	knit đan
			□ 編（あ）み物（もの）	knitted goods đồ đan móc
15	誤	あやま-る ゴ	□ 誤（あやま）り	mistake nhầm lẫn
			□ 誤解（ごかい）(する)	(to) misunderstand hiểu lầm
16	荒	あら-い あ-れる あ-らす コウ	□ 荒（あ）れる	become rough (da) nứt nẻ, (biển) động
			□ 荒（あら）い	rough thô ráp
17	争	あらそ-う ソウ	□ 戦争（せんそう）	war chiến tranh
			□ 争（あらそ）う	dispute tranh giành
18	改	あらた-める カイ	□ 改（あらた）める	revise làm lại
			□ 改正（かいせい）(する)	(to) amend cải chính, cải cách
19	案	アン	□ 案内（あんない）(する)	(to) guide hướng dẫn
			□ 案（あん）	proposal đề xuất
			□ 計画案（けいかくあん）	schedule bản kế hoạch
20	衣	イ	□ 衣類（いるい）	clothing quần áo
			□ 衣服（いふく）	garments quần áo
			□ 衣装（いしょう）	clothing y phục
			□ 衣食住（いしょくじゅう）	housing, food, and clothing mặc ăn ở
			□ 浴衣（ゆかた）★	yukata áo yukata

No.	Kanji	Reading	Word	Furigana	English	Vietnamese
21	偉	えら-い イ	□ 偉い	えら	grand	giỏi
			□ 偉大(な)	い だい	great	vĩ đại
22	依	イ	□ 依頼(する)	い らい	(to) request	nhờ vả
			□ (～に)依存(する)	い ぞん/そん	(to) rely on	phụ thuộc vào ~
23	胃	イ	□ 胃	い	stomach	dạ dày
24	委	イ	□ 委員	い いん	committee member	ủy viên
			□ 委員会	い いんかい	committee	ban chấp hành
			□ 委員長	い いんちょう	committee chair	bí thư
25	居	い-る キョ	□ 住居	じゅうきょ	residence	nhà ở
			□ 居間	い ま	living room	phòng khách
			□ 入居(する)	にゅうきょ	(to) move in	vào ở
			□ 居眠り(する)	い ねむ	(to) nap	ngủ gật
			□ 居酒屋	い ざか や	pub	quán nhậu
26	言	い-う こと ゲン ゴン	□ 言葉	こと ば	word	lời nói
			□ 一言	ひとこと	a word	một lời
			□ 独り言	ひと ごと	monologue	nói một mình
			□ 言語	げん ご	language	ngôn ngữ
			□ 方言	ほうげん	dialect	từ địa phương
			□ 伝言	でんごん	message	lời nhắn
27	怒	いか-る おこ-る ド	□ 怒る	いか	mad	giận
28	域	イキ	□ 地域	ち いき	area	vùng
			□ 区域	く いき	domain	khu vực
			□ 流域	りゅういき	basin	lưu vực
29	勢	いきお-い セイ	□ 勢い	いきお	force	đà
			□ 勢力	せいりょく	power	sức mạnh
			□ 大勢	おおぜい	large group	nhiều, nhiều người
30	泉	いずみ セン	□ 泉	いずみ	spring	suối
			□ 温泉	おんせん	hot spring	suối nước nóng
31	板	いた バン	□ 板	いた	board	tấm gỗ
			□ 掲示板	けい じ ばん	message board	bảng thông báo
			□ 看板	かんばん	signboard	biển hiệu
32	頂	いただ-く チョウ	□ 頂く	いただ	receive	nhận
			□ 頂上	ちょうじょう	summit	đỉnh
			□ 頂点	ちょうてん	apex	đỉnh
33	糸	いと	□ 糸	いと	thread	chỉ
			□ 毛糸	け いと	wool	len
34	犬	いぬ ケン	□ 警察犬	けいさつけん	police dog	chó cảnh sát
			□ 大型犬	おおがたけん	large dog	chó kích thước lớn
35	命	いのち メイ	□ 命	いのち	life	sinh mạng
			□ 命令(する)	めいれい	(to) order	ra lệnh
			□ 生命	せいめい	life	sinh mạng
36	祈	いの-る	□ 祈る	いの	pray	cầu nguyện
			□ 祈り	いの	prayer	sự cầu nguyện
37	今	いま コン	□ 今後	こん ご	the future	sau này
			□ 今度	こん ど	the latest	lần sau
			□ 今回	こんかい	this time	lần này
			□ 今日	こんにち	today	xin chào
			□ 今日*	きょう	today	hôm nay
38	妹	いもうと マイ	□ 姉妹	し まい	sisters	chị em
39	要	い-る ヨウ	□ (～が)要る	い	require	cần ~
			□ 需要	じゅよう	demand	nhu cầu
			□ 要点	ようてん	important points	điểm chính
40	因	イン	□ 原因	げんいん	cause	nguyên nhân
41	宇	ウ	□ 宇宙	う ちゅう	space	vũ trụ
42	伺	うかが-う	□ 伺う	うかが	visit	hỏi thăm
43	浮	う-く う-かぶ う-かべる	□ (～が)浮く	う	float	~ nổi
			□ (～が)浮かぶ	う	float	~ nổi lên
			□ (～を)浮かべる	う	float	làm cho ~ nổi
44	承	うけたまわ-る ショウ	□ 承る	うけたまわ	hear	nhận
			□ 承知(する)	しょう ち	(to) be aware of	biết
45	失	うしな-う シツ (な-くす)	□ 失う	うしな	lose	mất, đánh mất
			□ 失礼(な)	しつれい	rude	thất lễ
			□ 失敗(する)	しっぱい	(to) fail	thất bại

No.	Kanji	Readings	Word	Reading	English	Vietnamese
46	疑	うたが-う ギ	□ 疑う	うたが	doubt	nghi ngờ
			□ 疑問	ぎもん	doubts	nghi vấn
			□ 疑問点	ぎもんてん	points of doubt	điểm nghi vấn
47	移	うつ-る イ	□ 移る	うつ	move	chuyển, lây
			□ 移動(する)	いどう	(to) move	di chuyển
			□ 移転(する)	いてん	(to) relocate	di rời
48	海	うみ カイ	□ 海外	かいがい	overseas	hải ngoại, nước ngoài
			□ 海洋	かいよう	seas	hải dương
			□ 海水浴	かいすいよく	sea bathing	tắm biển
49	産	う-まれる う-む サン	□ 産む	う	birth	sinh, đẻ
			□ 産業	さんぎょう	industry	công nghiệp
			□ 出産(する)	しゅっさん	(to) give birth	sinh sản
			□ 生産(する)	せいさん	(to) produce	sản xuất
50	埋	う-まる う-める	□ (～が)埋まる	う	bury	đầy, lấp đầy ~
			□ (～を)埋める	う	bury	lấp ~
51	営	いとな-む エイ	□ 営業(する)	えいぎょう	(to) operate	kinh doanh
			□ 経営(する)	けいえい	(to) manage	điều hành, kinh doanh
52	永	エイ	□ 永久	えいきゅう	eternity	vĩnh cửu
			□ 永遠	えいえん	forever	vĩnh viễn
53	液	エキ	□ 液体	えきたい	liquid	thể lỏng
			□ 血液	けつえき	blood	máu
54	選	えら-ぶ セン	□ 選挙	せんきょ	election	bầu cử
			□ 選手	せんしゅ	participant	tuyển thủ
			□ 当選(する)	とうせん	(to be) elected	trúng cử
			□ 選択(する)	せんたく	(to) choose	lựa lọn
55	演	エン	□ 演技(する)	えんぎ	(to) dramatize	diễn xuất
			□ 演奏(する)	えんそう	(to) perform	biểu diễn
			□ 演劇	えんげき	dramatic performance	diễn kịch
56	央	オウ	□ 中央	ちゅうおう	center	trung ương
57	王	オウ	□ 王様	おうさま	king	vua
			□ 王子	おうじ	prince	hoàng tử
			□ 女王	じょおう	queen	nữ hoàng
			□ 国王	こくおう	monarch	quốc vương
58	欧	オウ	□ 欧米	おうべい	the West	Âu Mỹ
			□ 欧州	おうしゅう	Europe	Châu Mỹ
59	多	おお-い タ	□ 多少	たしょう	more or less	một chút
60	拝	おが-む ハイ	□ 拝む	おが	worship	lạy, vái
			□ 拝見(する)	はいけん	(to) see	xem
61	補	おぎな-う ホ	□ 補う	おぎな	supplement	bù đắp
			□ 補足(する)	ほそく	(to) complement	thêm vào
			□ 候補(者)	こうほしゃ	candidacy (candidate)	ứng cử viên
62	億	オク	□ ～億	おく	~100 millions	trăm triệu
63	置	お-く チ	□ 置き場	おば	depository	chỗ để
			□ 位置	いち	location	vị trí
64	贈	おく-る ゾウ	□ 贈る	おく	confer	tặng
			□ 贈り物	おくもの	gift	quà tặng
65	幼	おさな-い ヨウ	□ 幼い	おさな	young	bé bỏng
			□ 幼児	ようじ	infant	trẻ nhỏ
			□ 幼稚園	ようちえん	kindergarten	nhà trẻ
66	収	おさ-める シュウ	□ 収める	おさ	obtain	nộp
			□ 収入	しゅうにゅう	income	thu nhập
			□ 吸収(する)	きゅうしゅう	(to) absorb	thấm thấu, hút
			□ 回収(する)	かいしゅう	(to) recover	thu hồi
67	恐	おそ-れる おそ-ろしい キョウ	□ 恐れ	おそ	fear	sợ
			□ 恐ろしい	おそ	frightening	đáng sợ
			□ 恐怖	きょうふ	fright	sợ hãi
68	落	お-ちる お-とす ラク	□ (～が)落ち着く	おつ	feel calm	~ ổn định
			□ 落第(する)	らくだい	(to) fail	(học)đúp
			□ 段落	だんらく	paragraph	đoạn văn
69	弟	おとうと ダイ デ	□ 兄弟	きょうだい	brothers	anh em
			□ 弟子	でし	pupil	đệ tử
70	踊	おど-る	□ 踊る	おど	dance	nhảy, múa
			□ 踊り	おど	dance	điệu múa, điệu nhảy

No.	Kanji	Readings	Word	Reading	English	Vietnamese
71	主	おも ぬし シュ	主(な)	おも	primary	chính
			飼い主	か ぬし	pet owner	chủ nuôi
			持ち主	も ぬし	owner	chủ
			主語	しゅご	subject	chủ ngữ
			主張	しゅちょう	assertion	ý kiến
			主義	しゅぎ	principle	chủ nghĩa
72	重	かさ-なる かさ-ねる おも-い ジュウ チョウ	重なる	かさ	pile up	trùng
			重ねる	かさ	pile up	đặt chồng lên
			重要(な)	じゅうよう	important	quan trọng
			尊重(する)	そんちょう	respect	tôn trọng
			貴重(な)	きちょう	valuable	quý giá
73	親	した-しむ した-しい おや シン	親子	おやこ	parent and child	bố mẹ con cái
			親指	おやゆび	thumb	ngón tay cái
			親しい	した	familiar	thân thiết
			親戚	しんせき	relatives	người thân
			親類	しんるい	relatives	họ hàng
			親友	しんゆう	close friend	bạn thân
74	菓	カ	菓子	かし	snacks	bánh kẹo
			和菓子	わがし	Japanmese confections	bánh kẹo Nhật
			洋菓子	ようがし	Western confections	bánh kẹo kiểu Âu
75	果	カ は-たす	果物*	くだもの	fruit	hoa quả
			結果	けっか	result	kết quả
			効果	こうか	effect	hiệu quả
76	貨	カ	硬貨	こうか	coinage	tiền xu
			通貨	つうか	currency	đồng tiền chung
77	価	カ	価格	かかく	price	giá cả
			評価	ひょうか	appraisal	đánh giá
			物価	ぶっか	price	vật giá
			高価(な)	こうか	expensive	đắt đỏ
			価値	かち	value	giá trị
78	仮	かり カ	仮定(する)	かてい	(to) hypothesize	giả định
			仮名	かな	kana	trên giả
79	貝	かい	貝	かい	shellfish	sò
			貝がら	かい	seashell	vỏ sò
80	械	カイ	機械	きかい	machine	máy móc
81	介	カイ	介護(する)	かいご	(to) care	chăm sóc (người già)
82	回	まわ-る カイ	上回る	うわまわ	exceed	vượt lên
			下回る	したまわ	fall under	đi xuống
			回転(する)	かいてん	(to) rotate	quay vòng
			回答(する)	かいとう	(to) answer	trả lời
			回復(する)	かいふく	(to be) restored	hồi phục
83	解	と-く と-ける カイ	解く	と	undo	giải
			理解(する)	りかい	(to) understand	lí giải
			誤解(する)	ごかい	(to) misunderstand	hiểu nhầm
			解決(する)	かいけつ	(to) solve	giải quyết
84	害	ガイ	公害	こうがい	pollution	ô nhiễm
			損害	そんがい	harm; loss	tổn hại
85	買	か-う バイ	売買(する)	ばいばい	(to) buy and/or sell	mua bán
86	替	か-わる か-える タイ	取り替える	と か	exchange	thay (mới)
			着替える	き が	change clothes	thay quần áo
			両替	りょうがえ	exchange money	đổi tiền
			交替	こうたい	replace	đổi (ca)
87	換	か-える カン	交換(する)	こうかん	(to) exchange	trao đổi
			換気(する)	かんき	(to) ventilate	thông khí
			取り換える	と か	exchange	thay
88	帰	かえ-る かえ-す キ	帰国(する)	きこく	(to) return to one's country	về nước
			帰宅(する)	きたく	(to) return home	về nhà
89	香	か かお-り コウ キョウ	香辛料	こうしんりょう	spices	hương liệu
			香り	かお	smell	hương thơm
			香水	こうすい	perfume	nước hoa
90	拡	カク	拡大(する)	かくだい	(to) expand	phóng đại
			⇔縮小(する)	しゅくしょう	(to) shrink	thu nhỏ
91	較	カク	比較(する)	ひかく	(to) compare	so sánh
			比較的(に)	ひかくてき	comparatively	khá là ~
92	影	かげ エイ	影響	えいきょう	effect	ảnh hưởng
			撮影	さつえい	photograph	chụp ảnh

93	囲	かこ-む イ	□ 囲む	かこ	surround	rào, bao quanh
			□ 周囲	しゅうい	surroundings	xung quanh
			□ 雰囲気	ふんいき	mood	không khí
94	賢	かしこ-い ケン	□ 賢い	かしこ	smart	khôn, thông minh
95	数	かぞ-える かず スウ	□ 数える	かぞ	count	đếm
			□ 小数	しょうすう	small number	số thập phân
			□ 分数	ぶんすう	fraction	phân số
			□ 数か月	すう げつ	few months	vài tháng
			□ 人数	にんずう	number of people	số người
96	風	かぜ フウ	□ 風景	ふうけい	scenery	phong cảnh
			□ 強風	きょうふう	strong winds	gió mạnh
			□ 和風	わ ふう	Japanese style	kiểu Nhật
			□ 扇風機	せんぷうき	fan	quạt máy
97	型	かた ケイ	□ 大型	おおがた	large	cỡ lớn
			□ 新型	しんがた	new	loại mới
			□ 典型的	てんけいてき	stereotypical	tính điển hình
98	固	かた-い かた-まる かた-める コ	□ (~が)固まる	かた	harden	~ cứng lại
			□ 固い	かた	hard	cứng
			□ 固形	こ けい	solid	cục
			□ 固体	こ たい	solid	thể rắn
			□ 固定(する)	こ てい	(to) fix	cố định
99	硬	かた-い コウ	□ 硬い	かた	hard	cứng
			□ 硬貨	こう か	coin	tiền xu
100	傾	かたむ-く かたむ-ける ケイ	□ (~が)傾く	かたむ	tilt	~ nghiêng
			□ (~を)傾ける	かたむ	tilt	hướng ~
			□ 傾向	けいこう	tendency	khuynh hướng
101	必	かなら-ず ヒツ	□ 必ず	かなら	without exception	chắc chắn
			□ 必死(な)	ひっ し	desperate	cố hết sức
			□ 必要(な)	ひつよう	required	cần thiết
102	株	かぶ	□ 株	かぶ	stock	cổ phiếu
			□ 株式会社	かぶしきがいしゃ	joint stock company	công ty cổ phần
103	壁	かべ ヘキ	□ 壁	かべ	wall	tường
104	紙	かみ シ	□ コピー用紙	よう し	printer paper	giấy copy
			□ 表紙	ひょう し	front cover	bìa
105	神	かみ シン	□ 神(様)	かみ さま	god	thần
			□ 神経	しんけい	nerve	thần kinh
			□ 精神	せいしん	mind	tinh thần
			□ 神社	じんじゃ	shrine	điện thần
106	辛	から-い つら-い シン	□ 辛い	つら	hot	cay
			□ 辛口	からくち	spicy; dry	vị cay
			□ 塩辛い	しおから	salty	mặn
107	彼	かれ	□ 彼	かれ	he	anh ấy
			□ 彼女	かのじょ	she	cô ấy
108	枯	か-れる か-らす	□ 枯れる	か	wither away	héo
			□ 枯葉	かれ は	autumn leaves	lá khô
109	革	かわ カク	□ 革	かわ	leather	da
			□ 革靴	かわぐつ	leather shoes	giầy da
110	河	かわ カ	□ 河	かわ	river	sông
			□ 運河	うん が	canal	kênh đào
111	皮	かわ ヒ	□ 皮をむく	かわ	peel skin	bóc vỏ
			□ 皮肉を言う	ひ にく い	be sarcastic	nói kháy
			□ 毛皮	け がわ	fur	lông thú
112	乾	かわ-く カン	□ (~が)乾く	かわ	dry	khô
			□ (~を)乾かす	かわ	dry	sấy khô
			□ 乾電池	かんでん ち	dry cell battery	pin
			□ 乾杯(する)	かんぱい	(to) toast	cạn li
113	刊	カン	□ 週刊誌	しゅうかん し	weekly magazine	tuần tạp chí
114	観	カン	□ 観光	かんこう	tourism	du lịch
			□ 観光客	かんこうきゃく	tourist	khách du lịch
			□ 観客	かんきゃく	visitor	người xem
			□ 観察(する)	かんさつ	(to) observe	quan sát
			□ 観測(する)	かんそく	(to) survey	quan trắc, đo
115	環	カン	□ 環境	かんきょう	environment	môi trường
116	管	カン	□ 管理(する)	かん り	(to) manage	quản lí
			□ 保管(する)	ほ かん	(to) store	bảo quản
			□ 水道管	すいどうかん	water pipe	đường ống nước
			□ ガラス管	かん	glass tube	đường ga

117	看	カン	□ 看板	かんばん	billboard	biển hiệu
			□ 看病(する)	かんびょう	tend to the sick	khám bệnh
			□ 看護師	かんごし	nurse	y tá
118	関	かか-わる カン	□ 関わる	かか	involve	liên quan
			□ 機関	きかん	institution	cơ gian
			□ 関心(がある)	かんしん	(to have an) interest	(có) quan tâm
			□ (~に)関する	かん	)regarding	liên quan đến ~
119	考	かんが-える コウ	□ 考察(する)	こうさつ	(to) consider	khảo sát
			□ 参考	さんこう	reference	tham khảo
120	器	うつわ キ	□ 器具	きぐ	implement	đạo cụ
			□ 楽器	がっき	instrument	nhạc cụ
			□ 食器	しょっき	tableware	bát đĩa
			□ 容器	ようき	receptacle	đồ để chứa
121	基	もと キ	□ 基づく	もと	based	dựa trên
			□ 基本	きほん	foundation	cơ bản
			□ 基礎	きそ	baseline	cơ sở
			□ 基地	きち	base	(khu) căn cứ
122	規	キ	□ 規則	きそく	regulation	quy định
			□ 定規	じょうぎ	rule	thước đo
123	義	ギ	□ 義務	ぎむ	obligation	nghĩa vụ
			□ 講義	こうぎ	lecture	bài giảng
124	季	キ	□ 季節	きせつ	season	mùa
			□ 四季	しき	four seasons	bốn mùa
			□ 雨季	うき	rainy season	mùa mưa
125	岸	きし ガン	□ 岸	きし	shore	bờ
			□ 海岸	かいがん	coast	bờ biển
126	築	きず-く チク	□ 建築(する)	けんちく	(to) construct	kiến trúc
			□ 築~年	ちく ねん	built ~ years ago	xây được ~ năm
			□ 新築	しんちく	new building	mới xây
			cf. 中古	ちゅうこ	used	cũ
127	君	きみ クン	□ 君	きみ	you	cậu, em
			□ ~君	くん	~kun	cậu/ em ~
128	逆	さか-さ ギャク	□ 逆	ぎゃく	reverse	ngược
			□ 逆さ	さか	inverse	ngược
			□ 逆さま	さか	upside down	chổng ngược
			□ 逆らう	さか	resist	chống lại
			□ 逆転(する)	ぎゃくてん	(to) reverse	lật ngược tình thế
129	旧	キュウ	□ 旧型	きゅうがた	old model	kiểu cũ
			□ 旧~	きゅう	former ~	~ cũ
130	給	キュウ	□ 給料	きゅうりょう	salary	lương
			□ 給与	きゅうよ	compensation	lương
			□ 月給	げっきゅう	monthly pay	lương tháng
			□ 支給(する)	しきゅう	(to) supply	cấ, trả
131	球	(たま) キュウ	□ 地球	ちきゅう	earth	trái đất
			□ 電球	でんきゅう	lightbulb	bóng điện
			□ 野球場	やきゅうじょう	baseball field	sân bóng chày
132	巨	キョ	□ 巨大(な)	きょだい	gigantic	khổng lồ
133	漁	ギョ リョウ	□ 漁師	りょうし	fisher	ngư dân
			□ 漁業	ぎょぎょう	fishing industry	ngư nghiệp
			□ 漁船	ぎょせん	fishing ship	tàu cá
134	競	(きそ-う) キョウ	□ 競争(する)	きょうそう	(to) compete	cạnh tranh
			□ 競技	きょうぎ	competition	thi đấu
135	協	キョウ	□ 協力(する)	きょうりょく	(to) assist	hợp tác
136	況	キョウ	□ 状況	じょうきょう	conditions	tình hình
137	極	キョク	□ 北極	ほっきょく	North Pole	bắc cực
			□ 南極	なんきょく	South Pole	nam cực
			□ 積極的(な)	せっきょくてき	positive	một cách tích cực
			□ 消極的(な)	しょうきょくてき	negative	một cách tiêu cực
138	嫌	きら-う いや ケン	□ 嫌い(な)	きら	hated	ghét
			□ 嫌(な)	いや	disliked	khó chịu
			□ 機嫌	きげん	mood	tâm trạng
139	均	キン	□ 平均(する)	へいきん	(to) average	bình quân
			□ 均一	きんいつ	uniform	đồng nhất
140	偶	グウ	□ 偶然	ぐうぜん	coincidence	tình cờ
141	靴	くつ	□ 靴	くつ	shoes	giầy
			□ 長靴	ながぐつ	boots	ủng, bốt

142 **組** く-む / くみ / ソ
- □ 組む（く） combine / kết hợp
- □ 組み立てる（く た） assemble / lắp ghép
- □ 組み合わせ（く あ） combination / kết hợp
- □ 組合（くみあい） association / nghiệp đoàn
- □ 番組（ばんぐみ） program / chương trình
- □ 組織（そしき） organization / tổ chức

143 **曇** くも-る / くも-り
- □ 曇る（くも） become cloudy / trời mây
- □ 曇り（くも） cloudy / trời mây

144 **暗** くら-い / アン
- □ 暗記（あんき）(する) (to) memorize / thuộc nhẩm
- □ 暗算（あんざん）(する) (to) calculate mentally / học thuộc lòng

145 **暮** く-らす / く-らし / く-れる / く-れ
- □ 暮らす（く） live / sống
- □ 暮らし（く） life / cuộc sống
- □ 暮れる（く） grow dark / chạng vạng
- □ 暮れ（く） end / cuối

146 **苦** くる-しむ / くる-しい / にが-い / ク
- □ 苦しむ（くる） suffering / khổ sở
- □ 苦い（にが） bitter / đắng
- □ 苦情（くじょう） complaint / phàn nàn

147 **黒** くろ / コク
- □ 黒板（こくばん） blackboard / bảng đen

148 **加** くわ-える / カ
- □ (～が)加わる（くわ） add / ~ được thêm vào
- □ (～を)加える（くわ） add / thêm vào ~
- □ 加熱（かねつ）(する) (to) heat / đun sôi
- □ 追加（ついか）(する) (to) add / thêm vào
- □ 増加（ぞうか）(する) (to) increase / tăng lên

149 **訓** クン
- □ 訓練（くんれん） training / luyện tập
- □ 訓読み（くんよ） kun reading of a kanji / cách đọc âm nhật

150 **軍** グン
- □ 軍隊（ぐんたい） armed forces / quân đội
- □ ～軍（ぐん） ~ army / quân ~

151 **毛** け / モウ
- □ 髪の毛（かみ け） hair / tóc
- □ 毛布（もうふ） blanket / chăn lông

152 **景** ケイ
- □ 景色（けしき） outlook / cảnh vật
- □ 風景（ふうけい） landscape / phong cảnh
- □ 景気（けいき） the economy / tình hình kinh tế
- □ 背景（はいけい） background / phông, nền

153 **敬** うやま-う / ケイ
- □ 敬う（うやま） respect / kính trọng
- □ 敬語（けいご） honorific language / kính ngữ
- □ 敬意（けいい） respect / sự kính trọng

154 **系** ケイ
- □ 系統（けいとう） system / hệ thống
- □ 体系（たいけい） organization / dạng người
- □ アジア系（けい） Asian / kiểu người kinh doanh mới

155 **警** ケイ
- □ 警察（けいさつ） police / cảnh sát
- □ 警察官（けいさつかん） police officer / cảnh sát viên

156 **経** た-つ / ケイ
- □ (～が)経つ（た） elapse / trải qua ~
- □ 経営（けいえい）(する) (to) manage / kinh doanh
- □ 経験（けいけん）(する) (to) experience / kinh nghiệm

157 **計** ケイ / はか-る
- □ 計算（けいさん）(する) (to) calculate / tính toán
- □ 合計（ごうけい）(する) (to) total / tổng
- □ 計画（けいかく）(する) (to) plan / kế hoạch
- □ 計20人（けい にん） 20 people in total / tổng 20 người

158 **劇** げき
- □ 劇場（げきじょう） theatre / nhà hát kịch
- □ 劇（げき） drama / kịch

159 **煙** けむり / エン
- □ 煙（けむり） smoke / khói
- □ 禁煙（きんえん） non-smoking / cấm hút thuốc

160 **軒** ケン
- □ ～軒（けん） ~ homes / ~ nhà

161 **権** ケン
- □ 権利（けんり） right / quyền lợi
- □ ～権（けん） right to ~ / quyền ~

162 **健** ケン / すこ-やか
- □ 保健（ほけん） health / bảo hiểm sức khỏe

163 **庫** コ
- □ 金庫（きんこ） safe / két sắt
- □ 車庫（しゃこ） garage / ga ra xe ô tô
- □ 冷蔵庫（れいぞうこ） refrigerator / tủ lạnh

164 **故** コ / ゆえ-に
- □ 事故（じこ） accident / tai nạn
- □ 故障（こしょう）(する) (to) malfunction / hỏng
- □ 故郷（こきょう） birthplace / quê hương

165 **恋** こい / レン
- □ 恋（こい） love / tình yêu
- □ 恋しい（こい） nostalgic for / yêu thương
- □ 恋人（こいびと） lover / người yêu
- □ 失恋（しつれん）(する) (to) have one's heart broken / thất tình

166	郊	コウ	□ 郊外	こうがい	suburbs ngoại ô
			□ 近郊	きんこう	outskirts vùng lân cận
167	航	コウ	□ 航空会社	こうくうがいしゃ	airline hãng hàng không
			□ 航空券	こうくうけん	airplane ticket vé máy bay
168	効	き-く コウ	□ 効く	き	work có tác dụng
			□ 効果	こうか	effect hiệu quả
			□ 有効	ゆうこう	effective có hiệu lực
169	更	さら-に コウ	□ 更に	さら	furthermore hơn nữa
			□ 更衣室	こういしつ	dressing room phòng thay đồ
			□ 変更(する)	へんこう	(to) change thay đổi
170	構	かま-う コウ	□ 構う	かま	give regard to dính dáng
			□ 構成	こうせい	composition cấu trúc
			□ 構造	こうぞう	structure cấu tạo
			□ 結構(な)	けっこう	fine khá, được
171	鉱	コウ	□ 鉱山	こうざん	mine núi có khoáng sản
			□ 炭鉱	たんこう	coal mine mỏ than
172	耕	たがや-す コウ	□ 耕す	たがや	cultivate canh tác
			□ 耕地	こうち	plowed land đất canh tác
			□ 耕作(する)	こうさく	(to) cultivate canh tác
173	候	コウ	□ 候補	こうほ	candidate ứng viên
			□ 天候	てんこう	weather conditions thời tiết
			□ 気候	きこう	climate khí hậu
174	洪	コウ	□ 洪水	こうずい	flood ngập lụt
175	交	か-わす ま-ざる ま-じる コウ	□ (〜が)交ざる	ま	mix lẫn ~
			□ (〜が)交じる	ま	mix lẫn ~
			□ 交差点	こうさてん	intersection giao lộ
			□ 交流(する)	こうりゅう	(to) interact giao lưu
176	康	コウ	□ 健康	けんこう	health sức khỏe
			□ 健康的(な)	けんこうてき	healthy khỏe mạnh
177	肯	コウ	□ 肯定(する)	こうてい	(to) affirm khẳng định
			□ 肯定的(な)	こうていてき	affirmative có tính khẳng định
178	講	コウ	□ 講師	こうし	lecturer giáo viên
			□ 講義(する)	こうぎ	(to) lecture bài giảng
179	号	ゴウ	□ 信号	しんごう	signal đèn giao thông
			□ 番号	ばんごう	number số hiệu
			□ 記号	きごう	symbol kí hiệu
			□ 〜月号	がつごう	(month) issue số tháng ~
180	超	こ-える こ-す チョウ	□ 超える	こ	exceeds vượt qua
			□ 超す	こ	surpass vượt
			□ 超過(する)	ちょうか	(to) exceed quá
181	氷	こおり ヒョウ	□ 氷	こおり	ice đá
			□ 氷河	ひょうが	glacier băng hà
182	凍	こお-る こご-える トウ	□ 冷凍(する)	れいとう	(to) freeze làm đông lạnh
			□ 冷凍食品	れいとうしょくひん	frozen foods thực phẩm đông lạnh
			□ 凍る	こお	freeze đông cứng
183	刻	きざ-む コク	□ 時刻	じこく	time giờ
			□ 時刻表	じこくひょう	timetable bảng giờ
			□ 遅刻(する)	ちこく	(to be) late muộn
			□ 深刻(な)	しんこく	serious nghiêm trọng
184	告	つ-げる コク	□ 広告	こうこく	advertisement quảng cáo
			□ 予告	よこく	notice báo trước
			□ 警告	けいこく	warning cảnh cáo
185	応	こた-える オウ	□ 応じる	おう	respond to đáp ứng
			□ 対応(する)	たいおう	(to) correspond đối ứng, xử lí
			□ 応用	おうよう	application ứng dụng
			□ 一応	いちおう	provisionally qua loa
			□ 応援(する)	おうえん	(to) support hỗ trợ
186	異	こと-なる イ	□ 異なる	こと	differ khác
			□ 異常	いじょう	abnormal khác thường
187	断	ことわ-る ダン	□ 断る	ことわ	refuse từ chối
			□ 油断(する)	ゆだん	(to) let one's guard down chủ quan
			□ 断水(する)	だんすい	(to) cut off water mất nước
			□ 判断(する)	はんだん	(to) judge phán đoán
			□ 横断(する)	おうだん	(to) cross đi sang đường
188	粉	こ こな フン	□ 小麦粉	こむぎこ	flour bột mì
			□ 粉	こな	powder bột mì
189	困	こま-る コン	□ 貧困	ひんこん	poverty nghèo khổ

No.	漢字	読み	語	読み方	English	Tiếng Việt
190	込	こ-む / こ-める	□ 書き込む	か こ	write	viết vào
			□ ～込む	こ	put ~ in	~ vào (kĩ)
			□ 人込み	ひと ご	crowd	đám đông
191	殺	ころ-す / サツ	□ 殺す	ころ	kill	giết
			□ 殺人	さつじん	killer	giết người
			□ 自殺(する)	じ さつ	(to) commit suicide	tự sát
192	怖	こわ-い / フ	□ 怖い	こわ	scary	sợ
			□ 恐怖	きょう ふ	fear	nỗi sợ
193	差	さ-す / サ	□ 差	さ	difference	chênh lệch
			□ 差別	さ べつ	discrimination	phân biệt đối xử
			□ 交差点	こう さ てん	intersection	xa lộ
194	菜	な / サイ	□ 野菜	や さい	vegetables	rau
			□ 青菜	あお な	greens	lá xanh
195	際	きわ / サイ	□ 窓際	まどぎわ	at the window	bậu cửa sổ
			□ ～際(に)	さい	upon ~	khi ~
			□ 国際的(な)	こくさいてき	international	tính quốc tế
			□ (～と)交際(する)	こうさい	associate with	có quan hệ với ~
196	歳	サイ	□ 9歳	さい	9 years old	9 tuổi
			□ 二十歳	はたち	20 years old	hai mươi tuổi
197	採	サイ	□ 採用(する)	さいよう	(to) employ	tuyển dụng
			□ 採点(する)	さいてん	marking	chấm điểm
198	災	サイ	□ 災害	さいがい	disaster	tai họa
			□ 火災	か さい	fire	hỏa hoạn
199	材	ザイ	□ 材料	ざいりょう	ingredients	nguyên liệu
			□ 木材	もくざい	wood	nguyên liệu gỗ
			□ 素材	そ ざい	materials	chất liệu
200	財	ザイ	□ 財産	ざいさん	asset	tài sản
			□ 財布	さい ふ	wallet	ví
201	坂	さか	□ 坂	さか	hill	dốc
			□ 坂道	さかみち	hill	đường dốc
202	境	さかい / キョウ	□ 国境	こっきょう	border	biên giới
			□ 境界	きょうかい	boundary	ranh giới
			□ 環境	かんきょう	environment	môi trường
			□ 境界	きょうかい	boundary	ranh giới
203	栄	さか-える / は-える / エイ	□ 栄養	えいよう	nutrition	dinh dưỡng
204	杯	さかずき / ハイ	□ 乾杯(する)	かんぱい	(to) toast	cạn li
			□ ～杯	はい/ぱい	~ glasses	~ cốc
205	盛	さか-ん / も-る / セイ	□ 盛ん(な)	さか	active	phát triển,
			□ 大盛り	おお も	large portion	đầy ắp
206	咲	さ-く	□ 咲く	さ	bloom	nở
207	探	さぐ-る	□ 探す	さが	search	tìm
			□ 探る	さぐ	grope for	tìm hiểu
208	叫	さけ-ぶ	□ 叫ぶ	さけ	scream	gào
209	避	さ-ける / ヒ	□ 避ける	さ	avoid	tránh
			□ 避難(する)	ひ なん	(to) evacuate	lánh nạn
210	刷	サツ	□ 印刷(する)	いんさつ	(to) print	in ấn
211	察	サツ	□ 観察(する)	かんさつ	(to) observe	quan sát
212	触	さわ-る / ふ-れる / ショク	□ 触れる	ふ	contact	sờ, chạm
			□ 触る	さわ	touch	sờ
			□ 肌触り	はだざわ	feel	cảm giác khi chạm vào
213	参	まい-る / サン	□ 参る	まい	visit	đi
			□ 参考	さんこう	reference	tham khảo
			□ 参加(する)	さん か	(to) participate	tham gia
			□ 持参(する)	じ さん	(to) bring	mang đến
214	算	サン	□ 足し算	た ざん	addition	phép cộng
			□ 引き算	ひ ざん	subtraction	phép trừ
			□ 掛け算	か ざん	multiplication	phép nhân
			□ 割り算	わ ざん	division	phép chia
215	賛	サン	□ 賛成(する)	さんせい	(to) approve	tán thành
216	史	シ	□ 歴史	れき し	history	lịch sử
			□ 日本史	に ほん し	Japanese history	lịch sử Nhật Bản
217	試	ため-す / こころ-みる / シ	□ 試す	ため	try	thử
			□ 試みる	こころ	try	thử
			□ 試合	し あい	match	trận đấu
			□ 入試・入学試験	にゅう し・にゅうがく し けん	entrance exam	kì thi đầu vào

218	誌	シ	□ 雑誌	ざっし	magazine	tạp chí
219	刺	さ-す シ	□ 刺す	さ	pierce	đâm
			□ 名刺	めいし	business card	danh thiếp
			□ 刺激	しげき	stimulus	kích thích, ảnh hưởng
220	志	こころざ-す シ	□ 志す	こころざ	aspire, aim to be	hướng tới
			□ 意志	いし	will	ý chí, ý muốn
			□ 志望(する)	しぼう	desire	có nguyện vọng
221	士	シ	□ 修士	しゅうし	master	thạc sĩ
			□ 武士	ぶし	samurai	võ sĩ
			□ 富士山	ふじさん	Mt. Fuji	núi Phú Sĩ
222	資	シ	□ 資料	しりょう	materials	tài liệu
			□ 資源	しげん	resources	tài nguyên
			□ 資本	しほん	capital	tư bản
			□ 資格	しかく	qualification	tư cách, chứng chỉ
			□ 資金	しきん	funds	vốn đầu tư
223	詞	シ	□ 名詞	めいし	noun	danh từ
			□ 動詞	どうし	verb	động từ
			□ 形容詞	けいようし	adjective	tính từ
			□ 助詞	じょし	postpositional particle	trợ từ
			□ 歌詞	かし	lyrics	ca từ
224	司	シ	□ 司会	しかい	emcee	người dẫn chương trình
			□ 上司	じょうし	boss	cấp trên
225	自	みずか-ら ジ シ	□ 自然	しぜん	nature	tự nhiên
			□ 各自	かくじ	each	mỗi người
			□ 自身	じしん	self	bản thân
			□ 自信	じしん	self-confidence	tự tin
226	児	ジ	□ 児童	じどう	child	nhi đồng
			□ 育児(する)	いくじ	(to) raise a child	nuôi con
227	塩	しお エン	□ 食塩	しょくえん	table salt	muối ăn
			□ 塩分	えんぶん	sodium	thành phần muối
			□ 塩	しお	salt	muối ăn
228	式	シキ	□ ～式	しき	~system; ~style	kiểu ~
			□ 形式	けいしき	form	hình thức
			□ 計算式	けいさんしき	formula	công thức tính
			□ 儀式	ぎしき	ceremony	nghi thức
			□ 結婚式	けっこんしき	wedding ceremony	lễ cưới
229	識	シキ	□ 常識	じょうしき	common sense	thường thức
			□ 知識	ちしき	knowledge	tri thức, kiến thức
230	沈	しず-む しず-める チン	□ (～が)沈む	しず	sink	~ chìm
			□ (～を)沈める	しず	sink	nhấn chìm ~
231	質	シツ	□ 物質	ぶっしつ	matter	vật chất
			□ 性質	せいしつ	nature	tính chất
			□ 質問	しつもん	question	câu hỏi
232	示	しめ-す シ	□ 示す	しめ	show	chỉ ra
			□ 指示(する)	しじ	(to) indicate	chỉ thị
			□ 表示(する)	ひょうじ	(to) display	hiển thị
233	占	し-める うらな-う セン	□ 占める	し	occupy	chiếm
			□ 占う	うらな	divine	bói
234	湿	しめ-る シツ	□ 湿気	しっけ	moisture	khí ẩm
			□ 湿度	しつど	humidity	độ ẩm
			□ 湿る	しめ	dampen	ẩm
235	宗	シュウ	□ 宗教	しゅうきょう	religion	Tôn giáo
236	就	シュウ	□ 就職(する)	しゅうしょく	(to) obtain employment	làm việc
237	州	シュウ	□ 九州	きゅうしゅう	Kyushu	Đảo Kyushu
			□ 本州	ほんしゅう	Honshu	Đảo Honshu
			□ オハイオ州	しゅう	Ohio	bang Ohio
238	術	ジュツ	□ 芸術	げいじゅつ	the arts	nghệ thuật
			□ 技術	ぎじゅつ	technique	kĩ thuật
239	順	ジュン	□ 順	じゅん	order	thứ tự
			□ 順番	じゅんばん	order	thứ tự
			□ 順序	じゅんじょ	sequence	trật tự
			□ 順調(な)	じゅんちょう	favorable	suôn sẻ
240	準	ジュン	□ 準備(する)	じゅんび	(to) prepare	chuẩn bị
			□ 基準	きじゅん	standard	tiêu chuẩn
			□ 水準	すいじゅん	level	chuẩn mức

No.	Kanji	Reading	Word	English	Vietnamese
241	純	ジュン	□ 単純(な)（たんじゅん）	simple	đơn giản
			⇔複雑(な)（ふくざつ）	complicated	phức tạp
242	緒	ショ	□ 一緒（いっしょ）	together	cùng nhau
243	処	ショ	□ 処理(する)（しょり）	(to) manage	xử lí
			□ 処分(する)（しょぶん）	(to) dispose of	xử lí
244	署	ショ	□ 警察署（けいさつしょ）	police station	sở cảnh sát
			□ 消防署（しょうぼうしょ）	fire station	sở phòng cháy chữa cháy
			□ 部署（ぶしょ）	post	phòng ban
			□ 署名(する)（しょめい）	signature	kí tên
245	諸	ショ	□ アジア諸国（しょこく）	Asian nations	các nước châu Á
			□ 諸～（しょ）	various ~	các ~ , những ~
246	将	ショウ	□ 将来（しょうらい）	future	tương lai
247	紹	ショウ	□ 紹介(する)（しょうかい）	(to) introduce	giới thiệu
248	章	ショウ	□ 文章（ぶんしょう）	composition	đoạn văn
			□ 第１章（だい しょう）	Chapter 1	chương 1
249	症	ショウ	□ 症状（しょうじょう）	symptom	bệnh trạng
			□ 熱中症（ねっちゅうしょう）	heatstroke	cảm nắng
250	状	ジョウ	□ 状態（じょうたい）	state	trạng thái
			□ 状況（じょうきょう）	condition	tiình trạng
			□ 現状（げんじょう）	current condition	hiện trạng
			□ 招待状（しょうたいじょう）	invitation	giấy mời
251	条	ジョウ	□ 条件（じょうけん）	conditions	điều kiện
252	蒸	む-す ジョウ	□ 蒸し暑い（む あつ）	muggy	oi nóng
			□ 蒸す（む）	steam	hấp
			□ 蒸発(する)（じょうはつ）	(to) evaporate	bốc hơi
			□ 蒸気（じょうき）	vapor	hơi nước
253	象	ショウ ゾウ	□ 対象（たいしょう）	target	đối tượng
			□ 現象（げんしょう）	phenomenon	hiện tượng
			□ 印象（いんしょう）	impression	ấn tượng
			□ 象（ぞう）	elephant	voi
254	職	ショク	□ 職業（しょくぎょう）	occupation	nghề nghiệp
			□ 職場（しょくば）	workplace	nơi làm việc
			□ 転職(する)（てんしょく）	(to) change jobs	đổi việc

No.	Kanji	Reading	Word	English	Vietnamese
255	知	し-る チ	□ 知識（ちしき）	knowledge	kiến thức
			□ 知人（ちじん）	acquaintance	người quen
			□ 知恵（ちえ）	wisdom	trí tuệ
			□ 通知(する)（つうち）	(to) notify	thông báo
			□ 承知(する)（しょうち）	(to) acknowledge	biết, hiểu
256	印	しるし イン	□ 印（しるし）	seal	dấu
			□ 目印（めじるし）	mark	đánh dấu
			□ 印象（いんしょう）	impression	ấn tượng
257	城	しろ ジョウ	□ 城（しろ）	castle	thành
			□ ～城（じょう）	~ Castle	thành ~
258	診	み-る シン	□ 診る（み）	examine	khám
			□ 診察(する)（しんさつ）	(to) examine	khám bệnh
			□ 健康診断（けんこうしんだん）	checkup	khám sức khỏe
259	臣	ジン	□ 大臣（だいじん）	minister	bộ trưởng
260	信	しん-じる シン	□ 信じる（しん）	believe	tin
			□ 自信（じしん）	confidence	tự tin
			□ 信頼(する)（しんらい）	(to) trust in	tin tưởng
			□ 信用(する)（しんよう）	(to) believe	tin cậy
			□ 信号（しんごう）	signal	tín hiệu
			□ 通信（つうしん）	communication	thông tin
261	図	ず はか-る ト	□ 図形（ずけい）	diagram	hình vẽ
			□ 図書（としょ）	books	sách
262	喫	キツ	□ 喫煙（きつえん）	smoking	hút thuốc
			□ 喫茶店（きっさてん）	café	quán giải khát
263	吸	す-う キュウ	□ 吸う（す）	breathe in	hít
			□ 呼吸(する)（こきゅう）	(to) breathe)	thở
			□ 吸収(する)（きゅうしゅう）	(to) absorb	hấp thụ
264	救	すく-う キュウ	□ 救う（すく）	save	cứu
			□ 救助(する)（きゅうじょ）	(to) rescue	cứu trợ
265	涼	すず-しい リョウ	□ 涼しい（すず）	cool	mát
266	隅	すみ	□ 隅（すみ）	corner	góc
			□ 隅々（すみずみ）	ins and outs	mọi ngóc ngách
267	炭	すみ タン	□ 石炭（せきたん）	coal	than đá

No.	Kanji	Reading	Word	Furigana	English	Vietnamese
268	済	す-む ザイ	□ (～が)済む	す	(～が) end	xong ~
			□ 経済	けいざい	economy	kinh tế
269	鋭	するど-い	□ 鋭い	するど	sharp	sắc
270	制	セイ	□ 制限(する)	せいげん	(to) limit	giới hạn
			□ 制度	せいど	system	chế độ
			□ 制服	せいふく	uniform	đồng phục
271	精	セイ	□ 精神	せいしん	mind	tinh thần
272	姓	セイ	□ 姓	せい	family name	họ
			□ 旧姓	きゅうせい	maiden name	họ cũ
273	政	セイ	□ 政治	せいじ	politics	chính trị
			□ 政治家	せいじか	politician	chính trị gia
			□ 政府	せいふ	government	chính phủ
274	清	セイ	□ 清潔(な)	せいけつ	hygienic	sạch sẽ
			□ 清書(する)	せいしょ	make a clean copy	đọc kĩ
275	績	セキ	□ 成績	せいせき	grades	thành tích
			□ 実績	じっせき	results	thành tích thực
276	設	もう-ける セツ	□ 設ける	もう	provide	tạo ra, sắp xếp
			□ 設備	せつび	equipment	thiết bị
			□ 建設(する)	けんせつ	(to) construct	xây dựng
			□ 設定(する)	せってい	(to) set	thiết lập
			□ 設計(する)	せっけい	(to) design	thiết kế
277	接	せつ	□ 直接	ちょくせつ	direct	trực tiếp
			□ 面接(する)	めんせつ	(to) interview	phỏng vấn
			□ 接近(する)	せっきん	(to) approach	tiếp cận
278	絶	た-える ゼツ	□ 絶対	ぜったい	absolutely	tuyệt đối
			□ 絶えず	た	endlessly	không ngừng
279	節	ふし セツ	□ 調節(する)	ちょうせつ	(to) adjust	điều tiết
			□ 節約(する)	せつやく	(to) economize	tiết kiệm
			□ 節電(する)	せつでん	(to) save electricity	tiết kiệm điện
280	狭	せま-い	□ 狭い	せま	narrow	chật
281	責	せ-める セキ	□ 責める	せ	blame	đổ lỗi
			□ 責任	せきにん	responsibility	trách nhiệm
			□ 無責任(な)	むせきにん	irresponsible	vô trách nhiệm
282	宣	セン	□ 宣伝(する)	せんでん	(to) advertise	tuyên truyền
283	然	ゼン	□ 自然	しぜん	nature	tự nhiên
			□ 偶然	ぐうぜん	coincidence	ngẫu nhiên
			□ 天然	てんねん	spontaneity	thiên nhiên
284	善	ゼン	□ 改善(する)	かいぜん	(to) improve	thay đổi
			□ 善悪	ぜんあく	good and bad	tốt xấu
285	祖	ソ	□ 祖父	そふ	grandfather	ông
			□ 祖母	そぼ	grandmother	bà
			□ 祖先	そせん	ancestors	tiên tổ
			□ 先祖	せんぞ	ancestors	tổ tiên
286	燥	ソウ	□ 乾燥(する)	かんそう	(to) dry	khô
			□ 乾燥機	かんそうき	drier	máy sấy khô
287	層	ソウ	□ 高層ビル	こうそう	skyscraper	nhà cao tầng
288	操	ソウ	□ 操作(する)	そうさ	(to) operate	thao tác
			□ 体操	たいそう	exercise	thể dục
289	総	ソウ	□ 総理大臣	そうりだいじん	prime minister	thủ tướng
			□ 総合	そうごう	synthesis	tổng hợp
290	装	ソウ	□ 装置	そうち	equipment	thiết bị
			□ 服装	ふくそう	attire	quần áo
291	臓	ゾウ	□ 心臓	しんぞう	heart	tim
			□ 内臓	ないぞう	organs	nội tạng
292	像	ゾウ	□ 想像(する)	そうぞう	(to) imagine	tưởng tượng
			□ 銅像	どうぞう	bronze statue	tượng đồng
			□ 画像	がぞう	image	hình ảnh
293	則	ソク	□ 法則	ほうそく	law	quy luật
			□ 規則的(な)	きそくてき	regular	theo quy luật
			□ 不規則(な)	ふきそく	irregular	không theo quy luật, không ổn định
294	底	そこ テイ	□ 底	そこ	bottom	đáy
			□ 海底	かいてい	seabed	đáy biển
295	卒	ソツ	□ 卒業(する)	そつぎょう	(to) graduate	tốt nghiệp
			□ 大卒	だいそつ	college graduate	tốt nghiệp đại học

No.	漢字	読み方	語	読み	English	Tiếng Việt
296	備	そな-える ビ	□(～に)備える	そな	prepare for	chuẩn bị cho ~
			□設備	せつび	equipment	thiết bị
			□整備(する)	せいび	(to) maintain	sửa chữa
			□準備(する)	じゅんび	(to) prepare for	chuẩn bị
297	尊	ソン	□尊敬(する)	そんけい	(to) respect	đáng kính
298	存	ソン ゾン	□存じ上げる	ぞん　あ	to know	biết
			□存在(する)	そんざい	(to) exist	tồn tại
			□保存(する)	ほぞん	(to) save	bảo quản
299	損	そこ-なう ソン	□損なう	そこ	spoil	thiệt, tổn thất
			□損	そん	loss	thiệt
			□損害	そんがい	damage	thiệt hại
			□損得	そんとく	profit and loss	hơn thiệt
300	田	た デン	□田んぼ	た	rice paddy	ruộng
			□水田	すいでん	rice paddy	ruộng nước
301	態	タイ	□態度	たいど	attitude	thái độ
302	代	か-わる か-える ダイ タイ	□交代(する)	こうたい	(to) switch	thay thế
			□代表(する)	だいひょう	(to) represent	đại diện
			□現代	げんだい	modern age	hiện đại
			□時代	じだい	age; era	thời đại
			□代理	だいり	representative	đại lí
303	台	ダイ タイ	□台風	たいふう	typhoon	bão
			□舞台	ぶたい	stage	sân khấu
304	倒	たお-れる たお-す トウ	□(～が)倒れる	たお	fall	~ đổ
			□(～を)倒す	たお	fell	làm đổ ~
			□面倒(な)	めんどう	bothersome	phiền toái
305	互	たが-い ゴ	□お互い	たが	one another	lẫn nhau
			□相互	そうご	mutual	tương tác, song phương
			□交互	こうご	alternate	đan xen
306	宝	たから ホウ	□宝	たから	treasure	kho báu
			□宝くじ	たから	lottery	xổ số
			□宝石	ほうせき	gem	đá quý
307	濯	タク	□洗濯(する)	せんたく	(to) wash	giặt
			□洗濯機	せんたくき	washing machine	máy giặt

No.	漢字	読み方	語	読み	English	Tiếng Việt
308	抱	だ-く いだ-く かか-える	□抱く	だ	hold	bế, ôm
			□抱く	いだ	embrace	ôm
			□抱える	かか	hold in arms	ôm
309	竹	たけ	□竹	たけ	bamboo	tre
310	確	たし-かめる たし-か カク	□正確(な)	せいかく	accurate	chính xác
			□確実(な)	かくじつ	certain	chắc chắn
			□確か	たし	sure	có lẽ
			□確かに	たし	for sure	hình như
			□確認(する)	かくにん	(to) confirm	xác nhận
311	助	たす-かる たす-ける ジョ	□助手	じょしゅ	assistant	trợ lí
			□助言(する)	じょげん	(to) advise	gợi ý, khuyên bảo
			□補助(する)	ほじょ	(to) assist	hỗ trợ (tiền)
			□援助(する)	えんじょ	(to) aid	viện trợ
312	訪	たず-ねる おとず-れる ホウ	□訪ねる	たず	visit	thăm
			□訪問(する)	ほうもん	(to) visit	thăm
313	正	ただ-す ただ-しい セイ ショウ	□正解	せいかい	correct answer	đáp án đúng
			□正方形	せいほうけい	square	hình vuông
			□正直(な)	しょうじき	honest	thẳng thắn
			□正式(な)	せいしき	formal	chính thức
314	畳	たたみ ジョウ	□畳	たたみ	tatami mat	chiếu kiểu Nhật
			□6畳	じょう	6 tatami mats	6 chiếu
315	達	タツ	□(～に)達する	たっ	reach	đạt tới ~
			□発達(する)	はったつ	(to) develop	phát triển
			□上達(する)	じょうたつ	(to) progress	tốt lên
			□配達(する)	はいたつ	(to) deliver	phát hàng
316	谷	たに	□谷	たに	valley	thung lũng
317	頼	たの-む たよ-る ライ	□頼む	たの	ask	nhờ
			□(～に)頼る	たよ	rely	dựa vào ~
			□頼もしい	たの	reliable	đáng trông cậy
			□信頼(する)	しんらい	(to) believe	tin tưởng
318	玉	たま	□十円玉	じゅうえんだま	10 yen coin	đồng 10 yên
319	卵	たまご ラン	□卵	たまご	egg	trứng
			□卵黄	らんおう	egg yolk	lòng đỏ

No.	Kanji	Readings	Word	Reading	English	Vietnamese
320	担	タン	□ 担当(する)	たんとう	(to) be in charge of	đảm nhiệm
			□ 分担(する)	ぶんたん	(to) allot	phân công
			□ 負担(する)	ふたん	(to) take on a burden	chịu
321	単	タン	□ 単なる	たん	simple	đơn giản là ~
			□ 単に	たん	simply	đơn giản
			□ 単語	たんご	word	từ đơn
			□ 単位	たんい	unit	đơn vị
			□ 単純(な)	たんじゅん	simple	đơn thuần
322	違	ちが-う イ	□ 間違える	まちが	mistake	nhầm lẫn
			□ 間違い	まちが	mistake	sai sót
			□ 違反(する)	いはん	(to) violate	vi phạm
			□ 相違点	そういてん	differences	điểm khác biệt
			⇔共通点	きょうつうてん	commonalities	điểm chung
323	力	ちから リキ	□ 力	ちから	strength	lực
			□ 火力	かりょく	firepower	hỏa lực
			□ 重力	じゅうりょく	gravity	trọng lực
324	畜	チク	□ 畜産	ちくさん	stock breeding	nuôi gia súc
			□ 家畜	かちく	livestock	gia cầm
325	父	ちち	□ 父親	ちちおや	father	bố
			□ 父母	ふぼ	parents	bố mẹ
326	宙	チュウ	□ 宇宙飛行士	うちゅうひこうし	astronaut	nhà du hành vũ trụ
327	注	そそ-ぐ チュウ	□ 注ぐ	そそ	pour	rót, dốc
			□ 注目(する)	ちゅうもく	(to) notice	chú ý
			□ 注意(する)	ちゅうい	(to be) careful of	chú ý
328	貯	チョ	□ 貯金	ちょきん	save (money)	tiết kiệm tiền
			□ 貯蔵(する)	ちょぞう	(to) store	tích tụ
329	著	チョ	□ 著者	ちょしゃ	author	tác giả
330	庁	チョウ	□ 県庁	けんちょう	prefectural government	Ủy ban tỉnh
			□ 警察庁	けいさつちょう	National Police Agency	Cục cảnh sát
			□ 官庁	かんちょう	government office	cơ quan nhà nước
331	兆	チョウ	□ ～兆	ちょう	~ trillion	1000 tỷ
332	賃	チン	□ 賃金	ちんぎん	pay	tiền thuê
333	捕	つか-まる つか-まえる と-る ホ	□ (～が)捕まる	つか	catch	~ bị bắt
			□ (～を)捕まえる	つか	be caught	bắt được ~
			□ 捕る	と	catch	bắt
			□ 逮捕(する)	たいほ	(to) arrest	bắt
334	突	つ-く トツ	□ 突く	つ	pierce	đâm, chọc
			□ 突き当たり	つあ	end of a street	đường cụt
			□ 突然	とつぜん	suddenly	đột nhiên
			□ 衝突(する)	しょうとつ	(to) collide	đâm
335	付	つ-く フ	□ 付録	ふろく	supplement	phụ lục
			□ 付近	ふきん	environs	phụ cận
336	机	つくえ	□ 机	つくえ	desk	baàn
337	作	つく-る サク サ	□ 手作り	てづく	handmade	làm bằng tay
			□ 作品	さくひん	work	tác phẩm
			□ 作用	さよう	action	tác dụng
			□ 作業	さぎょう	operations	làm việc
			□ 動作	どうさ	action	động tác
338	伝	つた-わる つた-える デン	□ (～が)伝わる	つた	(～が)transmit	~ lan tỏa
			□ (～を)伝える	つた	(～を)transmit	truyền đạt ~
			□ 手伝う	てつだ	help	giúp đỡ
			□ 伝言	でんごん	message	lời nhắn
			□ 伝統	でんとう	tradition	truyền thống
			□ 伝染(する)	でんせん	(to) spread disease	truyền nhiễm
339	筒	つつ トウ	□ 水筒	すいとう	flask	bình nước
			□ 封筒	ふうとう	envelope	phong bì
340	続	つづ-く つづ-ける ゾク	□ 連続(する)	れんぞく	(to) succeed	liên tục
			□ 継続(する)	けいぞく	(to) continue	tiếp tục
			□ 接続(する)	せつぞく	(to) connect	tiếp xúc
			□ 相続(する)	そうぞく	(to) inherit	thừa kế
			□ 手続き	てつづ	procedure	thủ tục
341	包	つつ-む ホウ	□ 包む	つつ	wrap	đóng gói
			□ 包み	つつ	bundle	bọc
			□ 包帯	ほうたい	bandage	băng vết thương
			□ 包装	ほうそう	wrapping	bọc

342	勤	つと-める キン	□ 勤める	つと	work	làm việc
			□ 会社勤め	かいしゃづと	work for a company	làm việc công ty
			□ 勤務(する)	きんむ	(to) work	làm việc
			□ 出勤(する)	しゅっきん	(to) go to work	đi làm
			□ 通勤(する)	つうきん	(to) travel to work	đi làm
343	努	つと-める ド	□ 努力(する)	どりょく	(to) make an effort	cố gắng
			□ 努める	つと	strive	nỗ lực
344	務	つと-める ム	□ 務める	つと	work; serve	làm việc
			□ 公務員	こうむいん	civil servant	công chức
			□ 事務	じむ	office work	việc văn phòng
			□ 義務	ぎむ	obligation	nghĩa vụ
345	常	つね ジョウ トコ	□ 常に	つね	constantly	thường xuyên
			□ 通常	つうじょう	regular	thông thường
			□ 日常	にちじょう	daily life	ngày thường
346	粒	つぶ リュウ	□ 粒	つぶ	kernel	hạt
347	罪	つみ ザイ	□ 罪	つみ	crime	tội
			□ 犯罪	はんざい	offense	tội phạm
348	詰	つ-める	□ 缶詰	かんづめ	canned goods	đồ đóng hộp
			□ 箱詰め	はこづ	boxed	xếp vào hộp
			□ 詰める	つ	pack	xếp, dồn
349	積	つ-もる つ-む セキ	□ (～が)積もる	つ	(～が)accumulate	～ tích
			□ (～を)積む	つ	(～を)accumulate	chồng chất ～ lên
			□ 体積	たいせき	volume	thể tích
			□ 面積	めんせき	area	diện tích
			□ 容積	ようせき	capacity	dung tích
			□ 積極的(な)	せっきょくてき	active	một cách tích cực
350	強	つよ-い キョウ ゴウ	□ 強引(な)	ごういん	forceful	ép uổng
			□ 強化(する)	きょうか	(to) enhance	tăng cường
351	程	ほど テイ	□ 程度	ていど	extent	mức độ
			□ 過程	かてい	process	quá trình
			□ 日程	にってい	day's schedule	lịch trình
352	提	テイ	□ 提出(する)	ていしゅつ	(to) present	nộp
			□ 提案(する)	ていあん	(to) propose	đưa ra ý kiến
353	適	テキ	□ 適切(な)	てきせつ	appropriate	đúng, chuẩn
			□ 快適(な)	かいてき	pleasant	thoải mái
354	滴	テキ	□ 水滴	すいてき	drop of water	giọt nước
			□ 一滴	いってき	drop	một giọt
355	照	て-る て-らす ショウ	□ (～が)照る	て	shine	～ sáng
			□ (～を)照らす	て	shine	chiếu sáng ～
			□ 照明	しょうめい	illuminate	đèn
			□ 対照的(な)	たいしょうてき	contrary	một cách đối ngược
356	展	テン	□ 展示(する)	てんじ	(to) display	trưng bày
			□ 展開(する)	てんかい	(to) develop	triển khai
			□ 発展(する)	はってん	(to) advance	phát triển
357	戸	と	□ 戸	と	door	nhà
			□ ３戸	こ	3 homes	3 nhà
358	徒	ト	□ 生徒	せいと	student	học sinh
			□ 徒歩	とほ	on foot	đi bộ
359	途	ト	□ 途中	とちゅう	mid-way	giữa chừng
			□ 用途	ようと	application	cách dùng
360	統	トウ	□ 統一	とういつ	unity	thống nhất
			□ 統計	とうけい	statistics	thống kê
			□ 伝統	でんとう	tradition	truyền thống
			□ 伝統的(な)	でんとうてき	traditionally	có tính truyền thống
			□ 大統領	だいとうりょう	president	tổng thống
361	到	トウ	□ 到着(する)	とうちゃく	(to) arrive	đến
			⇔出発(する)	しゅっぱつ	(to) depart	xuất phát
362	灯	トウ	□ 電灯	でんとう	electric lamp	bóng điện
			□ 蛍光灯	けいこうとう	fluorescent light	đèn pin
			□ 灯台	とうだい	oil lamp	đèn hải đăng
			□ 灯油	とうゆ	kerosene	dầu đốt
363	塔	トウ	□ 塔	とう	tower	tháp
			□ エッフェル塔	とう	Eiffel Tower	tháp Effel
364	党	トウ	□ 政党	せいとう	political party	chính đảng
			□ ～党	とう	～ party	đảng ～
365	銅	ドウ	□ 銅	どう	copper	đồng
			□ 銅メダル	どう	bronze medal	huy chương đồng

No.	Kanji	Readings	Word	Meaning
366	童	ドウ	□ 児童（じどう）	child / nhi đồng
			□ 童話（どうわ）	children's story / đồng thoại
367	導	ドウ	□ 指導（しどう）(する)	(to) instruct / chỉ đạo
368	得	え-る う-る トク	□ 得る（え/う）	gain / có được
			□ 得（とく）(な)	beneficial / được lợi
			□ 得点（とくてん）(する)	earn / ghi điểm
			□ 得意（とくい）(な)	specialty / giỏi
			□ 納得（なっとく）(する)	(to be) persuaded / chấp nhận
369	毒	どく	□ 有毒（ゆうどく）	toxic / có độc
			□ 消毒（しょうどく）(する)	(to) disinfect / khử độc
			□ 中毒（ちゅうどく）	poisoning / trúng độc, ngộ độc
			□ 気の毒（き　どく）	pitiable / lấy làm tiếc
370	溶	と-ける と-かす ヨウ	□ (~が)溶ける（と）	melt / ~ tan
			□ (~を)溶かす（と）	melt / hòa tan ~
			□ 溶岩（ようがん）	lava / nham thạch
371	殿	との どの	□ 田中殿（たなかどの）	Lord Tanaka / ông Tanaka
372	泊	と-まる ハク	□ 宿泊（しゅくはく）(する)	(to) stay / nghỉ tại
			□ ~泊（はく/ぱく）	~ nights / ~ đêm
373	停	(と-まる) (と-める) テイ	□ 停止（ていし）(する)	(to) stop / dừng, hoãn
			□ 停電（ていでん）(する)	(to) lose power / mất điện
			□ 停車（ていしゃ）(する)	(to) stop a vehicle / dừng xe
			□ バス停（てい）	bus stop / bến xe buýt
374	供	とも キョウ	□ 供給（きょうきゅう）(する)	(to) supply / cung cấp
			□ 提供（ていきょう）(する)	(to) provide / cung cấp
			□ 子供（こども）	child / trẻ con
375	泥	どろ	□ 泥（どろ）	mud / bùn
376	治	なお-る なお-す おさ-める チ ジ	□ (~が)治る（なお）	cure / khỏi ~
			□ (~を)治す（なお）	)cure / chữa ~
			□ 政治（せいじ）	politics / chính trị
377	仲	なか	□ 仲（なか）	relationship / mối quan hệ
			□ 仲間（なかま）	friend / cùng hội, nhóm
378	投	な-げる トウ	□ 投書（とうしょ）	letter from a reader / thư góp ý
			□ 投手（とうしゅ）	pitcher / cầu thủ ném bóng trong bóng chày
379	悩	なや-む ノウ	□ 悩む（なや）	worry / ưu phiền
			□ 悩み（なや）	worries / sự ưu phiền
380	習	なら-う シュウ	□ 習慣（しゅうかん）	custom / tập quán, thói quen
			□ 練習（れんしゅう）	practice / luyện tập
381	軟	やわ-らかい ナン	□ 軟らかい（やわ）	soft / mềm
			□ 柔軟（じゅうなん）(な)	flexible / mềm mỏng
382	逃	に-げる のが-す	□ (~が)逃げる（に）	run away / ~ chạy trốn
383	憎	にく-む にく-い	□ 憎む（にく）	hate / hận
			□ 憎い（にく）	detestable / đáng hận
			□ 憎らしい（にく）	hateful / hận
384	鈍	にぶ-い	□ 鈍い（にぶ）	dull / chậm chạp, cùn
385	似	に-る	□ 似る（に）	be alike / giống nhau
			□ 似合う（にあ）	suit / hợp
386	庭	にわ テイ	□ 庭（にわ）	yard / vườn, sân
			□ 家庭（かてい）	household / gia đình
			□ 校庭（こうてい）	schoolyard / sân trường
387	抜	ぬ-ける ぬ-く	□ (~が)抜ける（ぬ）	pull out / thiếu ~ , rụng ~
			□ (~を)抜く（ぬ）	pull out / nhổ ~
388	盗	ぬす-む トウ	□ 盗む（ぬす）	steal / trộm
			□ 盗難（とうなん）	theft / ăn trộm
			□ 強盗（ごうとう）	robbery / cướp
389	布	ぬの フ	□ 布（ぬの）	cloth / vải
			□ 布団（ふとん）	futon; comforter / chăn
			□ 毛布（もうふ）	blanket / chăn len
			□ 財布（さいふ）	wallet / ví
			□ 分布（ぶんぷ）(する)	(to) distribute / phân bố
390	塗	ぬ-る	□ 塗る（ぬ）	brush on / bôi
			□ 塗り薬（ぬ　ぐすり）	ointment / thuốc bôi
391	願	ねが-う ガン	□ 願う（ねが）	desire / cầu mong
			□ 願書（がんしょ）	written request / đơn
			□ 出願（しゅつがん）(する)	apply / nộp đơn
392	猫	ねこ	□ 猫（ねこ）	cate / mèo

No.	Kanji	Readings	Word	English	Vietnamese
393	寝	ね-る ね-かす イン	□ 寝室（しんしつ）	bedroom	phòng ngủ
			□ 寝坊（ねぼう）(する)	(to) oversleep	ngủ quên
394	能	ノウ	□ 能力（のうりょく）	ability	năng lực
			□ 可能性（かのうせい）	possibility	khả năng
395	農	ノウ	□ 農業（のうぎょう）	agriculture	nông nghiệp
396	脳	ノウ	□ 脳（のう）	brain	não
			□ 頭脳（ずのう）	brain	đầu não
397	残	のこ-る のこ-す ザン	□ 残す（のこ）	leave	còn lại
			□ 残業（ざんぎょう）(する)	(to perform) overtime	làm thêm
			□ 残念（ざんねん）(な)	unfortunate	đáng tiếc
398	除	のぞ-く ジョ	□ 除く（のぞ）	remove	ngoại trừ
			□ 削除（さくじょ）(する)	(to) erase	xóa
			□ 掃除（そうじ）(する)	(to) clean	dọn dẹp
399	望	のぞ-む ボウ	□ 望遠鏡（ぼうえんきょう）	telescope	kính viễn vọng
			□ 希望（きぼう）	hope	hy vọng
			□ 望む（のぞ）	desire	mong
			□ 望み（のぞ）	desire	niềm mong đợi
400	伸	の-ばす シン	□ (～が)伸びる（の）	stretch	~ khá lên
			□ (～を)伸ばす（の）	stretch	kéo dài ~
401	延	の-びる の-ばす エン	□ (～が)延びる（の）	stretch	~ kéo dài
			□ (～を)延ばす（の）	elongate	kéo dài ~
			□ 延期（えんき）(する)	(to) defer	hoãn
			□ 延長（えんちょう）(する)	(to) prolong	kéo dài
			□ 遅延（ちえん）	late	chậm
402	述	の-べる ジュツ	□ 述べる（の）	state	nói
			□ 記述（きじゅつ）(する)	(to) describe	viết
			□ 述語（じゅつご）	predicate	vị ngữ
403	昇	のぼ-る ショウ	□ 昇る（のぼ）	rise	tăng
404	葉	は ヨウ	紅葉（こうよう）(する) →「紅」	(to become) autumn	lá đỏ
405	敗	(ま-ける) やぶ-れる ハイ	□ 失敗（しっぱい）(する)	(to) fail	thất bại
			□ 勝敗（しょうはい）	victory or defeat	thắng thua

No.	Kanji	Readings	Word	English	Vietnamese
406	灰	はい	□ 灰（はい）	ash	tàn, tro
			□ 灰色（はいいろ）	gray	màu tro
			□ 灰皿（はいざら）	ashtray	gạt tàn
407	測	はか-る ソク	□ 測る（はか）	measure	đo
			□ 測定（そくてい）(する)	(to) measure	đo đạc
			□ 予測（よそく）(する)	(to) estimate	dự đoán
408	博	ハク	□ 博士（はかせ）★	doctor	tiến sĩ
			□ 博物館（はくぶつかん）	museum	viện bảo tạng
409	爆	バク	□ 爆発（ばくはつ）(する)	(to) explode	nổ
410	掃	は-く ソウ	□ 掃く（は）	sweep	lau
			□ 掃除（そうじ）(する)	(to) clean	dọn dẹp
			□ 清掃（せいそう）	cleaning	lau chùi
411	柱	はしら チュウ	□ 柱（はしら）	pillar	cột
			□ 電柱（でんちゅう）	light pole	cột điện
412	恥	は-ずかしい	□ 恥ずかしい（は）	embarrassing	xấu hổ
413	肌	はだ	□ 肌（はだ）	skin	da
414	畑	はたけ はた	□ 畑（はたけ）	field	cánh đồng
			□ 田畑（たはた）	rice and vegetable fields	ruộng đồng
415	放	はな-す ホウ	□ 放す（はな）	let go	buông, thả
			□ 放送（ほうそう）(する)	(to) broadcast	phát sóng
416	離	はな-れる リ	□ (～が)離れる（はな）	separate	~ xa
			□ (～を)離す（はな）	separate	tách rời ~
			□ 距離（きょり）	distance	cự li
			□ 離婚（りこん）(する)	(to) divorce	li hôn
417	羽	はね	□ 羽（はね）／羽根（はね）	wing	cánh
418	幅	はば	□ 幅（はば）	breadth	độ rộng
			□ 道幅（みちはば）	road width	độ rộng mặt đường
419	母	はは ボ	□ 母親（ははおや）	mother	mẹ
			□ 母国（ぼこく）	homeland	đất nước
			□ 母校（ぼこう）	alma mater	trường xuất thân
			□ 父母（ふぼ）	parents	bố mẹ

No.	Kanji	Readings	Word	Reading	English	Vietnamese
420	省	はぶ-く かえり-みる ショウ セイ	□ 省く	はぶ	omit	bớt
			□ 省略(する)	しょうりゃく	(to) abridge	rút gọn
			□ 反省(する)	はんせい	(to) examine oneself	rút kinh nghiệm
			□ 環境省	かんきょうしょう	Ministry of the Environment	bộ môi trường
421	針	はり シン	□ 針	はり	needle	kim
			□ 方針	ほうしん	policy	phương châm
			□ 針路	しんろ	course	phương hướng
422	張	は-る チョウ	□ 張る	は	stretch	căng, canh
			□ 引っ張る	ひ ぱ	pull	kéo
			□ 主張(する)	しゅちょう	(to) assert	phát biểu, ý kiến
			□ 出張(する)	しゅっちょう	(to) travel on business	công tác
			□ 緊張(する)	きんちょう	(to be) nervous	hồi hộp
423	晴	は-れる セイ	□ 晴れる	は	become clear	trời nắng
			□ 晴れ	は	clear	trời nắng
			□ 晴天	せいてん	fine weather	trời nắng
			□ 快晴	かいせい	good weather	trời quang mây
424	犯	おか-す ハン	□ 犯す	おか	commit	phạm, vi phạm
			□ 犯人	はんにん	criminal	tên tội phạm
			□ 防犯	ぼうはん	crime prevention	chống trộm
425	販	ハン	□ 販売(する)	はんばい	(to) sell	bán
426	版	ハン	□ 出版(する)	しゅっぱん	(to) publish	xuất bản
427	判	ハン バン	□ 判断(する)	はんだん	(to) judge	phán đoán
			□ 評判	ひょうばん	reputation	đánh giá
			□ 裁判	さいばん	trial	toàn án
428	般	ハン	□ 一般	いっぱん	general	thông thường
			□ 一般的(な)	いっぱんてき	general	tính thông thường
			□ 一般論	いっぱんろん	general argument	thông thường
429	費	ヒ	□ 費用	ひよう	expenses	chi phí
			□ 消費(する)	しょうひ	(to) consume	tiêu dùng
			□ 消費者	しょうひしゃ	consumer	người tiêu dùng
430	被	ヒ	□ 被害	ひがい	damage	thiệt hại
431	否	ヒ	□ 否定(する)	ひてい	(to) deny	phủ định
			□ 否定的(な)	ひていてき	negative	có tính phủ định
432	日	ひ か にち ジツ	□ 当日	とうじつ	day in question	hôm đó
			□ 平日	へいじつ	weekday	ngày thường
			□ 休日	きゅうじつ	day off	ngày nghỉ
			□ 祝日	しゅくじつ	holiday	ngày lễ
			□ 先日	せんじつ	the other day	hôm trước
433	匹	ひき	□ ３匹	びき	3 (animals)	ba con
434	引	ひ-く イン	□ 引く	ひ	pull	kéo
			⇔押す	お	push	đẩy
			□ 引力	いんりょく	gravity	lực kéo
			□ 引退(する)	いんたい	(to) retire	từ giã, giải nghệ
			□ 引用(する)	いんよう	(to) cite	trích dẫn
			□ 強引(な)	ごういん	aggressive	ép
435	久	ひさ-しい キュウ	□ 久しぶり	ひさ	first time in a while	lâu lâu
			□ 永久	えいきゅう	forever	vĩnh cửu
436	羊	ひつじ ヨウ	□ 羊	ひつじ	sheep	cừu
			□ 羊毛	ようもう	wool	lông cừu
437	等	ひと-しい トウ	□ 等しい	ひと	identical	bằng nhau
			□ 平等(な)	びょうどう	equal	bình đẳng
			□ ～等	など/とう	etc.	vân vân
438	独	ひと-り ドク	□ 独り	ひと	oneself	một mình
			□ 独身	どくしん	single	độc thân
			□ 独立(する)	どくりつ	(to become) independent	độc lập
			□ 独特(な)	どくとく	unique	đặc sắc
439	標	ヒョウ	□ 目標	もくひょう	goal; target	mục tiêu
			□ 標識	ひょうしき	marking	biển chỉ dẫn
440	評	ヒョウ	□ 評価(する)	ひょうか	(to) evaluate	đánh giá
			□ 評判	ひょうばん	reputation	đáng giá
			□ 評論	ひょうろん	criticism	phê bình
			□ 批評(する)	ひひょう	(to) critique	phê phán
441	批	ヒ	□ 批判(する)	ひはん	(to) criticize	phê phán
442	秒	ビョウ	□ 秒	びょう	seconds	giây
443	拾	ひろ-う	□ 拾う	ひろ	pick up	nhặt
444	富	と-む フ	□ 豊富(な)	ほうふ	bountiful	phong phú

No.	漢字	読み	語	English	Tiếng Việt
445	符	フ	□ 切符(きっぷ)	ticket	vé
			□ 符号(ふごう)	mark	kí hiệu
446	普	フ	□ 普段(ふだん)	ordinary	thông thường
			□ 普通(ふつう)	normal	bình thường
			□ 普及(ふきゅう)(する)	(to) spread	phổ cập
447	武	ブ	□ 武器(ぶき)	weapon	vũ khí
			□ 武士(ぶし)	warrior; samurai	võ sĩ
			□ 武力(ぶりょく)	military force	vũ lực
448	封	フウ	□ 開封(かいふう)(する)	(to) open	mở phong bì
			□ 同封(どうふう)(する)	(to) enclose	gửi kèm
			□ 封筒(ふうとう)	envelope	phong bì
449	増	ふ-える ふ-やす ま-す ゾウ	□ (〜が)増(ふ)える	increase	~ tăng
			□ (〜を)増(ふ)やす	increase	tăng ~ lên
			□ 増加(ぞうか)(する)	(to) increase	tăng lên
450	深	ふか-い シン	□ 深(ふか)い	deep	sâu
			□ 深(ふか)まる	deepen	trở nên sâu
			□ 深夜(しんや)	late night	đêm khuya
			cf. 早朝(そうちょう)	early morning	sáng sớm
451	福	フク	□ 幸福(こうふく)	happiness	hạnh phúc
452	複	フク	□ 複雑(ふくざつ)(な)	complicated	phức tạp
			□ 複数(ふくすう)	multiple	một vài
453	副	フク	□ 副大統領(ふくだいとうりょう)	Vice President	phó tổng thống
			□ 副首相(ふくしゅしょう)	deputy prime minister	phó thủ tướng
			□ 副市長(ふくしちょう)	vice mayor	phó thị trưởng
454	含	ふく-む ふく-める	□ 含(ふく)む	includes	gồm
			□ 含(ふく)める	include	bao gồm
455	防	ふせ-ぐ ボウ	□ 防災(ぼうさい)	disaster prevention	phòng chống thiên tai
			□ 防止(ぼうし)(する)	(to) prevent	phòng chống
			□ 予防(よぼう)(する)	(to) protect	dự phòng
456	札	ふだ サツ	□ 改札口(かいさつぐち)	ticket gate	cửa soát vé
			□ 自動改札(じどうかいさつ)	automatic ticket gate	soát vé tự động
			□ 一万円札(いちまんえんさつ)	10,000 yen bill	tờ một vạn yên
			□ 値札(ねふだ)	price tag	tag giá tiền
457	再	ふたた-び サイ	□ 再(ふたた)び	again	lại
			□ 再検査(さいけんさ)(する)	(to) re-examine	khám lại
			□ 再(さい)〜	re~	~ lại
			□ 再来週(さらいしゅう)	week after next	tuần sau nữa
458	仏	ほとけ ブツ	□ 仏(ほとけ)	Buddha	phật
			□ 仏教(ぶっきょう)	Buddhism	phật giáo
			□ 仏像(ぶつぞう)	Buddha statue	tượng phật
459	筆	ふで ヒツ	□ 筆者(ひっしゃ)	author	người viết
			□ 筆記(ひっき)(する)	(to) note	viết
			□ 鉛筆(えんぴつ)	pencil	bút chì
460	舟	ふね	□ 舟(ふね)　cf. 船(ふね)	boat	thuyền
461	降	ふ-る お-りる コウ	□ 来年以降(らいねんいこう)	next year and beyond	từ năm sau
			□ 下降(かこう)(する)	(to) descend	đi xuống
			□ 降水量(こうすいりょう)	amount of precipitation	lượng mưa
462	震	ふる-える シン	□ 地震(じしん)	earthquake	động đất
			□ (〜が)震(ふる)える	shake	~ rung
463	兵	ヘイ	□ 兵隊(へいたい)	soldier	binh lính
			□ 兵士(へいし)	soldier	binh sĩ
464	減	へ-る へ-らす ゲン	□ (〜が)減(へ)る	decrease	~ giảm
			□ (〜を)減(へ)らす	decrease	cắt giảm ~
			□ 減少(げんしょう)(する)	(to) decrease	giảm xuống
465	弁	ベン	□ 弁当(べんとう)	boxed lunch	cơm hộp
466	募	つの-る ボ	□ 募集(ぼしゅう)(する)	(to) recruit	tuyển
			□ 募金(ぼきん)(する)	(to) raise funds	quyên góp tiền
			□ 応募(おうぼ)(する)	(to) apply	ứng tuyển
467	報	ホウ	□ 報告(ほうこく)(する)	(to) report	báo cáo
			□ 警報(けいほう)	warning	cảnh báo
			□ 情報(じょうほう)	information	thông tin
468	帽	ボウ	□ 帽子(ぼうし)	hat	mũ
469	坊	ボウ	□ 赤ん坊(あかんぼう)	baby	trẻ sơ sinh
			□ 寝坊(ねぼう)(する)	(to) oversleep	ngủ quên
			□ お坊(ぼう)さん	Buddhist monk	ông sư
470	棒	ボウ	□ 泥棒(どろぼう)	thief	tên trộm
			□ 棒(ぼう)	stick	gậy

No.	Kanji	Readings	Word	Reading	English	Vietnamese
471	星	ほし セイ	□ 星	ほし	star	ngôi sao
472	干	ほ-す カン	□ 干す	ほ	hang	phơi
473	掘	ほ-る クツ	□ 掘る	ほ	dig	đào
474	舞	ま-う ま-い ブ	□ 見舞う	み ま	to visit	gặp phải
			□ (お)見舞い	み ま	to visit inquiring about someone's health	thăm người ốm
			□ 舞台	ぶ たい	stage; performance	sân khấu
475	任	まか-す まか-せる ニン	□ 任せる	まか	entrust	giao phó
			□ 就任(する)	しゅうにん	(to) assume office	nhận việc
476	巻	ま-く カン	□ (包帯を)巻く	ほうたい ま	wrap (a bandage)	quấn (băng)
			□ 第 1 巻	だい かん	Volume 1	tập 1
477	孫	まご ソン	□ 孫	まご	grandchild	cháu
			□ 子孫	し そん	descendants	con cháu
478	混	ま-ざる ま-じる ま-ぜる こ-む コン	□ (~が)混ざる	ま	mix	lẫn ~
			□ (~が)混じる	こん	mixed	lẫn ~
			□ (~を)混ぜる	ま	mix	trộn ~
			□ 混雑(する)	こんざつ	(to be) crowded	đông đúc
			□ 混合(する)	こんごう	(to) blend	trộn lẫn
479	貧	まず-しい ビン ヒン	□ 貧しい	まず	poor	nghèo
			□ 貧乏(な)	びんぼう	impoverished	nghèo
			□ 貧困	ひんこん	poverty	nghèo khó
480	待	ま-つ タイ	□ 期待(する)	き たい	(to) expect	mong đợi, kì vọng
			□ 招待(する)	しょうたい	(to) invite	mời
481	招	まね-く ショウ	□ 招く	まね	invite	mời, gây ra
			□ 招待状	しょうたいじょう	invitation	giấy mời
482	守	まも-る シュ	□ 守る	まも	protect	bảo vệ
			□ 留守	る す	away from home	vắng nhà
483	迷	まよ-う メイ	□ 迷う	まよ	become lost	phân vân, lạc đường
			□ 迷惑	めいわく	annoying	phiền toái, làm phiền
			□ 迷信	めいしん	superstition	mê tín
			□ 迷子	まい ご	lost child	trẻ lạc
484	丸	まる-い まる	□ 丸い	まる	round	tròn
			□ 丸	まる	circle	hình tròn

No.	Kanji	Readings	Word	Reading	English	Vietnamese
485	周	まわ-り シュウ	□ 周り	まわ	vicinity	xung quanh
			□ 周辺	しゅうへん	surroundings	khu xung quanh
			□ 周囲	しゅう い	circumference	xung quanh
486	身	み シン	□ 身近(な)	み ぢか	familiar	gần
			□ 身分	み ぶん	one's place	thân phận
			□ 身長	しんちょう	height	chiều cao
			□ 自身	じ しん	oneself	tự bản thân
			□ 出身	しゅっしん	birthplace	xuất thân
487	磨	みが-く	□ 磨く	みが	polish	mài, chải
			□ 歯磨き	は みが	brush teeth	đánh răng
488	乱	みだ-れる ラン	□ 乱暴(する)	らんぼう	(to be) violent	cư xử thô bạo
			□ 乱暴(な)	らんぼう	violent	thô lỗ
			□ 混乱(する)	こんらん	(to be) confused	rối loạn
489	認	みと-める ニン	□ 認める	みと	recognize	chấp nhận, thừa nhận
			□ 確認(する)	かくにん	(to) confirm	xác nhận
			□ 承認(する)	しょうにん	(to) approve	chấp nhận
490	麦	むぎ	□ 小麦	こ むぎ	wheat	lúa mạch
491	向	む-く む-ける む-かう む-こう コウ	□ 向き	む	direction	hướng
			□ 逆向き	ぎゃく む	opposite direction	ngược hướng
			□ 方向	ほうこう	direction	phương hướng
492	難	むずか-しい かた-い ナン	□ 困難(な)	こんなん	difficulty	khó khăn
			□ 避難(する)	ひ なん	(to) evacuate	lánh nạn
			□ 盗難	とうなん	theft	trộm
493	娘	むすめ	□ 娘	むすめ	daughter	con gái cf
			cf. 息子	むすこ	son	con trai
494	群	む-れる グン	□ 群れ	む	crowd; group	nhóm, đám, đàn
495	恵	めぐ-む エ	□ 恵まれる	めぐ	blessed	được ưu đãi, gặp may mắn
			□ 知恵	ち え	wisdom	trí tuệ
496	召	め-す	□ 召し上がる	め あ	help oneself	ăn
497	珍	めずら-しい	□ 珍しい	めずら	unusual	hiếm, lạ

No.	漢字	読み	語	読み方	English	Tiếng Việt
498	面	おも メン	□ 面白い	おもしろ	interesting	thú vị
			□ 画面	がめん	screen	màn hình
			□ 正面	しょうめん	façade; front	trực diện
			□ 面倒(な)	めんどう	bothersome	phiền toái
499	求	もと-める キュウ	□ 求める	もと	seek	đòi hỏi
			□ 要求(する)	ようきゅう	(to) request	yêu cầu
500	役	ヤク	□ 市役所	しやくしょ	city hall	tòa thị chính
			□ 役割	やくわり	role	vai trò
			□ 役員	やくいん	official	ban giám đốc
			□ 役に立つ	やく　た	be useful	giúp ích
501	約	ヤク	□ 約束(する)	やくそく	(to) promise	hẹn
502	養	やしな-う ヨウ	□ 休養	きゅうよう	recreation	nghỉ dưỡng
			□ 教養	きょうよう	culture	giáo dưỡng
			□ 養分	ようぶん	nutrients	thành phần dinh dưỡng
503	雇	やと-う コ	□ 雇う	やと	hire	Thuê người
			□ 雇用(する)	こよう	(to) employ	tuyển dụng
504	破	やぶ-れる やぶ-る ハ	□ (～が)破れる	やぶ	(～が)tear	~ rách
			□ (～を)破る	やぶ	(～を)tear	xé ~
			□ 約束を破る	やくそく　やぶ	break a promise	thất hẹn
			⇔約束を守る	やくそく　まも	keep a promise	giữ đúng hẹn
505	山	やま サン	□ 火山	かざん	volcano	núi lửa
			□ 登山(する)	とざん	(to) climb a mountain	leo núi
			□ 山林	さんりん	forest on a mountain	rừng
506	柔	やわ-らかい ジュウ	□ 柔道	じゅうどう	judo	môn võ jyudo
			□ 柔らかい	やわ	soft	mềm mại
			□ 柔軟(な)	じゅうなん	flexible	mềm mại
507	湯	ゆ トウ	□ (お)湯	ゆ	hot water	nước nóng
			□ 湯気	ゆげ	steam	hơi nước nóng
508	優	すぐ-れる やさ-しい ユウ	□ 優れる	すぐ	superior	giỏi
			□ 優秀(な)	ゆうしゅう	excellent	ưu tú
			□ 優先(する)	ゆうせん	(to) prioritize	ưu tiên
			□ 優勝	ゆうしょう	victory	vô địch
			□ 女優	じょゆう	actress	nữ diễn viên
509	勇	いさ-ましい ユウ	□ 勇ましい	いさ	courageous	quả cảm
			□ 勇気	ゆうき	courage	dũng khí
510	床	ゆか ショウ	□ 床	ゆか	floor	sàn
			□ 起床(する)	きしょう	(to) get up	ngủ dậy
511	豊	ゆた-か ホウ	□ 豊か(な)	ゆた	abundant	phong phú
512	夢	ゆめ ム	□ 夢	ゆめ	dream	giấc mơ
			□ 夢中(な)	むちゅう	absorbed	chăm chú, miệt mài
513	許	ゆる-す キョ	□ 許す	ゆる	forgive	cho phép
			□ 許可(する)	きょか	(to) permit	cho phép
			□ 免許	めんきょ	permit	bằng cấp
514	良	よ-い リョウ	□ 良い	よ	good	tốt
			□ 良心	りょうしん	conscience	lương tâm
			□ 不良品	ふりょうひん	inferior goods	hàng hỏng
515	陽	ヨウ	□ 太陽	たいよう	sun	mặt trời
			□ 陽気(な)	ようき	cheerful	tươi tắn
516	翌	ヨク	□ 翌日	よくじつ	next day	ngày hôm sau
			□ 翌朝	よくあさ	next morning	sáng hôm sau
517	汚	よご-れる よご-す きたな-い オ	□ 汚い	きたな	dirty	bẩn
			□ 汚す	よご	make dirty	làm bẩn
			□ 汚染(する)	おせん	(to) pollute	ô nhiễm
518	寄	よ-る キ	□ 寄る	よ	approach	ghé vào
			□ お年寄り	とし　よ	elderly	người già
			□ 寄付(する)	きふ	(to) donate	quyên góp
519	絡	ラク	□ 連絡(する)	れんらく	(to) contact	liên lạc
520	陸	リク	□ 陸	りく	land	lục địa
			□ 着陸(する)	ちゃくりく	(to make) landfall	hạ cánh
			□ アフリカ大陸	たいりく	Africa	lục địa Châu Phi
521	律	リツ	□ 法律	ほうりつ	law	luật pháp
			□ 規律	きりつ	discipline	quy tắc
522	率	リツ ソツ	□ 確率	かくりつ	probability	xác suất
			□ 能率	のうりつ	efficiency	năng suất
			□ 成長率	せいちょうりつ	growth rate	tỉ lệ tăng trưởng
			□ 率直(な)	そっちょく	direct	thẳng thắn

No.	Kanji	Reading	Word	Furigana	English	Vietnamese
523	略	リャク	□ 略す	りゃく	abbreviate	lược
			□ 略	りゃく	abbreviation	rút gọn
			□ 省略(する)	しょうりゃく	(to) abbreviate	lược bớt
			□ 中略(する)	ちゅうりゃく	(to) omit	lược ở giữa
524	領	リョウ	□ 大統領	だいとうりょう	president	tổng thống
			□ 要領	ようりょう	essentials	điểm chính
			□ 領土	りょうど	territory	lãnh thổ
			□ 領収書	りょうしゅうしょ	receipt	hóa đơn
525	療	リョウ	□ 医療	いりょう	health care	y tế
			□ 治療(する)	ちりょう	(to) treat	chữa trị
526	量	リョウ	□ 量	りょう	amount	lượng
			□ 数量	すうりょう	quantity	số lượng
			□ 音量	おんりょう	volume	âm lượng
			□ 分量	ぶんりょう	quantity	lượng
			□ 同量	どうりょう	equal amount	đồng lượng
527	了	リョウ	□ 終了(する)	しゅうりょう	(to) finish	kết thúc
			□ 完了(する)	かんりょう	(to) complete	hoàn thành
528	齢	レイ	□ 年齢	ねんれい	age	tuổi
529	礼	レイ	□ お礼	れい	gratitude	sự cám ơn
			□ 礼儀	れいぎ	manners	lễ nghi
			□ 礼儀正しい	れいぎただ	well-mannered	lễ phép
530	令	レイ	□ 命令(する)	めいれい	(to) order	ra lệnh
531	連	つ-れる レン	□ 連れる	つ	bring	dắt theo
			□ 連続(する)	れんぞく	(to) connect	liên tục
			□ 連休	れんきゅう	long holiday	ngày nghỉ liên tiếp
			□ 関連(する)	かんれん	(to) relate to	liên quan
532	老	お-いる ふ-ける ロウ	□ 老人	ろうじん	elderly person	người già
533	労	ロウ	□ 労働(する)	ろうどう	(to) labor	lao động
			□ 苦労(する)	くろう	(to) suffer	vất vả.
534	論	ロン	□ 論じる	ろん	argue	luận bàn
			□ 論文	ろんぶん	essay	luận văn
			□ 論争(する)	ろんそう	(to) contend	tranh luận
			□ 議論(する)	ぎろん	(to) argue	thảo luận
			□ 結論	けつろん	conclusion	kết luận
535	和	やわ-らぐ なご-やか ワ	□ 和やかな	なご	peaceful, harmonious	bình yên, nhẹ nhàng
			□ 和室	わしつ	Japanese room	phòng kiểu Nhật
			□ 和食	わしょく	Japanese food	món ăn Nhật
			□ 平和	へいわ	peace	hòa bình
			□ 調和(する)	ちょうわ	(to) harmonize	điều hòa
536	輪	わ リン	□ 指輪	ゆびわ	ring	nhẫn
			□ 車輪	しゃりん	wheel	bánh xe
537	沸	わ-く わ-かす フツ	□ (~が)沸く	わ	boil	~ sôi
			□ (~を)沸かす	わ	boil	đun sôi ~
538	綿	わた メン	□ 綿	めん	cotton	sợi
			□ 綿	わた	cotton	bông
			□ 木綿	もめん	cotton	sợi bông
539	笑	わら-う え-む	□ 笑う	わら	laugh	cười
			cf. 泣く	な	cry	khóc
			□ 笑顔	えがお	smile	nụ cười
540	割	わ-れる わ-る わり カツ	□ 分割(する)	ぶんかつ	(to) divide	phân đoạn
			□ 割合	わりあい	proportion	phần trăm
			□ 割り算	わざん	division	phép chia
			□ 割引	わりびき	discount	tỉ lệ
			□ 役割	やくわり	role	vai trò
541	悪	わる-い アク	□ 悪口	わるぐち	vilify	nói xấu
			□ 悪天候	あくてんこう	foul weather	thời tiết xấu
			□ 悪影響	あくえいきょう	ill effects	ảnh hưởng xấu
			□ 悪化(する)	あっか	(to) become worse	xấu đi
542	湾	ワン	□ 東京湾	とうきょうわん	Tokyo Bay	vịnh Tokyo

単語（たんご）さくいん

Word index
Chỉ số từ vựng

単語（たんご） ……… ユニット - 課（か） - 番号（ばんごう）

※あいうえお順（じゅん）

え

お

か

き

さ

し

ひ

ま

み

む

め

も

や

漢字さくいん
かんじ

Kanji index
Chỉ số Kanji

読み　漢字…ユニット-課-番号
（よ　　　　　　　　　　か　ばんごう）

※あいうえお順（じゅん）

か

き

さ

し

す

せ

● 著者

倉品 さやか（くらしな さやか）

筑波大学日本語・日本文化学類卒業、広島大学大学院日本語教育学修士課程修了。スロベニア・リュブリャーナ大学、福山 YMCA こくさいビジネス専門学校、仙台イングリッシュセンターで日本語講師を務めた後、現在は国際大学言語教育研究センター講師。

レイアウト・DTP	オッコの木スタジオ
カバーデザイン	滝デザイン事務所
本文イラスト	はやし・ひろ
翻訳	Alex Ko Ransom ／ Nguyen Van Anh
協力	古谷夏希

本書へのご意見・ご感想は下記 URL までお寄せください。
https://www.jresearch.co.jp/contact/

日本語能力試験問題集 N 1 漢字スピードマスター

令和 3 年（2021 年） 2月 10 日 初版第 1 刷発行
令和 4 年（2022 年） 4月 10 日 第 2 刷発行

著　者　倉品さやか
発行人　福田富与
発行所　有限会社 J リサーチ出版
〒 166-0002 東京都杉並区高円寺北 2-29-14-705
電　話　03(6808)8801（代） FAX 03(5364)5310
編集部　03(6808)8806
https://www.jresearch.co.jp
twitter 公式アカウント @ Jresearch_
https://twitter.com/Jresearch_
印刷所　株式会社シナノ パブリッシング プレス

ISBN 978-4-86392-499-4

別冊（べっさつ）
Supplementary Text
Cuốn Khác

問題の答え（もんだいのこたえ）

Exercise Answers

Đáp án, Câu trả lời

UNIT 1

1 .... (p.11)

ドリルA ❶b ❷a ❸a ❹b ❺a
ドリルB ❶c ❷b ❸a ❹c ❺a
ドリルC ❶aよくよう ❷bまめ ❸aせんど
❹bみじゅく ❺aふはい

2 .... (p.13)

ドリルA ❶b ❷a ❸b ❹a ❺b
ドリルB ❶a ❷b ❸c ❹c ❺a
ドリルC ❶aにます ❷aさとう ❸bまっしょう
❹aぎゅうどん ❺bにおい

3 .... (p.15)

ドリルA ❶b ❷b ❸a ❹a ❺b
ドリルB ❶c ❷b ❸a ❹c ❺b
ドリルC ❶aえりもと ❷bかんせん
❸bそうしょく ❹aせんい
❺aかざって

4 .... (p.17)

ドリルA ❶b ❷b ❸a ❹b ❺b
ドリルB ❶b ❷c ❸a ❹c ❺c
ドリルC ❶aけっぱく ❷aすいせんわく
❸bとんざ ❹bいさぎよく
❺aかんづめ

5 .... (p.19)

ドリルA ❶a ❷b ❸b ❹a ❺b
ドリルB ❶b ❷b ❸a ❹c ❺c
ドリルC ❶aやしき ❷aりくつ ❸bゆうが
❹bあこがれて ❺aきゅうくつ

6 .... (p.21)

ドリルA ❶b ❷b ❸b ❹a ❺b
ドリルB ❶a ❷b ❸a ❹b ❺c
ドリルC ❶aせんぷうき ❷bいす
❸aたっきゅう ❹bひがさ
❺aきんせん

まとめ問題A .... (p.22-23)

問題1 [1]3 [2]4 [3]3 [4]4 [5]3
[6]1 [7]2 [8]3 [9]1 [10]2
問題2 [1]4 [2]3 [3]2 [4]3 [5]1
[6]1 [7]1
問題3 [1]4 [2]1 [3]1

まとめ問題B .... (p.24)

問題1 (1) ①はこう ②めんるい ③とうぶん
(2) ①そうしょく ②じゅくれん
③せんさい
問題2 ①c ②a ③f ④d

UNIT 2

1 .... (p.27)

ドリルA ❶b ❷b ❸a ❹a ❺b
ドリルB ❶b ❷a ❸c ❹c ❺b
ドリルC ❶aはけん ❷bていけい ❸aけいやく
❹bしせい ❺bけいぞく

2 .... (p.29)

ドリルA ❶b ❷a ❸b ❹b ❺a
ドリルB ❶c ❷b ❸a ❹c ❺a
ドリルC ❶aえんりょ ❷bきちょう ❸aゆうち
❹bてきぎ ❺aひへい

3 .... (p.31)

ドリルA ❶b ❷a ❸a ❹b ❺b
ドリルB ❶a ❷c ❸c ❹b ❺a
ドリルC ❶aそっきょう ❷bがまん
❸aさいそく ❹bこうしょう
❺aきかく

4 .... (p.33)

ドリルA ❶b ❷a ❸b ❹a ❺b
ドリルB ❶c ❷b ❸a ❹a ❺b
ドリルC ❶bさくじょ ❷aてんぷ ❸bじんそく
❹aおうふく ❺bくうらん

5 (p.35)

ドリルA ❶a　❷b　❸a　❹a　❺b

ドリルB ❶b　❷a　❸b　❹c　❺a

ドリルC ❶aはんざつ　❷bゆうえき
❸aじゅくすい　❹aかどう　❺bはあく

6 (p.37)

ドリルA ❶b　❷b　❸a　❹a　❺b

ドリルB ❶b　❷b　❸a　❹c　❺b

ドリルC ❶aがいとう　❷aつきて
❸bいりょく　❹bざせつ　❺aひかげ

まとめ問題A (p.38-39)

問題1 [1]2　[2]4　[3]1　[4]3　[5]2
[6]1　[7]4　[8]3　[9]1　[10]4

問題2 [1]3　[2]1　[3]2　[4]2　[6]1
[6]4　[7]3

問題3 [1]3　[2]1　[3]2

まとめ問題B (p.40)

問題1 (1) ①ていけい　②こうけいしゃ
③たくす
(2) ①ようじ　②しせい　③ことばづかい

問題2 ①b　②g　③a　④d

UNIT 3

1 (p.43)

ドリルA ❶b　❷b　❸a　❹b　❺a

ドリルB ❶a　❷b　❸c　❹c　❺b

ドリルC ❶aしゅこう　❷bずかん　❸bかんし
❹aちょうせん　❺bけいこ

2 (p.45)

ドリルA ❶b　❷b　❸a　❹a　❺b

ドリルB ❶b　❷a　❸b　❹c　❺c

ドリルC ❶aよきょう　❷aはずんだ
❸bえいきょう　❹aはっき
❺aはくしゅ

3 (p.47)

ドリルA ❶b　❷a　❸b　❹a　❺b

ドリルB ❶b　❷a　❸a　❹b　❺c

ドリルC ❶aこうばい　❷bそうにゅう
❸aえがかれて　❹aかくう
❺aかくしゅう

4 (p.49)

ドリルA ❶b　❷b　❸b　❹a　❺a

ドリルB ❶a　❷a　❸c　❹c　❺a

ドリルC ❶aもぐる　❷bだげき　❸bかんげい
❹aふんとう　❺aおうえん

5 (p.51))

ドリルA ❶a　❷b　❸b　❹a　❺b

ドリルB ❶c　❷b　❸a　❹b　❺c

ドリルC ❶aきんりん　❷bさいばい
❸bきゅうか　❹bそうじゅう
❺aぼんち

まとめ問題A (p.52-53)

問題1 [1]3　[2]4　[3]3　[4]2　[5]1
[6]1　[7]2　[8]3　[9]1　[10]2

問題2 [1]3　[2]2　[3]2　[4]1　[5]4
[6]4　[7]2

問題3 [1]1　[2]4　[3]2

まとめ問題B (p.54)

問題1 (1) ①ほうが　②しょうげき　③いどみ
(2) ①おぼん　②ぶどうがり
③もよおしもの

問題2 ①d　②e　③g　④b

UNIT 4

1 ………… (p.57)

ドリルA ❶b ❷b ❸a ❹b ❺a
ドリルB ❶a ❷c ❸c ❹a ❺b
ドリルC ❶bだめ ❷aひげ ❸bけいべつ
❹bはげまして ❺aしっと

2 ………… (p.59)

ドリルA ❶b ❷a ❸a ❹b ❺b
ドリルB ❶b ❷a ❸c ❹a ❺c
ドリルC ❶aげんじゅう ❷aじこ ❸aせいい
❹bりちぎ ❺bけんそん

3 ………… (p.61)

ドリルA ❶a ❷b ❸a ❹b ❺a
ドリルB ❶c ❷c ❸a ❹a ❺b
ドリルC ❶bしょうがい ❷bはいしゅつ
❸aあいさつ ❹bえんかい ❺bきちじつ

4 ………… (p.63)

ドリルA ❶a ❷a ❸b ❹b ❺b
ドリルB ❶c ❷b ❸c ❹a ❺b
ドリルC ❶aかんしゃ ❷aきょうど ❸bかそ
❹aちょうもん ❺bそうしつ

5 ………… (p.65)

ドリルA ❶b ❷b ❸b ❹a ❺a
ドリルB ❶a ❷b ❸a ❹c ❺c
ドリルC ❶aこうけん ❷aかえる ❸bじょうほ
❹bしいく ❺aおじ

まとめ問題A ………… (p.66-67)

問題1 [1]4 [2]1 [3]3 [4]3 [5]2
[6]3 [7]2 [8]1 [9]1 [10]3
問題2 [1]1 [2]3 [3]2 [4]4 [5]3
[6]4 [7]1
問題3 [1]3 [2]2 [3]4

まとめ問題B ………… (p.68)

問題1 (1) ①うらやんだ ②ねたんだ ③だめ
(2) ①おだやか ②ひろう ③みりょう
問題2 ①c ②f ③b ④g

UNIT 5

1 ………… (p.71)

ドリルA ❶a ❷a ❸b ❹b ❺b
ドリルB ❶a ❷c ❸c ❹b ❺a
ドリルC ❶aきんにく ❷bだっせん
❸bしっきゃく ❹aはいえん ❺bがんか

2 ………… (p.73)

ドリルA ❶a ❷b ❸a ❹a ❺b
ドリルB ❶a ❷a ❸c ❹b ❺c
ドリルC ❶aちゅうしゃ ❷aせんざい
❸aにんしん ❹bしかい ❺bこうきん

3 ………… (p.75)

ドリルA ❶b ❷b ❸a ❹b ❺b
ドリルB ❶a ❷b ❸c ❹a ❺a
ドリルC ❶bかんちょう ❷aくうどう
❸aしんとう ❹aおか ❺bかいきょう

4 ………… (p.77)

ドリルA ❶a ❷b ❸a ❹b ❺b
ドリルB ❶c ❷b ❸b ❹a ❺c
ドリルC ❶aか ❷bつゆ ❸aこんちゅう
❹aとら ❺bようとん

まとめ問題A ………… (p.78-79)

問題1 [1]1 [2]2 [3]4 [4]3 [5]3
[6]1 [7]3 [8]2 [9]3 [10]4
問題2 [1]4 [2]3 [3]3 [4]2 [5]1
[6]4 [7]3
問題3 [1]2 [2]2 [3]3

まとめ問題B ………… (p.80)

問題1 (1) ①せんざい ②しんとう ③こうきん
(2) ①わき ②けいりゅう ③たき
問題2 ①a ②e ③g ④d

UNIT 6

1 .... (p.83)

ドリルA ❶a ❷b ❸a ❹a ❺b

ドリルB ❶a ❷b ❸c ❹b ❺a

ドリルC ❶bかくした ❷aばいたい
❸aかいしゃく ❹aせんきょ
❺bぶんれつ

2 .... (p.85)

ドリルA ❶b ❷a ❸b ❹b ❺a

ドリルB ❶b ❷c ❸c ❹a ❺b

ドリルC ❶aえいせい ❷bふんしつ ❸aはき
❹bひりょう ❺aかじょう

3 .... (p.87)

ドリルA ❶a ❷a ❸b ❹a ❺a

ドリルB ❶b ❷a ❸c ❹c ❺b

ドリルC ❶bしんにゅう ❷bまさつ
❸bみんしゅう ❹aいけん ❺aかめい

まとめ問題A .... (p.88-89)

問題1 [1]1 [2]3 [3]2 [4]1 [5]3
[6]4 [7]2 [8]2 [9]4 [10]3

問題2 [1]3 [2]1 [3]4 [4]4 [5]2
[6]3 [7]2

問題3 [1]3 [2]2 [3]1

まとめ問題B .... (p.90)

問題1 (1) ①しゅうかく ②ひりょう ③つむ
(2) ①はき ②はりさける
③ひつじゅひん

問題2 ①a ②e ③d ④c

UNIT 7

1 .... (p.93)

ドリルA ❶b ❷b ❸a ❹a ❺b

ドリルB ❶a ❷b ❸c ❹c ❺b

ドリルC ❶aこうげき ❷bじてん ❸aかいせき
❹bやくして ❺aじょじょう

2 .... (p.95)

ドリルA ❶a ❷a ❸b ❹b ❺b

ドリルB ❶b ❷c ❸c ❹b ❺c

ドリルC ❶bひんぱん ❷aかんさん
❸bはんしょく ❹bこうてい
❺aそうだい

3 .... (p.97)

ドリルA ❶b ❷a ❸b ❹a ❺a

ドリルB ❶a ❷a ❸b ❹c ❺c

ドリルC ❶a ❷b ❸b ❹b ❺a
❶aけいはつ ❷bほろぼして
❸bかくとく ❹bきせき ❺aびりょう

4 .... (p.99)

ドリルA ❶b ❷a ❸b ❹b ❺b

ドリルB ❶c ❷b ❸c ❹a ❺c

ドリルC ❶aでんげん ❷bえんぴつ ❸aそしつ
❹aじき ❺bさんそ

5 .... (p.101))

ドリルA ❶a ❷b ❸b ❹a ❺a

ドリルB ❶c ❷b ❸c ❹b ❺b

ドリルC ❶bちくせき ❷bもけい ❸aれっとう
❹aめいよ ❺aおどろき

まとめ問題A .... (p.102-103)

問題1 [1]3 [2]2 [3]3 [4]1 [5]4
[6]3 [7]2 [8]4 [9]4 [10]1

問題2 [1]2 [2]1 [3]3 [4]4 [5]1
[6]3 [7]2

問題3 [1]4 [2]1 [3]2

まとめ問題B .... (p.104)

問題1 (1) ①ていこく ②はんえい ③めつぼう
(2) ①すなお ②ひんぱん ③なぞ

問題2 ①c ②d ③h ④e

UNIT 8

1 ……………………………………… (p.107)

ドリルA ❶a　❷b　❸b　❹b　❺b

ドリルB ❶b　❷b　❸a　❹c　❺a

ドリルC ❶aゆうし　❷bくずして　❸aけっかん　❹aしんこう　❺bふった

2 ……………………………………… (p.109)

ドリルA ❶b　❷a　❸b　❹a　❺b

ドリルB ❶a　❷b　❸c　❹c　❺a

ドリルC ❶aじゅうたい　❷bけんさく　❸bひみつ　❹aちゅうせん　❺aこしつ

3 ……………………………………… (p.111)

ドリルA ❶b　❷b　❸a　❹b　❺b

ドリルB ❶c　❷a　❸b　❹c　❺c

ドリルC ❶bじゅんじょ　❶bげんこう　❷aようし　❷aはんぱ　❸bがいねん

4 ……………………………………… (p.113)

ドリルA ❶b　❷a　❸b　❹a　❺b

ドリルB ❶c　❷b　❸c　❹c　❺a

ドリルC ❶bきょうたん　❷bこちょう　❸aじゅうじつ　❹bこくめい　❺aみごろ

まとめ問題A ……………………… (p.114-115)

問題1　[1] 2　[2] 4　[3] 3　[4] 1　[5] 4　[6] 4　[7] 3　[8] 4　[9] 1　[10] 2

問題2　[1] 4　[2] 1　[3] 2　[4] 4　[5] 3　[6] 1　[7] 4

問題3　[1] 1　[2] 2　[3] 2

まとめ問題B ……………………… (p.116)

問題1　(1) ①ゆるやか　②くずし　③おこたって
(2) ①ふしん　②おちいり　③ざせつ

問題2　①g　②d　③f　④a

UNIT 9

1 ……………………………………… (p.119)

ドリルA ❶b　❷b　❸b　❹a　❺a

ドリルB ❶c　❷c　❸c　❹a　❺a

ドリルC ❶aにごり　❷bごうか　❸aらんよう　❹aふんすい　❺aつなみ

2 ……………………………………… (p.121)

ドリルA ❶b　❷a　❸b　❹a　❺b

ドリルB ❶b　❷c　❸a　❹b　❺b

ドリルC ❶bたいさく　❷aこわれて　❸bいかん　❹aたいこう　❺bめいわく

3 ……………………………………… (p.123)

ドリルA ❶b　❷b　❸b　❹a　❺b

ドリルB ❶a　❷b　❸c　❹c　❺b

ドリルC ❶aきんしん　❷bべんしょう　❸aしょうとつ　❹aほうてい　❺bつつしむ

4 ……………………………………… (p.125)

ドリルA ❶b　❷b　❸a　❹b　❺b

ドリルB ❶c　❷c　❸c　❹a　❺b

ドリルC ❶aうばう　❷bにせもの　❸aしゅうげき　❹bさぎ　❺bめんぜい

5 ……………………………………… (p.127)

ドリルA ❶b　❷a　❸b　❹b　❺a

ドリルB ❶b　❷c　❸c　❹c　❺c

ドリルC ❶aそし　❷aこばんで　❸aそうおん　❹bそうさ　❺bさまたげる

まとめ問題A ……………………… (p.128-129)

問題1　[1] 4　[2] 1　[3] 3　[4] 2　[5] 4　[6] 4　[7] 3　[8] 2　[9] 2　[10] 1

問題2　[1] 1　[2] 3　[3] 4　[4] 2　[5] 3　[6] 1　[7] 2

問題3　[1] 2　[2] 1　[3] 2

まとめ問題B ……………………… (p.130)

問題1　(1) ①ねらった　②さぎ　③にせ
(2) ①さわがしい　②ふんすい　③とまどった

問題2　①d　②h　③a　④e

UNIT 10

1 ……………………………… (p.133)

ドリルA ❶a ❷b ❸b ❹a ❺b

ドリルB ❶a ❷b ❸c ❹c ❺c

ドリルC ❶bけんちょ ❷bこうけん ❸aへんきゃく ❹bれいたん ❺aせいれき

2 ……………………………… (p.135)

ドリルA ❶a ❷b ❸b ❹a ❺b

ドリルB ❶c ❷a ❸a ❹b ❺b

ドリルC ❶bそう ❷bようち ❸aつばさ ❹bかんつう ❺aつめ

3 ……………………………… (p.137)

ドリルA ❶a ❷b ❸a ❹a ❺b

ドリルB ❶a ❷c ❸c ❹a ❺c

ドリルC ❶bふにん ❷aびんかん ❸bろうひ ❹aきょうれつ ❺aあいまい

まとめ問題A ……………………………… (p.138-139)

問題1 [1]1 [2]3 [3]4 [4]2 [5]3 [6]3 [7]2 [8]3 [9]3 [10]2

問題2 [1]3 [2]1 [3]3 [4]4 [5]1 [6]2 [7]3

問題3 [1]2 [2]3 [3]4

まとめ問題B ……………………………… (p.140)

問題1 (1) ①ちょうぼう ②はなやか ③ただよう
(2) ①じぜん ②しゅさい ③ほうし

問題2 ①d ②a ③c ④g

UNIT 11

1 ……………………………… (p.143)

ドリルA ❶b ❷b ❸b ❹a ❺a

ドリルB ❶a ❷b ❸a ❹c ❺c

ドリルC ❶aごくひ ❷bしじ ❸bごうきゅう ❹aはっかん ❺aこんき

2 ……………………………… (p.145)

ドリルA ❶b ❷b ❸a ❹b ❺a

ドリルB ❶a ❷c ❸c ❹a ❺b

ドリルC ❶aざんしょ ❷bかんせい ❸aとうろく ❹aねっとう ❺bだかい

3 ……………………………… (p.147)

ドリルA ❶b ❷a ❸a ❹b ❺b

ドリルB ❶b ❷a ❸c ❹a ❺c

ドリルC ❶aこころみて ❷bしりぞいた ❸aはずして ❹bそったり ❺bたび

4 ……………………………… (p.149)

ドリルA ❶a ❷a ❸b ❹b ❺b

ドリルB ❶c ❷b ❸c ❹a ❺b

ドリルC ❶aなさけない ❷bねいろ ❸aばける ❹aまさる ❺bみのって

まとめ問題A ……………………………… (p.150-151)

問題1 [1]2 [2]4 [3]3 [4]2 [5]1 [6]4 [7]3 [8]2 [9]4 [10]2

問題2 [1]2 [2]4 [3]3 [4]1 [5]2 [6]4 [7]1

問題3 [1]4 [2]1 [3]2

まとめ問題B ……………………………… (p.152)

問題1 (1) ①とこなつ ②からっぽ ③ねいろ
(2) ①しりぞいた ②ひたい ③せいえん

問題2 ①e ②f ③a ④d

実力テスト 第1回

(p.157-158)

問題1　1 3　2 1　3 2　4 1　5 4
6 2

問題2　1 2　2 4　3 3　4 3　5 1
6 4　7 1

実力テスト 第2回

(p.159-160)

問題1　1 4　2 3　3 3　4 1　5 2
6 1

問題2　1 1　2 3　3 2　4 4　5 3
6 4　7 2